Traum Tänzer

TRAUM TÄNZER

13 Lebensberichte
aufgezeichnet
von Götz Hellriegel

Henschel Verlag

Die Deutsche Bibliothek – CIP-Einheitsaufnahme

Traum-Tänzer : dreizehn Lebensberichte / aufgezeichn. von Götz Hellriegel. – 1. Aufl. – Berlin : Henschel, 1994
ISBN 3-89487-202-0
NE: Hellriegel, Götz

1. Auflage 1994
Umschlag: Claudia Schauß unter Verwendung eines Fotos von Archie Kent, Tänzer des Grand Théâtre de Genève in «La Mer», Choreographie von Oscar Araiz
Gesamtherstellung: Offizin Andersen Nexö Leipzig GmbH
Printed in Germany
ISBN 3-89487-202-0

Inhalt

Vorwort

Im Frühjahr 1993 wurde ich als Schauspieler in einer Ballettproduktion engagiert. Ich hatte selbst einige Jahre professionell getanzt, und es war für mich ein Erlebnis, die Arbeit in einer Kompanie jetzt als Außenstehender zu beobachten. Noch einmal wurden mir die verschiedenen Probleme der Tanzwelt bewußt: die Konkurrenz, die Allmacht der Ballettmeister, die häufigen Verletzungen und die Kurzlebigkeit des Berufs. Ich fragte mich: Was macht diesen Beruf trotz allem so attraktiv? Er ist ein Traum für viele, was aber wird aus dem Traum, wenn man ihn verwirklicht? So entstand die Idee zu «Traum Tänzer» – Lebensberichte von Tänzern und Tänzerinnen, die weniger Erfolgsstories von Spitzenstars als vielmehr realistische Schilderungen des Tänzeralltags sind.

Ich entschloß mich, nur ehemalige Tänzer für dieses Buch zu interviewen, da ich wußte, daß kaum jemand, der im festen Engagement steht oder noch auf eines hofft, ehrlich antworten kann. Außerdem interessierte mich die Zeit nach der Laufbahn als Tänzer: Wie vollzieht sich der Wechsel in einen neuen Beruf, und wie stehen die Befragten heute rückblickend zu ihrer Karriere?

Mit den meisten Interviewten habe ich in den letzten zehn Jahren gearbeitet, mit einigen bin ich gut befreundet. Allen möchte ich dafür danken, daß sie mir so bereitwillig aus ihrem Leben erzählt haben. Ich danke außerdem Hilke Gerdes vom Henschel Verlag für die gute Zusammenarbeit, meinem Vater, Dr. Arno Hellriegel, für den juristischen Beistand und vor allem Christian Swart, ohne dessen Unterstützung ich dieses Buch nicht hätte realisieren können.

Götz Hellriegel
Berlin, Februar 1994

Elke Rieckhoff

Eigentlich wollte ich studieren und Kinderärztin werden. Mein Vater war Arzt. Der ganze Praxisbetrieb, Krankenhaus, das fand ich immer ganz toll. Aber zu meiner Zeit war es schwierig für ein Akademikerkind in Ostberlin, auf eine Oberschule zu kommen. Ich war eine richtige Leseratte und habe viele Biographien gelesen; natürlich wollte ich auch singen wie Cebotari, tanzen wie Pawlowa und spielen wie Garbo. Wenn meine Eltern sagten: Elke, tanz uns was vor! – da war ich hemmungslos. Egal zu welchem Anlaß, die Sessel in dem riesigen Berliner Zimmer wurden zur Seite geschoben, und ich legte mir die schwerste Musik auf, Brahms, Beethoven, Chopin. Dann tanzte ich durchs Wohnzimmer, hochdramatisch, schmiß mich hin. Meine Mutter und meine Tanten saßen immer da und weinten. Die haben nicht gelacht, die haben geweint! Außerdem habe ich sehr gerne gesungen, ich war sogar im Chor. Als Kind saß ich Stunden auf dem Klo und sang mein ganzes Repertoire rauf und runter. Wären meine Eltern mehr künstlerisch interessiert gewesen, hätten sie mir eigentlich eine andere Ausbildung geben müssen.

Das erste Ballett, das ich als Kind gesehen habe, war «Aschenbrödel». Ich weiß noch, wie dieses Rehchen über die Bühne sprang. Da dachte ich: Das ist es! – Du weißt ja nicht, wie schwer das ist, hast keine Ahnung, was das bedeutet. Das merkst du erst, wenn du mal in Spitzenschuhen stehst. Dann weißt du, daß es ein dornenvoller Weg ist. Den Traum, es zu schaffen, hat jeder, aber die Tanzerei ist eine absolute Quälerei. Daran scheitern schon viele.

Angefangen zu tanzen habe ich mit sieben Jahren. Meine Mutter wollte das, weil ich so ein wildes Kind war. Wir waren damals, 1948, gerade nach Berlin gekommen. Ich weiß noch, wie mich meine

Mutter zum Unterricht brachte: im Spielanzug – so ein kleines Sommerpluderhöschen mit Latz. Es war ein riesiger Saal in einer Brauerei an der Schönhauser Allee. Der Lehrer nahm mich sofort in die Mitte, stellte sich mit mir vor den Spiegel und sagte: Mach das mal nach! Er machte eine fünfte Position vor, und ich stand sofort auch in der fünften. Die wenigsten Kinder können das auf Anhieb. Er hat gleich gesehen, daß ich auswärts war, einen wunderschönen Spann und gerade Beine hatte. Die Voraussetzungen waren einfach da. Ich bin leidenschaftlich gern da hingegangen, jeden Tag, ein halbes Jahr.

Dann kam ich in eine Schule am Wittenbergplatz, wo noch alles zerbombt und vermint war, das sah fürchterlich aus. Dort hatte ich als kleiner Hüpfer nur mit Sechzehn-, Siebzehnjährigen zu tun, die ihre Tanzausbildung machten. Nach einem weiteren halben Jahr hatte ich keine Lust mehr. Das war bei mir mit der Tanzerei genauso wie mit dem Instrumentspielen: Ich mußte Klavier lernen, grauenvoll; dann mußte ich Geige lernen, das war auch grauenvoll. Für alles war ich immer sehr begabt, aber das Üben machte mir keinen Spaß. Dieses Ritual, das das klassische Ballett ja nun mal hat: Du gehst hin, ziehst dich um, gehst in den Saal, mußt dich verquer hinstellen und immer wieder dieselben Übungen machen, hier die Hand, da die Augen, diese ganze Quälerei!

Erst mit zehn Jahren fing ich wieder an zu tanzen, aus Ehrgeiz. Meine Cousine tanzte mir etwas vor. Sie hatte ein hübsches Kleidchen an, rosa Taft, und Spitzenschuhe, und ich fand sie ziemlich schrecklich. Da dachte ich: Das kann ich doch wohl besser! Und so bin ich also wieder zum Ballett gegangen, zwei- oder dreimal die Woche, das war ja auch eine Kostenfrage. Den Geigen- und Klavierunterricht gab ich dafür auf. Ich kam zu einer ganz entzückenden Lehrerin, die zu meiner Mutter sagte: Das Kind ist so begabt, es wäre schade, wenn sie nicht in eine richtig gute Ballettschule käme! Da hörte sich meine Mutter um, und ich kam auf eine Schule am Olivaer Platz, die damals einen ganz guten Namen hatte. Die Lehrerin, eine ehemalige Varieté-Tänzerin, hatte ein steifes Bein, nachdem sie einmal bei einer Nummer zwischen zwei Flügeln ausgerutscht war. Mit dreizehn begann ich dort meine Ausbildung. Es wurde einfach entschieden, daß ich Tänzerin werden soll, weil alle sagten: Sie ist so prädestiniert für den Beruf! Mein Vater hat sich wahrscheinlich nicht genug dagegen gewehrt, denn der fand das fürchterlich. Seine Tochter Tänzerin!

Ich habe die Ausbildung sehr genossen. Meine Mutter stellte mich als Hausangestellte ein; ich mußte jeden Vormittag putzen und ihr helfen. Dafür bekam ich hundert Mark, die ich dann für die Ausbildung benutzen konnte. Jeden Nachmittag viereinhalb Stunden Training: Ich hatte nicht das Gefühl, daß es die optimale Ausbildung war, aber ich hatte Spaß. Mein Ziel war, als klassische Tänzerin an ein großes Theater zu gehen.

Der Tag meiner Prüfung wurde für mich zum Alptraum. Ich hatte natürlich riesige Erwartungen. Ich dachte, wenn ich da hinkomme, mache ich die Prüfung mit einem Prädikat «besonders wertvoll». Nichts! Die Gsovsky sagte nur ständig zu mir: Gehen Sie doch mal weg! Ich war so unglaublich trampelig vor lauter Hemmungen und Angst. Karin von Aroldingen, die dann später bei Balanchine in New York war, hat damals die Prüfung mit mir gemacht. Sie war in Topform, technisch mir einfach überlegen. Der ganze Fokus ging auf Karin. Wir anderen hüpften nur um sie herum. Und dann tanzte ich meine «Fromme Helene» vor – im schwarzen langen Rock und Schläppchen! Keine Spitzenschuhe, kein Schwan, keine klassische Variation, ich war ja völlig bescheuert. Aber ich fand das halt damals toll, die «Fromme Helene» vorzutanzen. Vom Freund meines Bruders hatte ich mir Musik komponieren lassen und das Stück selbst choreographiert. Ich hatte einen Hang zur Groteske. Meine Mutter holte mich danach am Bahnhof Zoo ab, das vergesse ich nie. Ich habe so bitterlich geweint. Die Prüfung hatte ich bestanden. Auf dieses blöde Papier schaut heute kein Mensch mehr, aber ich hatte gedacht, das würde eine Sternstunde in meinem Leben werden. Genauso erging es mir beim Vortanzen an der Staatsoper: Kind, Sie sind sehr begabt, aber Sie sind zu jung, Sie müssen erstmal in die Provinz! Außerdem war ich zu groß. Ich kam also an kein Opernhaus, weinte wieder, und da sagte meine alte Lehrerin zu mir: Ehe du hier rumhängst, geh zum Friedrichstadtpalast!

«Friedrichstadtpalast – Weltstadtvarieté» stand oben drüber in Leuchtschrift. Ich hätte nie geglaubt, daß ich in diesem Schuppen landen würde. Aber in meinem Leben habe ich gelernt: Die Dinge kommen dann zu dir, wenn du überhaupt keine Erwartungen hast.

Dieses Vortanzen habe ich natürlich mit Bravour bestanden. Was für die Oper nicht reichte, war für den Friedrichstadtpalast grandios. Ich war zwar noch sehr jung, aber ich hatte die richtige Größe. Die haben mich vom Fleck weg engagiert. Nun saß ich da. Der Traum vom Schwan war erstmal zerstört. Es war ja nicht mein Ziel, eine Revue-Hupfe zu werden, sondern ich wollte ins Tutu und eine Ballerina werden. Ich kam in ein Milieu, das überhaupt nicht in meiner Vorstellungswelt lag. Allein schon die Kostüme: Statt Spitzenschuhe hatte ich Pumps an und Maillots statt eines Tutu. Es kam so viel Neues auf mich zu; der ganze Theaterbetrieb war sehr aufregend für mich. Ich wurde ganz schlecht behandelt, weil ich mit meinen siebzehn Jahren und dem dicken Pferdeschwanz wirklich ein Frischling war. Ich habe viel geheult und viel gelitten. Eine ältere Kollegin sagte einmal zu mir: Hör auf zu heulen, überlege es dir ganz schnell, du mußt jetzt kündigen, sonst bleibst du ewig hier! Sie hatte recht, ich blieb zwölf Jahre. Ich merkte nämlich, daß das Haus für meine Energie und das, was ich eigentlich tanzen wollte, genau das richtige war. Es hat mir gefallen, daß wir jeden Tag gespielt haben. Es war nicht elitär, sondern bodenständig; es war ein bißchen ordinär, aber dadurch volkstümlich und lustig. Ich trat später oft nur im Bikini oder nur mit ein paar Federchen bekleidet auf, aber ich habe das gerne gemacht, ich bin ein Exhibitionist. Wir waren unserer Zeit voraus, wir trugen damals schon diese Stiefel, die heute die Nutten am Ku'damm tragen. Ich komme aus einem stinkbürgerlichen, braven Elternhaus, und dieser verrückte Friedrichstadtpalast hat mir alles gegeben, was ich mir gewünscht hatte. Es war immer Gaudi, immer was los, immer verrückte Leute, es war sehr laut, sehr schrill, es wurde gesoffen, getratscht, gelästert. Es war wie Kindergarten. In der DDR hatte der Friedrichstadtpalast ein sehr gutes Image. Unsere Kunst war ja die Kunst fürs Volk, wie es immer so schön hieß; es war eine Mischung aus Vaudeville, Varieté, Zirkus und zeitgenössischen Schlagern.

Früher war im alten Friedrichstadtpalast der Zirkus Renz; unsere Garderoben waren ursprünglich Elefantenställe. Darum hatte das Haus auch so eine wahnwitzige Atmosphäre. Von außen war es potthäßlich, aber der Zuschauerraum war einfach atemberaubend schön: der große Rundbogen, der Steg, der am Orchestergraben vorbeilief, dann die Logen im Rund wie bei einer Zirkusarena.

Dreitausend Zuschauer paßten da rein, das muß man sich mal vorstellen. Der Zuschauerraum war oval, und an den Seiten waren die ganz schlechten Plätze. Nach dem Zirkus Renz übernahm es Max Reinhardt und machte das Große Schauspielhaus daraus. Dann wurde es ein Revuetheater, da fanden die berühmten Charell-Revuen statt, wie «Im weißen Rößl». Zum Friedrichstadtpalast wurde das Gebäude erst nach dem Krieg. Das Haus war zwar von Bomben getroffen, aber innen war noch alles erhalten. Sogar diese berühmten Tropfsteine hingen noch von der Decke, da sah das wirklich aus wie auf den alten Bildern, wie eine Grotte. Dann haben sie die Tropfsteine allerdings abgeschlagen, obwohl die so wichtig für die Akustik waren. Selbst später mit der Tonanlage – irgendwie klang es immer wie Arsch und Zwirn. Unser Ballettsaal war ganz oben unterm Dach und viel zu klein. Wir mußten jeden Tag durch den ganzen Zuschauerraum hochlaufen; tausend Stufen, da war das halbe Training schon beendet. Die Proben fanden auf der Bühne statt, wir hatten ja eine riesige Hinterbühne. Ganz selten, als Solist, bist du hoch in den Ballettsaal für kleine Proben. Die Bühne war kolossal groß, aber nichts im Vergleich zum heutigen Palast, da ist sie doppelt so groß.

Irgendwann wußte ich, daß ich es nicht mehr schaffe, an ein anderes Haus zu kommen. Wir trainierten nicht gut genug, um den Absprung zu kriegen. Dann kamen auch plötzlich die Bedenken: Kein Mensch engagiert mich mehr, wenn ich einmal am Palast war! Ich hatte nicht mehr den Mut, doch noch einmal zur Oper zu gehen. Und dann habe ich ja sehr früh geheiratet, einen Schauspieler vom Berliner Ensemble. Auch deswegen mußte ich in Berlin bleiben. Außerdem wurde ich 1961 Solistin. Achtzig Prozent des Ballettkörpers waren ja aus dem Westen, und als die Mauer kam, waren die auf einmal nicht mehr da. Das war für mich damals eine Riesenchance, die ich zuerst nur sehr ängstlich und halbherzig genutzt habe. Ich bin auch nur Solistin geworden, weil man mich gepeitscht hat. Die Veranlagung, mich selbst zu quälen, habe ich überhaupt nicht. Ich würde sagen: Hach, es tut weh, hach, ich lege mich lieber hin! Ich habe die Peitsche gebraucht und geliebt, denn eigentlich bin ich faul. Es gab ein paar Leute am Palast, die an mich glaubten, und dann viele Zweifler, die sagten: Nein, die wird nie eine Solistin! Sie ist zu! Sie hat nichts! Bis dann der Knoten bei mir platzte. Ich weiß nicht, wie das passiert, aber es passiert; zumindest bei dem, der zum Solisten geboren ist. Von da an lief es unglaublich gut. Da habe ich selbst irgendwann an mich geglaubt. Plötzlich hatte ich dieses Gefühl: Ich stehe jetzt auf der Bühne und habe Macht! Die da unten haben mich gar nicht interessiert. Ich war nur deswegen so erfolgreich, weil ich es für mich getan habe! Ich bekam ein mieses Monatsgehalt, 1100 Mark, ein Witz für die Arbeit. Ich bekam nicht jeden Tag meine Streicheleinheiten und mein Lob, aber es machte mir unbändigen Spaß. Daß da natürlich auch noch Zuschauer sitzen, die klatschen und sich freuen, das war das Zubrot. Manchmal hattest du keine Lust, dann hast du wirklich nur für die Zuschauer gearbeitet. Das lernt man auch in diesem Beruf: Dienstleistung! Besonders, wenn du jeden Tag auf der Bühne stehst. Da kommt eine ganz starke Routine hinzu. Es gab aber immer wieder Momente, in denen ich dachte: Das mache ich jetzt nur für mich! Nur diese Momente bringen dich weiter. 1968 kam mein alter Traum von der klassischen Tänzerin wieder. Ich trainierte ein Jahr lang mit dem damaligen Trainingsmeister vom Metropol-Theater. Ich wollte es einfach noch einmal wissen, aber ich merkte, daß ich an meine Grenzen gestoßen war.

Acht von meinen zwölf Jahren am Palast waren ein stetiges Expandieren. Für mich wurden ja auch ganze Sachen konzipiert. Nicht umsonst war ich später ein Begriff – Elke Rieckhoff und der Palast gehörten zusammen. Das waren sehr intensive und schöne Zeiten. Ich hatte an dem Haus keine Konkurrenz. Ich habe alles getanzt, was mir vor die Flinte kam, und das war sehr, sehr viel. Wenn du erfolgreich bist, ist es wirklich ein Traumberuf. Der «Schwänchen»-Traum war ja ganz kindlich. Es ist ulkig, daß ich im Showgeschäft gelandet bin, «Zirkus ohne Sägespäne» habe ich das immer genannt. So war es aber genau richtig für mich. Wir machten uns ja selber darüber lustig und nannten uns Huppdohlen. Aber ich habe mich immer dagegen verwahrt, wenn ein anderer das zu mir gesagt hat. Ich hatte viel Kontakt zu Staatsoperntänzern, und da wurde mir klar, daß ich besser dran war. Die mußten noch härter arbeiten. Ich wußte, daß ich mich als Schwan im letzten Glied nicht wohlgefühlt hätte. Außerdem habe ich mein Lebtag gerne gegessen; ich bin nicht umsonst in ein Revuetheater gekommen, dieses Harfenspiel auf dem Dekolleté mußte ich nie haben. Es war ein tolles Gefühl, Solotänzerin am Friedrichstadtpalast zu sein. In der DDR hatte das einen hohen gesellschaftlichen Status.

Ich habe den alten Palast wirklich geliebt und bin ja auch den ganzen Tag dort gewesen: Ich hatte eine beschissene Ehe, und meine Wohnung war nur fünf Minuten vom Theater entfernt; ich hatte also alle Zeit der Welt, außerdem sehr viel Energie und wirklich einen Ansporn, denn mein Mann war ja am Berliner Ensemble. Er hat «Kunst» gemacht und war nicht glücklich damit: Er war frustriert wie viele andere auch, weil er nicht die Rolle hatte oder nicht den Regisseur. Ich machte «Afterkunst», wie er es immer nannte, und hatte nur Spaß. Und das ist das Wichtige.

Über künstlerische Qualität habe ich mir viel zu spät in meinem Leben Gedanken gemacht. Ich bin halt so groß geworden: Steig ins Kostüm und mach! Raus und Rambazamba! Das funktionierte immer bei mir, auf Knopfdruck. Künstlerisch ausgereizt habe ich mich beim Tanzen nicht. Es blieb immer in der schönen Beliebigkeit, der Showbiz-Belanglosigkeit. Das hatte oft einen hohen Anspruch, aber es war nie so, daß ich hätte sagen können: Das ist jetzt große Kunst! – Es gab einmal einen Choreographen am Palast, der mit mir etwas erarbeiten wollte, das schon ein bißchen in die Pina Bausch-Richtung ging. Aber daran hatte ich nun überhaupt kein Interesse. Ich war schon sehr fixiert auf ganz bestimmte Choreographien: was mir entgegenkam, was mir nicht schwerfiel. Trotzdem war ich mit Leib und Seele Tänzerin. Einmal gastierte Maurice Béjart an der Staatsoper; da saß ich mit Herzklopfen im Zuschauerraum und dachte: Gott, wenn ich nur einmal in so einer Kompanie sein könnte, mit solchen Leuten arbeiten dürfte! Und wenn auch nur als Gruppentänzerin!

Nach der Scheidung von meinem ersten Mann hatte ich eine neue Beziehung, die für mich damals sehr wichtig war. Mit dieser Beziehung kam ein ganz starker Kinderwunsch. Außerdem merkte ich, daß es für mich beruflich keine Steigerung mehr gab; ich hatte ja wirklich eine Bilderbuchkarriere. Ich wollte ein Baby, und daran habe ich dann auch ein Jahr gearbeitet. So ist das, wenn man als Tänzerin immer Angst gehabt hat, schwanger zu werden! Aber 1970, mit achtundzwanzig Jahren, bekam ich endlich mein Wunschkind. Mir ging es nicht gut, im dritten Schwangerschaftsmonat hörte ich schon auf zu tanzen. Das war für mich das erste

Mal in meinem Leben, wo ich gespürt habe, daß es außer trainieren und strampeln und rackern auch noch etwas anderes gibt. Das war damals eine große Erfahrung für mich. Ich habe dann wieder geheiratet. Mein zweiter Mann wurde zur Armee eingezogen, und ich war ganz allein. Da merkte ich: Mein Gott, die Jahre sind an mir so vorbeigeflogen! – Ich kam richtig zur Ruhe. Aber natürlich wollte ich zurück ans Theater. Ich dachte, ich schaffe das mit Kind und Beruf. Nach der Geburt bekam ich viel Besuch und herrliche Blumen, und es war ein großer Artikel in der Zeitung, ich mit Baby, und: Frau Rieckhoff, wann kommen sie zurück zur Bühne? Na ja, natürlich habe ich dann gesagt: Das Baby steht an erster Stelle! Aber als mich ein Gastchoreograph partout für seine Choreographie wollte, sagte ich zu. Das war Schwachsinn, ich hätte noch einen Monat warten sollen. Mit riesigem Busen bin ich dann ins Kostüm gestiegen und stand nach vier Wochen schon wieder auf der Bühne. Man hatte mir ja schon immer gesagt, daß ich einen ganz eigenen Tanzstil habe, bestimmte Körperbewegungen, die einfach nur bei mir so aussehen. Nach der Geburt tanzte ich noch bewußter. Mein Gesichtsausdruck war auch ein anderer geworden, das kann man ganz deutlich auf Bildern aus dieser Zeit sehen. Ich bin reifer geworden durch das Kind. Ich vergesse nie, wie mir ein Choreograph damals sagte: Ihr Tanzstil ist jetzt so ausgereift, Sie müßten eigentlich anfangen zu sprechen und zu singen!

Vormittags stand der Kinderwagen in meiner kleinen Garderobe, die ich mit einer Kollegin teilte, und abends, während der Vorstellung, paßte eine Nachbarin auf. Die anderen Mütter durften ihre Kinder nicht ins Theater mitnehmen, aber ich hatte so kleine Ausnahmen einfach durchgedrückt. Patti, meine Tochter, war ein richtiges Theaterkind. Wenn ich trainierte, saß sie in ihrem kleinen Kinderwägelchen daneben. Aber ich bekam Ärger mit den Kolleginnen; wir waren ein ausgesprochenes Mütterballett. Dietmar Seyffert, ein befreundeter Choreograph, der selbst gerade Vater geworden war, warnte mich: Ich sage dir eins, Rieckhoff, du wirst auf Brustwarzen gehen, kümmere dich um einen Krippenplatz! Aber ich sagte: Nein, ich schaffe das irgendwie! Ich wollte auch kein Kindermädchen; ich weiß nicht, was sich in meinem Kopf abgespielt hat. Ich wollte die perfekte Mutter sein, wie ich die perfekte Tänzerin war. Ich hatte ein Schuldgefühl. Ich wollte der Patti eine Kindheit bieten, wie ich sie gehabt hatte. Meine Mutter war ja immer für uns dagewesen, ich kannte das nicht, hin- und hergeschoben zu werden. Aber irgendwann fing ich an, in meinem Denken die Zügel ein bißchen lockerer zu lassen: Früher war ich Frau Ehrgeiz, und plötzlich war ich eben nur noch mittelehrgeizig. Ich war froh, wenn ich weniger zu tun hatte im Theater, weil ich dann mehr für meine Tochter dasein konnte. Ich habe dadurch selbst an meinem Ast gesägt. Nach anderthalb Jahren schaute ich natürlich komisch aus der Wäsche, als ich statt wie früher sieben Tänze nur noch drei hatte.

Ich war ganz dürr, das war wirklich meine dünnste Zeit. Proben, Vorstellung, Kind, Haushalt: es war ein einziger Streß. Als mein Mann von der Armee zurückkam, fing er an, freiberuflich als Schlagersänger zu arbeiten und war natürlich mal hier, mal da. Ich habe mich immer gefragt, wie die das schafften, die zwei Kinder hatten. Aber das waren keine Solistinnen. Eine Gruppentänzerin ist niemals so ausgelaugt wie eine Solistin; sie haben nicht diesen Leistungsdruck. Endlich sah ich es dann ein: Ich brauche jetzt jemanden, der mir hilft! Die einzige, auf die ich mich hundertprozentig verlassen konnte, war meine Mutter. Ich wollte zu meinen Eltern, aber die waren seit 1961 im Westen. Das war mit ein Grund, warum ich abgehauen bin. Aber es kam so vieles zusammen, meine zweite Ehe, die eine Fehlentscheidung war, meine berufliche Situation. Auf einmal konnte ich das Haus nicht mehr ertragen, dieses Bespitzeln, dieses Dem-anderen-nicht-Vertrauen. Die Mauer habe ich erst ganz spät als schrecklich empfunden, eigentlich erst, als ich immer mit Patti im Kinderwagen am Brandenburger Tor spazierenfuhr, da hatte ich dann ein echtes Mauersyndrom. Vorher hatte ich nur meinen Beruf im Kopf; das Theater war ja mein totaler Familienersatz.

Ich wollte abhauen, aber ich konnte es mir und dem Kind nicht antun, mich in irgendein Auto zu legen. Da kam mir das Schicksal entgegen: fünf Wochen Tournee in Polen. Ich wußte, daß ich pokern muß. Ich ging hoch zur Direktion und fragte, ob ich meine Tochter mitnehmen kann nach Warschau. Da sagte der gute Direktor: Das sehen wir nicht gern, da haben wir wieder das Problem, daß alle Mütter sagen, sie wollen ihr Kind mitnehmen! – Gut, dann besorgen Sie mir für die Zeit wenigstens einen Krippenplatz! – Das mit dem Krippenplatz funktionierte natürlich nicht so auf die Schnelle. Da habe ich gesagt: Da gibt es nur eine Möglichkeit, ich bringe das Kind zu meinen Eltern! Das war eine ganz schlimme Zeit in meinem Leben. Erst eine Woche vor der Abfahrt bekam ich endlich den Bescheid, daß ich für einen Tag nach Köln fahren darf, um Patti dort abzuliefern.

Für diese Tourneen wurden immer die Highlights der letzten Jahre zusammengestellt. In den letzten zwei Jahren nach der Geburt war mein Erfolgspegel sichtlich nach unten gegangen, aber wie es der Zufall so will, waren in diesem Programm alle meine Highlights, die ich je kreiert hatte, versammelt – neun bis zehn tolle Nummern. Eines Abends kam die Ballettmeisterin in meine Garderobe und meinte, das wäre doch sehr anstrengend, und ob ich nicht vier oder fünf Tänze abgeben würde. Da sagte ich: Nicht einen einzigen Tanz gebe ich ab und wenn ich auf dem Zahnfleisch gehe! Ich habe doch früher immer so viel getanzt, das schaffe ich schon! Dabei wußte ich in meinem Hinterkopf, daß ich, wenn ich die Ausreise kriege, gar nicht mit auf Tournee gehe. Ich kannte meine Zweitbesetzung und wußte, daß die sich dachte: Die Rieckhoff wird nie krank, wozu soll ich da als B-Besetzung jeden Tag daneben stehen und alles mitstudieren? Von den meisten Tänzen hatte sie keine Ahnung. Am Tag vor der Abreise nach Polen machten wir vormittags einen Durchlauf ohne Kostüm. Der Typ von diesem Warschauer Theater saß im Zuschauerraum. Da tanzte ich noch einmal um mein Leben, ich wußte ja mittlerweile, daß ich diese Nummern zum letzten Mal tanze. Der Ballettassistent fragte noch: Was ist denn mit dir heute los? Die meisten markierten natürlich nur, es war eine Abnahme, da hat man nicht volle Pulle getanzt.

Am Abend, während der letzten Vorstellung vor der Tournee, wußte ich: Das ist heute, nach zwölf Jahren, meine letzte Vorstellung an diesem Haus! Das war ein sehr komisches Gefühl. Danach saßen wir in der Kantine, meine Freundin, mein Tanzpartner und mein Mann, die ich alle eingeweiht hatte, während Patti ständig herumraste. Die Kantine war krachevoll, und ich habe gezittert, daß noch irgend etwas passiert – es war eine eigenartige Situation. Wir saßen am Tisch und taten alle so, als ob wir ganz fröhlich wären. Es war sehr makaber. Dann brachte mich mein Mann mit unserem kleinen Trabbi zum «Tränenbunker». Draußen stand mein erster Mann; ich hatte auch ihm Bescheid gesagt. Er hatte die ganze Zeit darauf gewartet, daß ich endlich aus dem Haus komme. An diesem Abend hatten sie am Berliner Ensemble «Arturo Ui» gespielt, und er war noch in dieser Wahnsinnsmaske, ganz grün geschminkt, mit einem riesigen roten Mund und in einem merkwürdigen Cut. Er konnte mir nur noch zuwinken. Also, es war filmreif. Es war sehr leichtsinnig von mir, vier Leuten zu sagen, daß ich abhaue. Aber ich habe denen eben total vertraut.

Dann saß ich ganz allein auf dem Bahnsteig Friedrichstraße, es war März. Ich saß da und heulte. Ich hatte meinen Paß, das Kind und einen kleinen Koffer mit Pattis Sachen – für mich nichts, ich bin kein Risiko eingegangen. Ich hatte nur das, was ich am Leib trug, ich sollte ja am nächsten Tag schon wieder zurückfahren. Mit meinen Eltern hatte ich vier Wochen nicht telefoniert, ich hatte mich nicht getraut. Aber ich habe ein Telegramm geschickt, daß ich komme und daß sie mich abholen sollen. Als ich morgens um neun Uhr in Köln ankam, ist mir mein Vater entgegengekommen und hat gefragt: Bleibst du oder fährst du wieder? Ich sagte: Ich bleibe! Ich schickte drei Telegramme ab: eines an den Palast, eines an meinen Mann und eines an meinen Partner. In jedem war der gleiche Wortlaut: Komme nicht wieder, Elke. Jetzt, nach zwanzig Jahren, als ich meine Freundin nach der Wende wiedersah, habe ich erfahren, was damals wirklich los war: Die Chefin bekam einen Schreikrampf, weil die Truppe im Zug umstudieren mußte. Für den Palast war das ein schrecklicher Schlag. Sie hatten mir ja vertraut, und das war natürlich gemein, so direkt vor einer Tournee abzuhauen. Mein Partner hat sich sofort krankschreiben lassen. Kein Wunder, daß man mich aus allem Archivmaterial gelöscht hat! Ich habe zwölf Jahre an diesem Haus gearbeitet und tauche namentlich nirgends mehr auf. Ich wurde gestrichen, aber das war für damalige Verhältnisse völlig normal. Für mich war mit der Flucht eine Lebenszeit beendet.

Im Westen hatte ich erst einmal einen Nervenzusammenbruch, ich war völlig orientierungslos und wußte überhaupt nicht, was ich machen soll. Das Jahr davor war eine zu große Anspannung gewesen. Außerdem hatte ich einen Kulturschock; ich brauchte acht Monate, um mich an den Westen zu gewöhnen. Ich wohnte bei meinen Eltern und wollte irgendwie so viel Geld verdienen, daß ich mir wieder eine eigene Wohnung leisten konnte. Aber wenn ich sagte: Ich war Solistin am Friedrichstadtpalast!, hieß es: Ja und? – Keiner kannte damals den Palast. Ich war so weit, eine Umschulung zu machen.

Über tausend Ecken meldete sich dann Irene Mann bei mir, eine Choreographin, die mich vom Palast her kannte. Sie verschaffte mir mein erstes Fernsehengagement im Westen als Solistin in «Erkennen Sie die Melodie». Da war mein Bild groß in «Bild am Sonntag»: Friedrichstadtpalast-Star lebt jetzt im Westen! Dieser Begriff «Star» kam bei meinen neuen Kolleginnen ganz schlecht an. Was sollte das auch? Ich war im Osten nie ein Star, den Begriff gab es dort gar nicht, nur hier im Westen war ich plötzlich ein «Star». Irene Mann schlug mir dann auch vor, als Star an den Lido zu gehen. Also fuhr ich nach Paris und tanzte dort vor; sie boten mir nur einen Vertrag als Solistin an. Ich wußte, ich muß mich entscheiden. Ich saß in diesem Büro mit meinen nicht vorhandenen Französischkenntnissen, und dann unterschrieb ich. Ich hätte den Vertrag mit nach Hause nehmen sollen, dann hätten alle gesagt: Bist du blöd, das unterschreibst du doch nicht, für diese Gage! Aber ich habe eben unterschrieben.

Mir ist vom ersten Tag an die Nachtarbeit nicht bekommen. Am Palast hatten wir von 19 Uhr bis 22 Uhr gespielt. Am Lido fing es um 22 Uhr erst an – dann zwei Vorstellungen und keinen freien Tag. Wenn ich um halb vier Uhr morgens fertig war, lag ich frühestens um halb fünf im Bett. Dann konnte ich nur fünf Stunden schlafen, weil ich ja Patti bei mir hatte. Ich war zwar Solistin, aber das, was ich zu tun hatte, war für eine Solistin lächerlich. Eigentlich hätte ich barbusig auftreten müssen, was ja auch viel schöner aussieht – die ganzen Kostüme sind so konzipiert, daß der nackte Busen zu sehen ist – aber sie hatten vergessen, das in meinen Vertrag zu schreiben, und so weigerte ich mich. Das war eine Sensation damals. Ich trug immer einen Büstenhalter oder hatte wenigstens zwei Sterne aufgeklebt. Als Mutter hatte ich noch mehr Schwierigkeiten als am Palast, weil ich immer so müde war. Für diese Art von Arbeit muß man jung und frei sein – mit dreißig war ich für den Lido wirklich zu alt. Damals hatte der Lido eine richtige Nudelbrettbühne; die Vorderbühne, das waren höchstens vier Meter. Im heutigen Lido ist die Bühne ja riesig, und die Tänzer werden besser bezahlt, aber die

Arbeit ist dieselbe. Dieses ganze Image, dieses Federgepupse, lächerlich, für mich war das einfach ein Nachtklub, und als Tänzerin war das für mich ein Absturz. Darum bin ich auch nach zehn Monaten wieder abgehauen.

Nach dem Lido zog ich nach München und arbeitete die nächsten zehn Jahre im Fernsehballett und als Mannequin. Mode brachte sehr gutes Geld. Außerdem hatte ich Spaß daran, ich fand das interessanter als Fernsehen, einfach weil es live war. An meinem ersten Tag auf der Münchner Modewoche war ich so etwas von blauäugig! Da waren mindestens zwanzig Mädchen, und ich sah, wie die sich alle die Choreographien aufschrieben. Ich dachte: Was schreiben die sich da auf? Das ist doch so leicht zu merken, ich gehe zehn Schritte nach vorne, dann mache ich eine Drehung nach rechts, dann mache ich eine Drehung nach links und dann gehe ich an den anderen Mädchen vorbei! Aber nach zehn Nummern, die sich alle ähneln, weißt du nicht mehr, bin ich jetzt nach rechts gegangen oder sollte ich nach links gehen? Oder gehe ich jetzt vier Schritte zurück? Oh, welche Mädchen kommen mir denn da entgegen? Mit wem kreuze ich denn jetzt? – Es war ein Chaos! Ich war in meinem Leben noch nie so panisch wie an diesem Abend. Die hätten mir sagen müssen, daß ich mir das aufschreiben muß. Ich weiß heute noch nicht, wie ich durch diese Show gekommen bin.

Als Mannequin hatte ich zwei Saisons im Jahr, Frühjahr und Herbst, jeweils zwei bis drei Monate: erst die Münchner Modewoche, Couture, dann die ISPO, Sportmode, und dann die Pelzmesse in Frankfurt. Bei der Pelzmesse wurden wir immer im schönsten Hotel untergebracht, probten eine Woche unten in den Hotelräumen und machten dann eine Woche die Messe. Das waren harte Jobs, weil du fünf bis sechs Shows am Tag hattest mit jeweils mindestens zwanzig Durchgängen, aber ich verdiente sehr gut. Eigentlich war ich für die Mode schon ein bißchen zu alt, deswegen wurde ich auch nie als Fotomodell genommen. Aber für Pelze kann man lange spazierengehen; da sehen junge Mädchen immer etwas verloren aus. Du hast nicht immer die schönsten Pelze an, sondern oft ganz schreckliche Fuffis, mit Leder verbrämt und kitschig. Nur einmal habe ich auch Wäsche vorgeführt, Negligés, Badeanzüge und Bademäntel, da kam ich mir ein bißchen komisch vor und dachte: Ich kann so etwas in meinem Alter nicht mehr machen! – Der Sommer war Sauregurkenzeit, aber manchmal gab es kleine Galas oder eben Jobs im Fernsehballett.

Das Fernsehen war der eigentliche Grund für meinen Umzug nach München; dort wurde für alle großen Sendungen geprobt, so daß ich nur noch für die Dreharbeiten verreisen mußte. Beruflich und künstlerisch ist diese Zeit in meinem Gedächtnis Grauzone. Allein schon von einer Bühne auf ein kleines Fernsehbild gepreßt zu werden, war für mich schlimm. Alles, was getanzt wurde, fand auf kleinstem Raum statt, mit aufgeklebten Markierungen am Boden. Die Bewegungsabläufe waren meistens sehr primitiv. Geprobt haben wir für jede Show zwei bis drei Wochen, trainiert so gut wie nie. Wenn man wußte, daß man wirklich einmal etwas Anstrengendes zu tanzen hatte, machte man sich ein bißchen weich. Die Choreographen waren immer ganz selig, wenn sie jemanden sahen, der sich eintrainierte. Mochte dich ein Choreograph, dann engagierte er dich wieder. Zu meiner Zeit gab es schon kein festes Ensemble mehr, wir waren alle freiberufliche Tänzer. Gerade beim Fernsehen hat man oft gekuscht und sich viel gefallen lassen müssen, weil man sonst den Job verloren hätte. Ich machte «Starparade», «Musik ist Trumpf», die Rothenberger-Show, die Ivan Rebroff-Show, verschiedene Specials. Im Lauf der Zeit bekam das Ballett kaum noch eine eigenständige Nummer. Ich nannte das: Petersiliensuppenkraut für Sänger oder für Schauspieler – Umrahmung, Edelstatisterie! Trotzdem hatte ich auch dabei Spaß. Das zieht sich durch mein ganzes Leben.

Mit dreiundvierzig Jahren hatte ich eine Riesenkrise. Plötzlich haßte ich die Mode. Und Fernsehengagements gab es keine mehr, das Fernsehballett wurde aus finanziellen Gründen gestrichen. Ich war wieder orientierungslos wie damals nach der Flucht. Freunde erzählten mir von einem Wochenendseminar, das mir sicher weiterhelfen würde. Also nahm ich teil. Du bist morgens um zehn mit zweihundert Teilnehmern in einem Hotel eingesperrt worden, mußtest deine Uhr abgeben, und dann wurden Übungen gemacht. Es war knallhart. Erst habe ich gelacht: Das brauche ich alles nicht! – aber dann hat mir dieses Seminar doch unglaublich viel gebracht. Mir wurde klar, daß ich für alles, was ich tue, selbst verantwortlich bin. Das Resultat war, daß ich plötzlich wie eine Rakete mein Leben in Ordnung brachte. Ich fing sofort wieder an zu trainieren, hatte plötzlich wieder Lust, meinen Körper zu spüren. Ich begann zu malen, Gesangsstunden zu nehmen, wurde einfach wieder kreativ tätig. Ich erinnerte mich: Was wolltest du in deinem Leben eigentlich verwirklichen? Da entstand ganz tief in mir der Wunsch, wieder zur Bühne zu gehen. Ich wollte zurück zu meinen Wurzeln: Als ich mit dem ersten Tanzbeutelchen in diese Brauerei gegangen bin, mich hinstellte und eine fünfte Position machte.

Wenige Monate später kam ein Angebot aus Wien, in einer großen Fernsehsendung die «Madame Revue» zu spielen. Ich mußte von einem Bild ins nächste führen und auch ein paar Dialoge sprechen. Ich war supernervös, nur weil ich plötzlich sprechen mußte – so ein Schwachsinn! Da waren auch ein paar sehr gute Schauspieler dabei, und ich habe mich geschämt. Dabei haben die das gar nicht als schlimm empfunden, nur wir Tänzer sind so überkritisch. Als ich mich im Fernsehen gesehen habe, fand ich mich ziemlich schrecklich, theatralisch und unsicher. Meine Tochter hat sich totgelacht: Typisch, meine Mutter! Da sagte ich: Das passiert mir nicht noch einmal! Ich begann Schauspielstunden zu nehmen und war vom ersten Tag an so begeistert, daß ich wußte: Ich werde jetzt Schauspielerin, basta!

Komischerweise kam auf diese «Madame Revue» hin ein Angebot, eine Rolle in einem Märchen zu spielen. Gedreht wurde wieder in Wien. Das war ein Schlüsselerlebnis: Ich mußte nicht tanzen, ich mußte nicht singen, ich durfte spielen. Und das machte mir einen Heidenspaß. Ich dachte natürlich, das geht jetzt alles so schön weiter, aber das war mein Fehler. Ich hätte mir die Mode noch etwas länger als Einnahmequelle erhalten sollen. Ich wußte ja gar nicht, wie ich an Jobs kommen sollte. Ich war schon weit über vierzig: Welches Fach kann ich angehen? – Ein befreundeter Produzent schrieb mir: Na ja, Mädel, der Lack ist bei dir ja auch schon ein bißchen ab! – Und natürlich war da diese Angst: Was sage ich den Leuten, wenn sie mich fragen, was ich früher gemacht habe? – Ich glaube, daß es mir am Anfang im Schauspiel geschadet hat, Tänzerin gewesen zu sein. Das ist typisch deutsch: In Amerika geht das Hand in Hand; Shirley MacLaine hat immer gespielt und getanzt. Ich bin auch heute noch Tänzerin, das kann man nicht verleugnen. Die ersten Jahre als Schauspielerin waren sehr hart. Da fing ich an mit der Werbung, Ariel machte damals einen ganz großen Werbespot mit mir. Aber Werbeschauspielerin war ja auch nicht gerade mein Ziel. Ich weiß gar nicht, wie ich diese Jahre überstanden habe, aber irgendwann hat es dann geklappt, und ich bekam gute Angebote als Schauspielerin und Sängerin, vorwiegend in Musicals.

Die Bestätigung durch das Publikum ist mir heute wieder sehr wichtig. Die Eitelkeit ist noch nicht ausgereizt. Irgendwann möchte ich einmal große Kunst machen. Aber vielleicht habe ich das mein Leben lang schon gemacht!?

Martin Kenneth Williams

Zuerst wollte ich Rennfahrer werden. Im Kino lief der Film «Grand Prix», und immer wenn mich mein Vater fragte, was ich sehen möchte, sagte ich: «Grand Prix». Ich quälte ihn damit, aber er war sehr lieb und brachte mich immer hin, fünfzehn- oder sechzehnmal! Dann wollte ich Spion werden, weil ich Sean Connery als 007 in «Du lebst nur zweimal» gesehen hatte. Wir lebten damals in Philadelphia, und ich erinnere mich, wie ich einmal mit meiner Mutter ein Nachbarskind vom Ballettunterricht abholte. Das hat mich beeindruckt, aber ich habe es nie erzählt. Und wenn mich meine Mutter da hingeschickt hätte, hätte ich wahrscheinlich aus Trotz rebelliert.

Meine Eltern trennten sich, und wir zogen nach Montgomery, Alabama, in die Heimat meiner Mutter. Sie heiratete ihre erste Liebe. Mein Stiefvater war beim Militär und wurde kurz darauf in die Türkei versetzt. So zogen wir also wieder um, und ich wohnte ein Jahr lang in der Türkei. Ich wollte immer schon Geschwister haben, und das Zusammenleben mit meinen Stiefgeschwistern war sehr schön. Aber irgendwie kam ich mit meinem Stiefvater nicht klar. Ich glaube, das beruhte auf Gegenseitigkeit. Ich war verwöhnt, konnte meine Eltern gegeneinander ausspielen und nutzte das natürlich aus. Ich wollte zurück nach Amerika zu meinem Vater, der auch wieder geheiratet hatte und in Connecticut lebte. Als ich zu ihm zurückkam, war ich elf Jahre alt. Ich besuchte eine sehr gute Schule; ich erinnere mich, daß ich dort für die Hauptrolle in der Schulaufführung eines Musicals vorsang. Sie boten mir die zweite Hauptrolle an. Ich war empört und lehnte ab. Damals erzählte ich meiner Stiefmutter, die ich sehr liebte, daß ich tanzen möchte. Sie sagte etwas sehr Dummes. Sie sagte, ich soll das nicht machen, weil

Tanzen schwul macht. Ich habe sie nur angeschaut. Mit dreizehn war ich bereits alt genug, um zu spüren, in welche Richtung ich gehen würde – und ich hatte noch keinen Tanzschritt gemacht!

Und dann wollte ich Schauspieler werden. Ich weiß nicht, aus welchem Grund, vielleicht aus Eitelkeit – ich vermute, nur aus Eitelkeit. Damals war es Mode, auf ein Internat zu gehen. Also wollte ich das auch, und wir suchten ein Internat mit einem sehr guten Schauspielkurs aus. Eigentlich waren es zwei Schulen: eine Jungen- und eine Mädchenschule, aber wir hatten gemeinsam Unterricht. Neben den normalen Fächern hatte man die Möglichkeit, zwischen Sport, Schauspiel und Ballett zu wählen. Das war ein weiterer Vorteil dieses Internats, denn ich war schon immer sehr unsportlich. Schauspiel wurde an der Jungen- und Ballett an der Mädchenschule angeboten.

Eigentlich hat es mir im Internat überhaupt nicht gefallen. Ich wollte weg, aber meine Eltern ließen mich nicht. Im Nachhinein gesehen war das gut, denn so mußte ich da eben durch. Das erste Jahr war besonders schlimm. Es gab ein paar Jungs, die mich nicht mochten und mir das Leben schwer machten, vielleicht weil ich etwas zarter war, unsportlich und ein Einzelgänger. Aber es hätte schlimmer kommen können: Es gab einen Jungen an der Schule, der noch zarter war als ich. Er sah aus wie ein Mädchen, hatte langes Haar und eine Stimme wie ein Mädchen. Er war im falschen Körper. Für ihn war es schrecklich, und seine Eltern nahmen ihn von der Schule. Im zweiten Jahr ging es mir dann ein bißchen besser.

Ich war nicht sehr begabt fürs Schauspiel, zumindest hatte ich viele Probleme. Einmal inszenierte eine ziemlich bekannte Schauspielerin ein Stück bei uns. Sie sagte, daß ich mich nicht gut bewege und auch keine Ausstrahlung habe. Sie hatte recht. Später spielten wir ein Stück von Tennessee Williams. Da blühte ich auf. Ich spielte einen heruntergekommenen Poeten, und es war das erste Mal, daß ich eine Figur verstand. Das hat Spaß gemacht, und ich glaube nicht, daß es Eitelkeit war. Ich fühlte und verstand etwas. Der Schauspiellehrer lobte mich sehr und meinte, daß er das, ehrlich gesagt, nicht erwartet hätte. Für das nächste Stück kam ein Regisseur aus New York. Meine Rolle war der Butler, der ein furchtbares Englisch sprach, wirklich wie ein «Nigger». Ich fand das erniedrigend und wollte das mit meinen vierzehn Jahren nicht machen. Ich stand unter zuviel Druck. Es gab andere Schwarze in der Schule, und ich konnte auch deshalb so etwas nicht spielen; das war in den siebziger Jahren, die Schwarzenbewegung war sehr stark und solche Rollen waren einfach verpönt. Ich frage mich, ob ich das heute könnte: die Rolle akzeptieren, wie sie ist, und trotzdem etwas daraus machen. Ich weiß es nicht. Damals konnte ich es nicht. Ich war jung und schwierig, lernte nicht einmal den Text, war beleidigt, daß sie mir diese Rolle gegeben hatten. Die Leiterin des Schauspielkurses sagte, daß ich nicht länger teilnehmen darf, wenn ich diese Rolle nicht spiele. So kam ich zum Ballett.

Zum Ballett mußte ich also in die benachbarte Mädchenschule. Als ich anfing, war ich gerade noch fünfzehn. Die Lehrerin, Madame Reisz, war aus Ungarn und sehr temperamentvoll. Sie war ziemlich streng, aber nett, und hat mich immer ermuntert. Sie sagte, daß ich eine schöne Linie habe und begabt bin. Mit ihr habe ich auch zum ersten Mal eine Ballettaufführung gesehen: das Dance Theatre of Harlem. Außer mir gab es noch einen Jungen im Ballett. Da er ein paar Jahre älter war, ging er nach einem Jahr weg. Für die nächsten beiden Jahre war ich konkurrenzlos und bekam nur Lob. Das war nicht gut. Am Anfang trainierte ich dreimal die Woche, dann fünfmal. Später arrangierte Madame Reisz, daß ich samstags mit ein paar Musikstudenten von der Juilliard-School in New York nach Manhattan fahren durfte, um Tanzunterricht zu nehmen. Ich besuchte Klassen beim Dance Theatre of Harlem und an der Joffrey-School und trainierte dann sechsmal die Woche.

Eigentlich wollte ich nie Tänzer werden, aber Madame Reisz hat mich in meiner Eitelkeit so sehr bestätigt, daß ich dachte, ich könnte es schaffen. Heute weiß ich, daß ich zu alt war. Ich war offen für ihre Komplimente, es machte Spaß, und so wollte ich es dann eben. Es gab Warnsignale, die ich hätte beachten sollen. Ich fühlte mich zum Beispiel bei Tours en l'air nie ganz sicher. Aber Madame Reisz hat mich immer gelobt. Ich glaube, es war einfach das Gefühl, daß ich etwas gut mache. Wenn ich damals gewußt hätte, wie wenig ich später erreichen würde, dann hätte ich nicht weitergetanzt.

Mein Vater unterstützte mich, aber ich weiß von meiner Mutter, daß er Madame Reisz haßte. Zu mir hat er nie etwas Böses über sie gesagt. Bis auf den heutigen Tag fragt er mich immer freundlich nach ihr. Meine Mutter hat mich auch unterstützt, obwohl sie versuchte, mich zum Studieren zu überreden: Tanzen kannst du immer, du solltest jetzt studieren! Madame Reisz sagte genau das Gegenteil: Studieren kannst du immer, du solltest jetzt tanzen! Hätte ich den Rat meiner Mutter befolgt, wäre ich heute vielleicht verbittert. Jetzt bin ich zwar Madame Reisz gegenüber nicht bitter, aber ich wünschte, ich hätte studiert. Ich hatte Stipendien für zwei Universitäten, aber ich wollte eben tanzen. Und das habe ich gemacht, da kann ich mich nur bei mir selbst bedanken.

Mit siebzehn, also noch während ich in das Internat ging, brachte mich mein Vater zur School of American Ballet (SAB), der Schule des New York City Ballet, zum Vortanzen. Ich war ganz allein mit einer sehr strengen russischen Madame. Sie nahm meinen Körper, zog hier und da, betrachtete meine Füße. Dann mußte ich acht Assemblés vor und acht zurück machen, wozu ich mangels Technik und Nerven nicht imstande war. Später hörte ich von meinem Vater, daß sie meinten, ich hätte einen sehr guten Körper, aber ich sei zu alt. Wenn ich trotzdem unbedingt tanzen will, soll ich zur American Ballet Theatre School gehen, der Schule des American Ballet Theatre. Also tanzte ich dort vor, wurde genommen und bekam ein Stipendium. Mit achtzehn machte ich Abitur und zog nach New York, um das Stipendium anzutreten. Trotzdem wollte ich immer noch zur SAB – irgend etwas in mir war trotzig, und außerdem mag ich keine Absagen! Wenn man mir sagt, daß ich nicht gut genug bin, dann möchte ich es erst recht. Nach ein paar Monaten habe ich noch einmal bei der SAB vorgetanzt. Ich gab einen falschen Namen an, Scott Martin, und behauptete: Ich bin sechzehn! Und als sie mich fragten, ob ich schon einmal da war, sagte ich: Nein! Wieder machten sie diese Assemblés mit mir, aber diesmal schaffte ich es. Ich wurde angenommen und bekam ein Stipendium. Besonders geschätzte Studenten bekommen dort sogar ein Taschengeld, das habe ich allerdings nie erreicht. Noch heute gibt es Leute in New York, die mich Scott nennen.

Eigentlich sollte man an der SAB spätestens im Alter von zehn Jahren anfangen und mit achtzehn fertig sein. Aber ich war ja schon achtzehn, als ich anfing. Ich stand unter Druck. Ich versuchte, äußere Merkmale von Tänzern, die ich mochte, nachzuahmen. Aber das ist natürlich nicht der Kern der Sache. Man darf nicht versuchen, etwas Schweres zu machen, bevor man das Einfache beherrscht; wie beim Atmen – es muß sehr locker sein. Nur, damals konnte ich das nicht erkennen. Ich wurde nicht in die beste, sondern in eine mittlere Klasse gesteckt, und selbst dafür war ich eigentlich nicht gut genug. Aber für die Grundklasse war ich zu alt. In den vier Jahren, die ich dort war, sah ich einige Leute an mir vorbeiziehen, die aus der Grundklasse kamen und gefördert worden waren. Mein Ehrgeiz war mein Verhängnis. Ich wollte hohe Beine haben, hoch springen, arbeitete sehr hart und hätte lieber besser zuhören sollen. Ich war zu sehr mit äußeren Dingen beschäftigt, statt ehrlich zu mir zu sein. Man kann nichts isoliert trainieren, man muß es immer als Ganzes sehen. Das Bein wird so hoch gehen, wie es kann, wenn man den Kern der Bewegung findet.

Wir hatten eineinhalb Stunden Klassisch am Tag und zweimal die Woche anderthalb Stunden Pas de deux – das war alles, also viel zu wenig für mich. Außerdem hat es mich genervt, daß man nie einen Platz finden konnte, um allein etwas zu üben. Wir wurden sehr gefordert, immer angetrieben, noch härter zu arbeiten. Das war oft sehr anstrengend und schmerzhaft. Aber die Quälerei hat mich nie gestört, ich wollte ja tanzen. In der SAB war ich nie der Lieblingsschüler, es gab zu viel Konkurrenz. Bei Aufführungen durfte ich nicht mitmachen, weil ich nicht gut genug war. Trotzdem schrie man mich dort nie an. Deswegen habe ich auch keinen Respekt vor Lehrern, die wütend werden und herumschreien. Gerade an der SAB sind sie sehr cool, und es ist immerhin eine der besten Schulen überhaupt.

Ein Jahr lang war ich auch Stipendiat an der Alvin Ailey-School, zusätzlich zur SAB. Da lernte ich Modern, Jazz und Step. Die Graham-Technik wurde von einer richtigen Hexe unterrichtet, die mich sogar einmal aus ihrer Klasse warf. Sie hatte wahrscheinlich recht: Ich fand den Kern nicht. Sie sah, daß ich das Potential hatte, und das irritierte sie unheimlich, denn es gab andere, die zwar den Kern gefunden, dafür aber den Körper nicht hatten. Diese Graham-Hexen sind immer sehr streng, sie sind alle verbittert und schreien ständig herum. Dummerweise habe ich damals auf modernen Tanz herabgeschaut – ich war ja auf einer Elite-Schule für klassisches Ballett, der SAB, auch wenn ich kein wunderbarer Student war. Das war sehr dumm, denn ein guter Tänzer kann in jedem Fach etwas bieten; vielleicht hat er gewisse Stärken, aber das Grundgefühl ist dasselbe. Das habe ich völlig verkannt. Ich war auf Ballett fixiert und hätte mehr andere Interessen zeigen sollen. Nach einem Jahr flog ich von der Ailey-School, weil ich zu frech war.

Während meiner ganzen Zeit in New York jobbte ich nebenher: erst in einem Damenbekleidungsgeschäft, dann als Hilfskellner in einem Restaurant, dann in einer Bäckereikette. Das war wirklich «La Bohème» damals. Ich hatte nicht viel Geld, machte im Tanzen nicht die Fortschritte, die ich mir vorstellte, und hatte trotzdem eine schöne Zeit. Ich vermisse diese Zeit, New York war immer aufregend.

Nach vier Jahren entschied ich mich endlich, von der Schule zu gehen. Ich wollte tanzen. Balanchine war an der Schule und kannte mich; wenn er gewollt hätte, hätte er mich engagiert. Es war klar, daß mein Traum, ans New York City Ballet zu kommen, sich nicht erfüllen würde. Es nervte mich, daß ich älter wurde und nichts passierte, aber ich erzählte niemandem, daß ich gehen wollte. Damals fing ich an, Maria Callas zu hören. Ich hatte eine Aufnahme von ihr, «Live aus Mexico City». Sie hat mich beeindruckt, weil sie eine häßliche Stimme hatte und trotzdem eine wunderbare Sängerin war. Sie war mutig, ging Risiken ein, sang einfach drauflos. Ich entschied mich, genauso zu tanzen. Wahrscheinlich sah es furchtbar aus, aber plötzlich – nach vier Jahren! – zeigten die Lehrer mehr Interesse. Trotzdem ging ich am Ende dieses Jahres.

Ich zog zu meiner Mutter nach Michigan. Nach einer Weile hörte ich, daß eine örtliche Ballettschule einen Tänzer für ihre «Nußknacker»-Aufführung suchte. Also stellte ich mich dort vor. Die Leiterin der Schule erklärte mir allerdings gleich, daß sie keinen Jazztänzer sucht, sondern einen Ballettänzer. Offensichtlich hat sie meine Hautfarbe gestört. Ich habe trotzdem vorgetanzt und bekam die Rolle des Prinzen. Für so eine Provinzstadt hatte ich natürlich eine wunderbare Ausbildung, und die Schulleiterin war schockiert, daß ich so gut war. Sie vermittelte mich dann weiter an eine professionelle Modern-Company, bei der ein Tänzer ausgefallen war. Aber ich war zu klassisch und nicht offen genug für deren Stil. Ich ahmte die Bewegungen nur irgendwie nach. Heute weiß ich, wie furchtbar das aussieht, wenn Ballettänzer moderne Bewegungen nachahmen, die sie nicht beherrschen. Die Freude war für alle Beteiligten nur von kurzer Dauer.

Während des Engagements im «Nußknacker» hatte mich eine Frau gesehen, die eine Kompanie in Flint, Michigan, hatte. Sie bot mir einen Vertrag an, und ich akzeptierte. Auch da machten wir als erstes den «Nußknacker». Für die Hauptrollen wurden Solisten vom National Ballet of Canada engagiert. Es war sehr schön; mein Lieblingstanz war der arabische, der war sehr sexy. Ich habe aber auch den spanischen und den russischen getanzt. Wir machten hauptsächlich klassische, aber auch ein paar moderne Ballette. Ich blieb die ganze Spielzeit und arbeitete gerne dort. Mit meiner «Maria Callas-Technik» tanzte ich eigentlich sehr gut und bekam schöne Solos. In der Sommerpause flog ich nach Europa, um einen Freund aus New York zu besuchen, der inzwischen in Berlin arbeitete. Die Reise finanzierte ich durch einen Ballettwettbewerb: Ein Tänzer der Kompanie filmte mich während des Trainings und bei einer Choreographie; das Video schickte ich ein und gewann tausend Dollar. Kaum in Berlin, traf ich meinen heutigen Lebenspartner, verliebte mich und blieb hier, obwohl ich eigentlich nach Flint hätte zurückgehen müssen.

Ich wollte unbedingt noch tanzen und bewarb mich an der Deutschen Oper Berlin. Sie boten mir einen Vertrag als Eleve an. Ich sagte: Ich bin Tänzer! Ich will einen richtigen Vertrag! Es gab auch sehr wenig Geld, und ich nahm das Angebot nicht an, aber vielleicht war das ein Fehler. Dann stellte ich mich bei der ZBF (Zentrale Bühnen-, Fernseh- und Filmvermittlung) vor, das heißt, ich sagte denen, wo ich ausgebildet worden war, was ich bis dahin gemacht hatte und gab ihnen ein Bild von mir – ob ich wirklich tanzen konnte, wußten die gar nicht. Trotzdem vermittelten sie mich nach Hildesheim. Beim Vortanzen dort war ich sehr nervös. Nicht wegen des Vortanzens an sich, sondern weil der Ballettchef nach zehn Minuten anfing, den Tänzer anzuschreien, den ich letztendlich ersetzt habe. Die zwei gerieten total aneinander. Nach dem Training sagte er mir, daß ich noch warten muß, weil er sehen will, ob sich noch bessere Tänzer bewerben. Ich wartete und bekam die Stelle als Gruppentänzer mit Soloverpflichtung.

Der Choreograph war aus Chile und soll ein sehr guter klassischer Tänzer gewesen sein. Er tanzte früher auch in Pina Bauschs Kompanie. Sein Stil war ... im Grunde ist fast alles in Deutschland Klassisch, und wenn es sich Modern nennt, ist es nur schlechtes

Klassisch. Vielleicht habe ich mich nur gefreut, wieder arbeiten zu können, aber ich mochte seine Choreographien. Ich war sehr engagiert. Tänzerisch und künstlerisch gab es zwischen uns keine Probleme. Aber der Mann war Alkoholiker, wir vertrugen uns menschlich nicht.

Es war eine Durchschnittskompanie, die Tänzer waren nicht schlecht. Wenn sie technisch sehr gut waren, fehlte ihnen körperlich etwas, und wenn sie einen guten Körper hatten, fehlte ihnen die Technik, sonst wären sie ja auch an einem anderen Haus gewesen. Ich hatte damals viel Kraft und Willen, und obwohl meine Technik eigentlich Hilfe gebraucht hätte, mochte der Choreograph meinen «Maria Callas-Stil».

In Hildesheim hat mich manchmal irritiert, daß mich die Leute immer wegen meiner Hautfarbe anstarrten, wie echte Provinzeier. Es war keine Ausländerfeindlichkeit, eher Neugierde. Eigentlich waren die Menschen nicht unhöflich zu mir, die Deutschen sind einfach nur ein bißchen hart. Einmal, im «Zigeunerbaron», mußte ich mich schminken – Ganzkörperschminke! Sie meinten, ich bin nicht dunkel genug für einen Zigeuner. Na, wo gibt es so was? Ich rebellierte die ganze Zeit, machte mich nicht besonders beliebt, aber das war mir egal. Hildesheim ist eine Rentnerstadt mit tausend Jahre alten Rosenstöcken am Dom, na und? Das Publikum war sehr brav und interessierte mich nicht weiter. Ich fühlte mich unterfordert und fuhr oft nach Hannover, wo es einen sehr guten amerikanischen Lehrer gab. Da war ich eigentlich ein bißchen überfordert, und er kritisierte und beleidigte mich auch furchtbar, aber ich hatte Respekt vor ihm.

Der Choreograph in Hildesheim war der schwierigste von allen, mit denen ich gearbeitet habe, aber es machte Spaß, seine Sachen zu tanzen: Er stellte ein Ballett zu Mussorgskys «Bilder einer Ausstellung», und er mochte wirklich, wie ich das tanzte. Für «Boccaccio» war ich nur zweite Besetzung, deshalb durfte ich diesen schönen Tanz nie auf der Bühne machen. Aber für den ersten Ballettabend kreierte er eine wunderbare Rolle für mich, eine Jesusfigur. Leider wurde ich krank, und ein anderer mußte einspringen. Dafür hatte ich im nächsten Ballettabend gut zu tun. Das einzige Problem war wirklich, daß er so trank. Die Atmosphäre war unangenehm. Er war wie ein Boxer gebaut, und ich hatte Angst, daß er einmal zuschlägt. Wenn er wütend wurde, hat er richtig gezittert. Zum Ende der zweiten Spielzeit kündigte ich meinen Vertrag. In diesem Jahr ging auch der Rest der Kompanie, bis auf zwei Leute. Ich glaube, das hat ihn verletzt.

Schon in Berlin hatte man mir erzählt, daß mich der Direktor von Gelsenkirchen sicherlich als Tänzer mögen würde. Noch während ich in Hildesheim engagiert war, ging ich also nach Gelsenkirchen zum Vortanzen. Ich bekam die Stelle, wieder Gruppe mit Solo. Kurz darauf rief er mich an und fragte, ob ich für einen erkrankten Solisten einspringen könnte. Ich sagte zu, und es war eine sehr schöne Erfahrung. Zu Beginn der neuen Spielzeit war ich dann fest in Gelsenkirchen und begeistert, mit ihm zu arbeiten. Als erstes studierten wir ein Kinderstück ein, bei dem ich eine Katze spielen sollte. Meine Zweitbesetzung war einer seiner Solisten, und das hat mich gehemmt. Außerdem wurde er mir gegenüber aggressiv. Er sagte, ich sei zu schwach. Da fingen die ersten Reibereien an. Die nächste Rolle, Benvolio in «Romeo und Julia», ging auch nicht gut. Mit jedem Tag wuchs die Ernüchterung. Er mochte mich, aber ich mochte weder seine Choreographien noch seine Arbeitsweise, noch sein Training. Es war alles furchtbar. Er war so unmusikalisch! Er ließ sich von unserem Musikdirektor die Takte aufschreiben, las die Zahlen ab und machte Bewegungen dazu. Ohne Musik! Nur zerbrochene Schritte zu Zahlen auf einem Stück Papier. Ich hatte keinen Respekt vor ihm. Kartenspielen war das einzige, was wir gerne miteinander machten. In Gelsenkirchen mußten wir mehr arbeiten als in Hildesheim; es gab viele Kinderstücke. Aber ich bekam nie etwas wirklich Befriedigendes zu tun. Es war stadtbekannt, daß unser Verhältnis nicht gut war. Damals entwickelte ich meinen trockenen Humor. Ich sagte oft Dinge, die die anderen Tänzer sehr witzig fanden, er dagegen weniger. In der zweiten Spielzeit bekam ich keine Soli mehr.

Dieser Choreograph wollte nicht populär sein. Er freute sich, wenn die Leute buhten; und das taten sie auch, wenn er auf die Bühne kam. Ich glaube, daß der Choreograph am Theater des Westens, an dem ich später engagiert war, genauso war. Sie sind verrückt. Vielleicht denken sie, daß viele Künstler zu Lebzeiten verkannt wurden, daß sie ihrer Zeit voraus sind, und dabei machen sie eigentlich nur Mist.

Heute sehe ich ein, daß nicht alles schön sein muß auf der Bühne. Es kann Häßliches geben, aber auch das muß mit einer gewissen Perfektion verbunden sein. Es darf nicht nur dilettantisch sein. Ich will so etwas allerdings nicht tanzen. Die Banalität des Lebens möchte ich im Theater nicht sehen, die lebe ich. Und wenn man das zeigen will, dann durch eine körperliche Anstrengung, sonst interessiert es keinen. Hätte ich damals bei Madame Reisz gewußt, daß ich einmal so etwas machen muß, wäre ich nie Tänzer geworden. Wenn man mir in Gelsenkirchen nicht gekündigt hätte, hätte ich es selbst getan. Da ich im nächsten Ballettabend nichts zu tun hatte, wurde ich freigestellt, um einen neuen Job suchen zu können.

Ich bin zurück nach Berlin zu meinem Freund gegangen, mit dem ich die ganzen Jahre zusammengeblieben war. Dann bekam ich einen Anruf von den Berliner Kammerspielen, die einen Tänzer für eine Musical-Produktion suchten. Ich ging zum Vorsingen – tanzen mußte ich gar nicht – und wurde engagiert. Ich mochte Musicals schon immer und wollte das auch wirklich machen. Die Regisseurin war eine Whisky trinkende Kettenraucherin, und wir mußten arbeiten wie Pferde. Die letzten beiden Wochen vor der Premiere hatten wir keinen einzigen freien Tag, wir schufteten nur und bekamen für die Proben keinen Pfennig. Nach der Premiere freute ich mich auf einen freien Montag, aber diese kettenrauchende Fanatikerin verlangte, daß wir alle an diesem Montag zu einer Probe kommen. Ich sagte: Ich glaube, ich höre nicht richtig! Ich brauche endlich einen Tag Ruhe! – Sie ließ mir ausrichten, daß ich, wenn ich nicht zur Probe erscheine, überhaupt nicht mehr kommen brauche. Ich bin da nie wieder hin. Mein Gehalt für die bereits gespielten Vorstellungen habe ich auch nicht abgeholt, ich habe es ihnen geschenkt.

Die Beziehung zu meinem Lebensgefährten war damals in einer schwierigen Phase, und ich überlegte, ob ich zurück in die Staaten gehen sollte. Aber es kam ein Anruf vom Theater des Westens, ich soll zu einem Vortanzen kommen. Das Training gab Madeleine Bart. Ich war nicht sehr fit und glaubte nicht, daß ich es schaffen würde, aber sie zeigten trotzdem Interesse. Sie fragten mich, ob ich singen kann; ich habe gesungen, und sie engagierten mich für ein Gastspiel von «La Cage aux folles». Drei Monate Zürich – das kam gerade zur rechten Zeit! Ich hatte die Show schon früher einmal gesehen und war begeistert gewesen. Dieses Engagement war ein Höhepunkt für mich. Die Zeit in Zürich war sehr schön, aber nach drei Monaten in einem Hotel bekommt man Heimweh und will wieder irgendwo zu Hause sein.

Zurück in Berlin bot man mir einen festen Vertrag an. Das war eigentlich mein Verhängnis. Ich hätte nein sagen sollen. Man sollte weggehen, solange es schön ist, damit man wiederkommen kann. Aber in der Praxis ist das schwierig, denn ich denke immer an Sicherheiten. Und dann wurde es schlimm: Einmal hatte ich ein Problem mit der Maskenabteilung, weil sie meinten, sie könnten meine Haare schneiden. Natürlich konnten sie es nicht! Ich versuchte, ihnen ganz rational zu erklären, daß es eben nicht gut war. Daraufhin beschwerten sie sich über mich beim Choreographen, und der entschuldigte sich für mich. Ich war schockiert. Dann bekamen wir eine neue Trainingsmeisterin. Sie unterrichtete Graham und war etwas «salzig». Ich hatte keinen Respekt vor ihr. Sie unterrichtete uns Profis wie Anfänger. Ich hätte sechs Monate krank sein und gleich danach wieder alles mitmachen können, da sie ja nie etwas änderte, weder Schwierigkeitsgrade noch Tempi. Schließlich mußte ich in einem Kinderstück einen Affen spielen. Im nachhinein war das für mich so ähnlich wie damals der Butler. Ich hätte etwas daraus machen können, aber es hat mich verletzt. Ich wollte das nicht spielen und war auch ein bißchen trotzig. Ich hatte jeden Tag Vorstellung, bekam nur Mist zu tun und mußte auch noch jeden Tag da sein, um diesen Mist zu probieren. Es kam ein Tiefpunkt nach dem anderen; ich glaube nicht, daß die mich dort jemals mochten. Ich weiß nicht, warum sie mich engagiert haben.

Am Theater des Westens war ich nicht mehr in der Laune, Leute zu unterhalten. Es war mir egal, ob sich das Publikum amüsierte oder nicht, und das ist natürlich keine gute Einstellung für einen Darsteller. Während eines Gastspiels in Hamburg war ich so tief unten, daß ich anfing, überall anzurufen, um herauszufinden, was ich machen könnte, um irgendwo Anschluß zu finden. Ich hörte auf zu rauchen und zu trinken. Ich sagte mir: Ich kann mich nicht so zerstören! Wie komme ich hier raus? – In der Garderobe arbeitete ich an meinem Deutsch und frischte meine Mathematikkenntnisse auf. Es konnte nicht so weitergehen, es war die Hölle. Jeder Tag am Theater des Westens war eine Demütigung für mich. Ich entschied mich für eine Umschulung zum Steuerfachgehilfen. Als ich zur ZBF ging, um ihnen mitzuteilen, daß ich das Theater des Westens verlasse, hatte ich die ganze Umschulung schon organisiert. Die waren richtig schockiert. Ich sagte: Sie müssen mich nie wieder vermitteln, nein danke!

Kann man das Karriere nennen? Es war «bittersweet». Ich konnte nie mit den Leuten arbeiten, mit denen ich arbeiten wollte. Und vor den Leuten, die mit mir arbeiten wollten, hatte ich keinen Respekt. Ich habe nie ans Theater gedacht, sondern immer nur an mich und daß ich es schaffen würde, einmal gut und groß zu werden. Aber ich habe nicht in Kauf genommen, daß man es im Theater mit anderen Egos zu tun hat. Vielleicht habe ich aus den falschen Gründen angefangen.

Es ist alles relativ. Man kann gut sein, aber wenn man nicht gefällt, dann ist man nicht gut. Ich denke, wenn ich für mich gut getanzt habe, habe ich auch für das Publikum gut getanzt. Ich kann nicht mehr, als ehrlich tanzen und mein Bestes geben. Wenn das nicht genug ist, dann muß sich das Publikum damit abfinden: Tut mir leid, es gibt nicht mehr!

Tanzen ist ein Traumberuf. Mein Traum wurde ein Alptraum. Es gab nichts, was die ganze Arbeit gerechtfertigt hätte. Es war nur Arbeit. Gerade am Theater des Westens! Die einzige Rechtfertigung war mein Gehalt, und jetzt arbeite ich in einem Steuerbüro, verdiene mehr und habe meine Abende und Feiertage frei. Das freut mich.

Heute lebe ich sehr gut, aber es ist nicht mehr wie früher. Irgendein Gefühl ist schon weg. Man kann nicht alles haben. Ich bin jetzt älter und mein Ziel ist es, zu studieren. Ich strebe ständig nach etwas, und wenn ich das endlich habe, trinke ich ein Glas Champagner und halte nach dem nächsten Ziel Ausschau. Der letzte Erfolg ist nur Vergangenheit. Ich stoße immer gegen Wände. Genau wie damals, als sie mich nicht in der SAB aufnahmen. Ich kämpfte und schaffte es. Dann lag wieder ein Stein im Weg, den ich nie wirklich bewältigte, nämlich ins New York City Ballet zu kommen und ein großer klassischer Tänzer zu werden. Ich vermisse den Traum, den ich einmal hatte. Ich vermisse die Erwartung, daß irgendwann etwas Tolles passiert, aber ich freue mich, daß die Enttäuschungen und Erniedrigungen vorbei sind. Es ist für mich sehr ernüchternd festzustellen, daß das Leben nicht so schön ist, wie ich früher einmal dachte. Ich wünschte, ich könnte noch tanzen, aber ich habe keine Zeit mehr dafür. Es liegt hinter mir. So ist das Leben.

Erst jetzt stelle ich fest, daß es so viele andere Dinge auf der Welt gibt, die mich interessieren. Tanzen ist sehr schön, aber man muß es nicht unbedingt machen. Ich lernte Disziplin und wurde ein bißchen klarer im Kopf. Vielleicht habe ich ein paar Dummheiten nicht gemacht, weil ich immer am Üben war; aber eigentlich ist die Zeit vergeudet.

Für meine Chefin habe ich neulich einen Tanz hier in meinen Zimmer choreographiert. Ich tanzte ihn ihr vor, und sie war wirklich begeistert. Ich weiß nicht, ob ich das noch einmal machen würde: Ich hatte solche Rückenschmerzen, noch Tage danach!

Sylvia Wintergrün

Ich hatte von Geburt an ein Hüft- und ein Wirbelsäulenleiden. Meine Mutter merkte das, als ich drei Monate alt war: Beim Wickeln bekam ich die Beinchen nicht auseinander. Ich lag zwei Jahre lang, Tag und Nacht, vom Kopf bis zu den Füßen in einem Gipsbett, in dem die Beine allmählich gespreizt wurden. Dadurch habe ich natürlich erst sehr spät laufen gelernt. Meine Mutter mußte dann immer mit mir zum orthopädischen Turnen, aber nach ein paar Jahren weigerte ich mich, weil mir das zu langweilig war. Der Arzt meinte, daß ich auch zum Ballett gehen kann, und so fing ich mit sechs Jahren an zu tanzen. Ich fand das toll. Als erstes ging ich zwei Jahre in eine Privatballettschule, die wirklich nicht der Rede wert war. Mit acht Jahren kam ich dann zum Badischen Staatstheater. Das war schon relativ professionell, und ich ging da sehr gerne hin. Wir durften auch Vorstellungen mitmachen: Weihnachtsmärchen, «Carmen», «Nußknacker». Mit zwölf Jahren wollte ich dann unbedingt Tänzerin werden. Wir hatten sehr viel Kontakt zu den richtigen Tänzern an diesem Haus, und ich fand vor allem die Tänzerinnen mit ihren langen Hälsen sehr schön. Dieses Leben sah so schön aus; ich bewunderte die unglaublich, ich hätte denen die Füße geküßt.

Das Staatstheater in Karlsruhe war ein richtig alter Kasten. Der Ballettsaal hatte runde Fenster und war oben unter dem Dach. Wenn man unter der Bühne durchging, hörte man immer ein Käuzchen. Und es lag ein ganz bestimmter Geruch in diesem Haus. Es war für mich einfach unglaublich romantisch. Ich bin direkt nach der Schule ins Theater gefahren und blieb bis abends, obwohl das Training längst vorbei war und ich dort eigentlich gar nichts mehr zu suchen hatte.

Der Tanz war für mich immer eine Möglichkeit, vor Problemen wegzulaufen. Wenn ich zu Hause Sorgen hatte oder traurig war, bin ich ins Theater gegangen und konnte beim Training alles vergessen. Während der Scheidung meiner Eltern war ich nur im Theater. Es konnte sich ja auch keiner viel um mich kümmern: Meine Mutter war mit sich beschäftigt, meine Geschwister waren mit sich beschäftigt. Ich war eben mit Ballett beschäftigt, und damit waren auch alle ganz froh.

Leider mußte ich damals schon Spitze machen. Solange ich getanzt habe, war das nie leicht für mich. Meine Füße waren dafür nicht geeignet: zu lange Zehen und zu empfindliche Fußnägel; manchmal hatte ich Schmerzen bis in die Haarspitzen. Schon als Kind hatte ich Angst, daß ich wegen meiner Füße keine Tänzerin werden kann. Es tat höllisch weh. Warum tat es den anderen nicht so weh? Ich wollte unbedingt tanzen und versuchte, gegen den Schmerz anzukämpfen; es machte mir ja trotzdem großen Spaß. Je mehr ich dann trainierte, um so leichter wurde es. Trotzdem war ich deswegen auch einmal bei einem Arzt, und der meinte, das Gewebe unter den Nägeln sei zu schwach.

Wir waren ein Kreis von fünf oder sechs Mädchen, die sich gut verstanden und die Tanzerei sehr ernst nahmen. Wir gingen jeden Tag ins Training, aber letztendlich wurden nur zwei von uns Tänzerinnen; eine wurde an der Stuttgarter Ballettschule angenommen. Stuttgart war für uns die Ballettschule und das Balletttheater überhaupt; damals lebte Cranko noch. Ich versuchte es mit fünfzehn in Stuttgart, aber es hieß, ich sei schon zu alt. Da ging erst einmal die Welt unter. Zum ersten Mal mußte ich darüber nachdenken, was ich mir sonst noch für einen Beruf vorstellen könnte. Es ist mir ums Verrecken nichts eingefallen. An der Schule war ich nur so nebenbei, die interessierte mich überhaupt nicht.

Ich hatte keine Ahnung, wo es sonst noch Tanzakademien gab, und die vom Staatstheater haben uns auch nicht geholfen. Klar, die wollten uns halten, wir waren ja zahlende Kundschaft. Die Lehrer waren nicht gut; wirklich gelernt habe ich erst später in Köln, da mußte ich noch einmal richtig von vorne anfangen.

Also: Stuttgart hatte nicht geklappt, das war im Frühjahr. Im Sommer fuhr ich mit meiner Mutter nach Südfrankreich in Urlaub. Auf unserem Campingplatz gab es ein kleines Theater. Wer mitmachen wollte, konnte sich melden, und das tat ich natürlich. Der Leiter dieses Theaters erzählte uns dann, daß der Direktor der Tanzakademie Köln auch dort Urlaub macht. Er arrangierte noch vor Ort ein Vortanzen, und ich wurde unter der Voraussetzung angenommen, daß ich sofort anfange, da es sonst wirklich zu spät sei. Meine Mutter nahm mich noch im gleichen Sommer von der Schule, und ich fing im Herbst in Köln an.

Bevor ich die Ausbildung beginnen konnte, mußte ich ein ärztliches Attest bringen. Man wollte natürlich wissen, ob diese alten Geschichten gut verheilt waren. Es stellte sich heraus, daß alles in Ordnung war. Ich habe allerdings immer noch zwei Rippen zuwenig und zwei Lendenwirbel zuviel, daran konnten sie auch nichts ändern. Als ich in Köln anfing, war ich fünfzehn. Ich mußte in eine andere Stadt ziehen und dann auch noch in ein Studentenwohnheim, da die Kölner Akademie kein Internat hatte. Die Schule war vom ersten Tag an wunderbar, und ich war am Anfang auch sehr glücklich. Nur das Leben in diesem Wohnheim war grauenvoll; ich mußte ein Doppelzimmer mit jemandem teilen. Außerdem war es einfach zu früh, um auf sich selbst gestellt zu sein. Nach zwei Monaten bekam ich eine Krise, packte meine Sachen, setzte mich in einen Zug und fuhr nach Hause. Zehn Tage später holten sie mich dann doch wieder zurück. Es war auch unrealistisch, ich konnte ja nicht plötzlich wieder etwas anderes anfangen. Dann gewöhnte ich mich auch ganz gut daran, allein zu sein.

Ich hatte überhaupt keine Interessen außer Ballett, das war ganz schlimm; ich nahm das so furchtbar ernst. Immer noch hatte ich Angst wegen meiner Füße; und das war nicht nur im Kopf, die taten einfach weh! Im ersten Jahr machten wir nur sehr wenig Spitze, aber später wurde es ein echtes Problem. Komischerweise kam ich immer durch die Prüfungen, schlecht war ich wohl nicht. Die Klasse bestand am Anfang aus zwölf, im Abschlußjahr nur noch aus vier Leuten. Es wurde also schon ausgesiebt.

Die Schule war toll. Man konnte sich ganz in die Hände der Lehrer geben. Das war es vielleicht auch, was ich so mochte. Sie wußten, was gut war, und man konnte sich darauf verlassen. Wir strengten uns unglaublich an und kämpften immer um die Sympathien der Lehrer. Zu dieser Zeit war ich sehr auf den Leiter der Schule fixiert. Er war eine starke Persönlichkeit, und ich himmelte ihn an.

Jungs interessierten mich nicht; es gab aber auch nur sehr wenige Jungs an unserer Schule.

Der Tag begann morgens um zehn mit einem anderthalbstündigen klassischen Training. Dann, nach einer kurzen Pause, eineinhalb Stunden Modern, Graham-Technik, barfuß. Modern machte mir keinen Spaß, da spürte ich meine zwei zusätzlichen Wirbel so sehr. Nachmittags hatten wir eine Folklore- oder Theoriestunde mit Musik- und Tanzgeschichte und danach Pas de deux, Repertoire oder Spitzentechnik. In den Repertoirestunden lernte ich «Dornröschen», «Nußknacker» und «Bluebird», jeweils mit Variation und Pas de deux; außerdem «Giselle», aber das mochte ich nicht. Wir lernten sogar die Cranko-Choreographie von «Schwanensee», und ich tanzte den Schwarzen Schwan, allerdings nur mit achtundzwanzig Fouettés! Ich wollte das alles unbedingt tanzen und wurde darin auch sehr bestätigt: Nach dem ersten Jahr durfte ich bereits eine Klasse überspringen. Das Klassische war mein Ideal. Ich hatte eine genaue Vorstellung davon, wie eine klassische Tänzerin auszusehen hat, wie ich sie schön finde – die Beine, die Füße – ich kämpfte immer darum, so auszusehen. Ich wollte wirklich das Tutu haben.

Nach dem dritten Schuljahr konnten wir uns spezialisieren, man durfte entscheiden, ob man Folklore – Flamenco, Mazurka – oder Modern weitermachen will. Aber ich sagte: Ich möchte nur Klassisch tanzen! – So richtig blöd; das ging natürlich nicht. Ich entschied mich dann für Modern und hatte im letzten Jahr sogar noch ein bißchen Spaß mit der Graham-Technik.

Eigentlich hätte ich nach drei Jahren von der Schule abgehen können, ich habe aber noch einmal eines angehängt. Der Grund war ein Vortanzen auf dieser schrecklichen Ballettbörse in Frankfurt. Das ist eine Möglichkeit für Tänzer, verschiedenen Choreographen vorzutanzen, ohne die ganzen Theater abklappern zu müssen. Die Idee ist eigentlich gut, aber die Atmosphäre dort war schlimm. Da sich auch Trainingsmeister vorstellen und ausprobieren konnten, war das Training teilweise sehr schlecht. Danach standen alle betreten herum – womöglich noch mit einer Nummer auf dem Rücken – und warteten darauf, angesprochen zu werden. Aber die Choreographen hielten sich mit dem Engagieren sehr zurück, und wenn man mal angesprochen wurde, wollten sie dich meistens sowieso noch einmal mit ihrer Truppe trainieren sehen, und so mußte man dann doch wieder hinfahren. Es war eine Fleischbeschau, ein richtiger Viehmarkt – schrecklich!

Mein Lehrer, der mitgereist war, saß vorne und schaute zu. Dadurch hatte ich eine solche Selbstsicherheit und fühlte mich so geborgen, daß ich sehr gut war. Der Direktor der Frankfurter Truppe interessierte sich für mich. Er machte ausschließlich Balanchine-Stücke, was mir sehr gefiel. Natürlich mußte ich noch einmal wiederkommen und mit der Truppe trainieren, und auf einmal war alles ganz anders. Es gab keinen Pianisten, und es herrschte eine furchtbar kalte Atmosphäre. Plötzlich fühlte ich mich wieder ganz klein und tanzte auch entsprechend. Sie wollten mich dann doch nicht. Daraufhin blieb ich noch ein Jahr in Köln.

Ich habe überall vorgetanzt: Hamburg, Mannheim, Basel, Krefeld, Amsterdam, also kreuz und quer. Alle sagten: Keine Anfänger! Ich war total deprimiert. Unsere Schule war recht klein, und man wußte genau, wo man steht. Der erste Schock war dieses Training mit der Frankfurter Kompanie, wo ich merkte: Die sind ja alle so toll! Plötzlich sah ich die Realität. Dann fuhren wir zum Beispiel nach Hamburg und sahen dort Leute, die ein unglaubliches Selbstbewußtsein hatten und die Beine schmissen, bevor das Vortanzen überhaupt losging. Die produzierten sich richtig. Da konnte und wollte ich mich nicht mehr verkaufen. Wenn der Ehrgeiz aus allen Poren kommt, erdrückt mich das! Plötzlich wurde ich schüchtern, was ich weder an der Schule noch später auf der Bühne je war. Aber bei diesen Vortanzsituationen konnte ich immer nur dreißig Prozent von dem zeigen, was ich eigentlich drauf hatte. Meine Traumkompanie wäre Basel gewesen, Spoerli faszinierte mich, aber es war hoffnungslos. Beim Vortanzen in Amsterdam habe ich mich sehr wohlgefühlt, und da kam auch gleich eine Reaktion, nur durften die keine Ausländer engagieren. Manchmal war auch meine Größe ein Problem, auf Spitze war ich oft größer als meine Partner.

Im Lauf der Zeit habe ich gemerkt, daß es für die wirklich großen Kompanien einfach nicht reicht. Technisch schon, ich hatte ja eine sehr gute Ausbildung; aber die Voraussetzungen waren nicht da, denn der Körper muß geschnitten sein wie ein Ferrari. Es fing bei den Füßen an: Mein Spann war nicht hoch genug, meine Beine nicht durchgebogen genug, und ich hatte auch nie besonders hohe

Beine. Ich habe zwar eigentlich sehr schöne, gerade Beine, aber für den klassischen Tanz ist es besser, wenn sie etwas überstreckt sind; bei mir sah man immer die Knie. Ich konnte sehr gut springen und drehen, aber Tanz ist eben reine Optik. Man wurde wirklich ausgemessen, auf Persönlichkeit wurde gar nicht geachtet – dein Körper wurde angeschaut, sonst nichts. Nach jedem Vortanzen fuhren wir zurück nach Köln, um das Selbstbewußtsein wieder aufzubauen. Aber irgendwie war das alles nicht so schlimm, ich habe nie geweint. Während des letzten Jahres wurden wir immer weniger. Dann hieß es: Die geht nach Bremerhaven, der geht nach Krefeld – von wegen Hamburg, Stuttgart oder Amsterdam, es wurde immer bescheidener.

Im Frühjahr, bevor das letzte Schuljahr zu Ende ging, fuhr ich dann nach Kaiserslautern. Ich habe es als häßliches, kleines Theater in Erinnerung. Ich weiß noch, wie ich in diesem winzigen Ballettsaal stand und dachte: Dieses Training und diese Ballettmeisterin! Hoffentlich wollen die mich nicht! Natürlich boten sie mir ein Engagement an, und ich nahm es an, denn aus Köln mußte ich jetzt wirklich weg. Ich freute mich überhaupt nicht, und es stand für mich fest, daß ich diesen Vertrag so schnell wie möglich wieder kündige.

In den Sommerferien, bevor ich das Engagement antrat, belegte ich einen Tanzkurs in der Schweiz: vierzehn Tage lang nur Bircher-Benner-Kost und jeden Tag trainieren! Es war wunderschön. Ich kam also topfit aus dem Urlaub in dieses Theater, das nicht einmal ein richtiges Training bot. Nach meiner professionellen Ausbildung an dieses Theater zu kommen war das Schlimmste, was mir passieren konnte. Die erste Produktion mit Larry Fuller war ja noch gut, aber dann kam der große Schock mit der Hausballettmeisterin, in meinen Augen war sie so eine richtige Vortanz-Hupfdohle. Sie choreographierte das «Weiße Rößl», worauf ich zum Ende der Spielzeit kündigte.

In Kaiserslautern mußten wir alles machen: Oper, Operette, Musical, Ballettabende. Plötzlich war ich hinterste Reihe, irgend so eine Tussi im Corps de ballet. Und es hatte kein Niveau: richtig üble Tänzer und eine ganz schlechte Solistin! Man kommt als junge, ambitionierte Tänzerin in dieses Haus, will etwas machen, aber das interessiert keinen Menschen. Die Krönung war der Ballettabend –

«Peter und der Wolf»! Ich tanzte in einem ganz kratzigen Kostüm einen Jäger mit angeklebtem Bart und einer Flinte auf dem Rücken. Ich hätte weinen können. Es war das absolute Gegenteil von dem, was ich machen wollte. Nur einmal, in einer Operette, durfte ich Spitze tanzen.

Außerdem machten wir unheimlich viele Abstecher: fünfundzwanzig im Monat! Man kam nicht einmal zum Trainieren. Die bespielten die ganze Pfalz. Ich saß ein Jahr lang nur im Bus. Die Vorstellungen waren dann in irgendeiner umgebauten Schule, und wir mußten uns im Chemiesaal oder auf den Toiletten umziehen. Extra bezahlt wurde das natürlich auch nicht – sechs oder sieben Mark Spesen, damit man sich in einem Gasthaus eine Suppe kaufen konnte. Es war absolut lächerlich. Und nachts mußte ich ein Taxi nehmen, weil wir so spät zurückkamen, daß keine Busse mehr fuhren. So weit ich mich erinnere, verdiente ich damals 1 200 oder 1 300 Mark. Kaiserslautern war ein Alptraum. Mit zwanzig bin ich da weg.

Durch die ZBF erfuhr ich dann, daß sie in Münster Solistinnen suchen. Obwohl ich vorher krank war und vierzehn Tage nicht trainiert hatte, fuhr ich hin. Wie immer, wenn man ganz locker ist – ich wollte ja nicht nach Münster – war ich richtig gut in Form und machte meine drei Pirouetten auf Spitze. Danach, das weiß ich noch genau, stand ich in der Garderobe, zog mich um und dachte mal wieder: Hoffentlich will der mich nicht nehmen! Prompt rief mich der Direktor ins Büro und sagte, daß er mich engagieren will. Ich konnte nicht nein sagen und nahm den Vertrag an, immerhin ein Solovertrag. Aber es war eine ganz kleine Truppe, die hatten überhaupt nur Soloverträge.

In Münster verdiente ich etwas besser, aber als Tänzer war man ja immer sehr schlecht bezahlt. Ich glaube, wir bekamen weniger als der Chor. Während ich getanzt habe, hat mich das allerdings nie gestört. Anfangs fand ich es sogar toll, daß ich plötzlich Geld fürs Tanzen bekam.

Die Truppe in Münster bestand zwar nur aus zehn Tänzern, aber der Ballettmeister war sehr ambitioniert; das Ganze hatte also wieder etwas Ernsthafteres. Es gab viele Vorstellungen, aber, Gott sei Dank, keine Abstecher. Da die in Kaiserslautern ein Alptraum gewesen waren, hatte ich in meinen Folgeengagements immer darauf geachtet. Daß ich wieder Oper, Operette und Musical machen mußte, fand ich nicht weiter schlimm, ich mochte das sogar. Es gibt ja viele Tänzer, die das gar nicht mögen.

Ich wurde toleranter. Nicht alle Tänzer entsprachen dem klassischen Vorbild, aber ich konnte jetzt auch akzeptieren, wenn jemand im Modern ein bißchen mehr Pfeffer hatte. Ich war nicht mehr ganz so auf das Klassische fixiert. Witzigerweise bekam ich es dann aber zu tanzen. Es gab einmal im Monat ein Ballettforum, einen Abend, an dem wir uns ausprobieren konnten. Daran wurde genausoviel gearbeitet wie an einem Ballettabend. Das war in der Zeit, als es ganz modern war, das Publikum zu belehren und ihm zu zeigen, was Ballett, was Tanz eigentlich ist und wie die Arbeit der Tänzer aussieht. Da durfte ich einmal eine Variation aus «Dornröschen» tanzen, und zum ersten Mal auch einen spanischen Tanz. Der Choreograph, ein Argentinier, mochte vielseitige Tänzer, und es nützte mir etwas, daß ich auch in andere Sparten reingerochen hatte. Ich habe zwei schöne Jahre bei ihm gehabt und tanzte sehr, sehr viel.

Das Publikum in Münster war ganz toll. Ich habe kürzlich Post von einer Frau bekommen, die heute noch von dieser Zeit schwärmt – nach zehn Jahren! Das Publikum war mir sehr wichtig; ich merkte, man tanzt für die Leute und macht ihnen wirklich Freude. Zum ersten Mal erlebte ich, wie das ist, wenn das Licht ausgeht und die Leute anfangen zu schreien und zu toben. Das war richtig wie bei den Großen. Es hat für mich keine Rolle mehr gespielt, daß ich an einem kleinen Haus war. Und ich fühlte mich auch wirklich sehr bestätigt, anerkannt vom Haus und vom Publikum. Ich habe nie wieder solche Bombenkritiken bekommen.

Nach zwei Jahren ging das Choreographen-Karussell los: Der Argentinier ging weg, und mit dem Neuen, einem aus dieser Pina Bausch-Clique, kam ich nicht klar. Zu der Zeit konnte ich mit solchen modernen Sachen überhaupt nichts anfangen. Erst später, während meines Engagements in Hagen, fand ich das teilweise ganz witzig: Die Proben sind ja wirklich kreativ, weil du viel mehr in die Entstehung eines Stücks miteinbezogen bist als beim klassischen Tanz. Da bekommst du die Schritte und machst sie, das Moderne entwickelt man dagegen mit. In Hagen machten wir Tanzabende in Museen, die völlig verrückt waren – barfuß und im Blümchenkleid.

Wenn der Choreograph Humor hat, kann das Spaß machen. Aber damals in Münster – mit Dreck auf der Bühne? Es ging eben völlig weg vom Tanz, und ich kündigte also wieder einmal zum Spielzeitende.

Komischerweise ist mir das Weggehen von diesen Städten nie schwer gefallen. Es war nur ein bißchen lästig, immer eine neue Wohnung zu suchen. Aber ich war so mit Ballett beschäftigt, daß ich nie Freundschaften hatte oder hätte suchen können; es ergab sich selbst in Münster nicht, wo ich ja immerhin drei Jahre war. Vielleicht bin ich immer ein wenig vor dem wirklichen Leben geflüchtet, vielleicht hat es mich erschreckt. Aber ich habe nichts vermißt. Theater faszinierte mich immer noch, und ich habe wirklich viel gearbeitet. Ich merkte, daß man auch an einem kleinen Haus sehr professionell arbeiten und wirklich Erfolg haben kann. Gut, daß ich nicht in so einer Riesentruppe war; ich hätte mich wahrscheinlich nicht wohlgefühlt. Den Bereich, in dem ich arbeitete, konnte ich immer überschauen. In einer Truppe mit sechzig oder siebzig Leuten wäre ich nichts geworden.

In den Sommerferien fuhr ich wie immer ganz brav in die Schweiz, um mich von meinem Kölner Lehrer wieder aufbauen zu lassen. Dort traf ich eine ehemalige Mitschülerin, die in Hagen, also gar nicht so weit weg von Münster, engagiert war. Sie lud mich ein, bei ihnen mitzutrainieren, und so lernte ich diese hervorragende Truppe kennen, zwanzig Leute mit einer ausgezeichneten Solistin. Auf einmal hatte ich wieder ein Ziel: Ich wollte in diese Truppe! Sehr oft bin ich von Münster nach Hagen gefahren und trainierte mit. Als dem Choreographen für eine Ballettgala eine Solistin ausfiel, weil sie schwanger wurde, rief er mich an und fragte, ob ich einspringen könnte. «Cholerisch» in den «Vier Temperamenten», ein toller Pas de trois, unglaublich schön und unglaublich schwer. So tanzte ich also als Gast in dieser Gala mit. Der Ballettdirektor zierte sich aber noch ein bißchen, mich fest zu engagieren. Er wollte sehen, daß ich mich wirklich für seine Truppe interessiere. Irgendwann bekam ich dann das Engagement und war sehr froh darüber. Ich mußte allerdings zurück in die Gruppe. Da merkte ich wieder: So toll ist das auch nicht, was du machst! Aber das war nicht so wichtig, ich fand die Arbeit des Choreographen eben ganz toll. Außerdem tanzte ich auch Solopartien, ich hatte nur keinen Solovertrag.

Es war das erste Mal, daß das Ballett an einem Haus einen hohen Stellenwert besaß; das Hagener Theater hatte einen guten Ruf wegen des Balletts, und dementsprechend gut war die Stimmung. Auch da machten wir übrigens keine Abstecher – höchstens einmal ein Gastspiel in Remscheid, aber das machte dann schon wieder Spaß. Es war eine schöne Zeit.

Nach einem Jahr hatte ich Pech, es kam wieder so eine Pfeife, für die ich mich nicht interessierte, und ich kündigte. Ich erinnere mich an einen Ballettabend aus dieser Zeit: Ein Gast, ein Russe, inszenierte «Romeo und Julia», und ich mußte eine vom Volk spielen! Plötzlich durfte ich wieder einmal über die Bühne laufen und den Besen schwingen. Ich war frustriert und dachte: Das mache ich jetzt nicht mehr! Damals fing ich an, mich anders zu orientieren; ich ging plötzlich mehr in diese Modern Jazz-Richtung, weil ich merkte, daß die anderen das nicht können. Die rein klassischen Tänzer, die mit ihrem Körper auf den Punkt perfekt sind, können auch oft wirklich nur klassisch tanzen. Wenn man von denen ein Jazzballett sehen möchte, sind sie überfordert. Und dafür war ich immer richtig. Auf Anregung von Kollegen, die sich auch für Schauspiel und Musical interessierten, habe ich angefangen, Gesangsstunden zu nehmen. Es taten sich neue Möglichkeiten auf; ich sah, daß man auch noch andere schöne Dinge am Theater machen kann.

Die ZBF Frankfurt suchte damals dreißig arbeitslose Künstler für eine Fortbildung zum Musical-Darsteller in Hamburg. Gekündigt hatte ich ja schon, so daß das von daher kein Problem war. Ich machte also mein erstes Vorsingen und wurde genommen. Die Umschulung dauerte sechs Monate. Nach vier Monaten brach ich sie vorzeitig ab, da ich ein Angebot aus Bielefeld bekam, in einem Musical- und einem Ballettabend zu gastieren. Das war ein Paket, das ich kaufen mußte, und komischerweise nahm ich es wegen der Musical-Sache an, nicht wegen des Ballettabends.

Kurz darauf wurde ich an das Theater des Westens engagiert, als Tänzerin! Eigentlich wollte ich kein Tanzengagement mehr annehmen. Aber da ich Musical machen und gleichzeitig fest engagiert sein wollte, ging es eben nicht anders; es war mir wichtig zu wissen, wo ich hingehöre. So nahm ich also an und arbeitete darauf hin, eines Tages von diesem Tänzer-Status wegzukommen. Ich bildete mich ständig im Schauspiel und im Gesang weiter, aber es dauerte vier Jahre, bis ich einen Solistenvertrag bekam. Und dann noch einmal ein paar Jahre, bevor ich die großen Rollen spielen durfte.

Das Theater des Westens war eine andere Art zu sehen, auch sich selbst zu sehen. Zum ersten Mal fand man meine Beine gut. Gleich im ersten Jahr habe ich mir übrigens den Fuß gebrochen in diesen hohen Schuhen. Die tun auch verdammt weh, wenn man sie lange genug anhat, aber im Vergleich zu Spitzenschuhen war es eine Erleichterung.

Die Show- und Revuewelt ist natürlich teilweise sehr sexistisch. Aber das hat mich nicht gestört, es machte sogar Spaß. Nur ein paarmal gab es Sachen, die mir nicht so lagen: Einmal sollte ich eine Nummer nur in Unterwäsche tanzen. Als ich das Kostüm sah, rannte ich weinend aus der Garderobe. Ich dachte: Ich kann das nicht! Ich fühlte mich so benutzt und gleichzeitig alleingelassen. Furchtbar. Die Szene spielte im Bett, und was im Bett passierte, wurde durch eine Tänzerin dargestellt – na ja, sie hatte einfach Unterwäsche an und tanzte sich einen ab.

Ich hatte auch einmal ein Angebot für das Pariser Alcazar. Natürlich fühlte ich mich geschmeichelt, daß der Choreograph mich haben wollte, aber ich war nicht mutig genug, um nach Paris zu gehen. Und wirklich nur auf die Bühne gehen und sein Fleisch zeigen, das kommt für mich sowieso nicht in Frage. Schon gar nicht oben ohne. Schrille oder nuttige Charaktere innerhalb eines Stücks zu spielen ist etwas ganz anderes, das kann ich, obwohl es da natürlich auch Grenzen gibt.

Pas de deux zu tanzen ist völlig unerotisch. Ich habe den Partner auch nie als Mann empfunden. Manchmal war es sogar unangenehm, weil es eine Nähe war, die man nicht bei jedem mag. Einmal mußte ich ein sehr erotisches Ballett tanzen, Gott sei Dank verstand ich mich gut mit meinem Partner. Es war wirklich so, daß man den Schritt des anderen im Gesicht hatte. Da mußte ich erst eine große Scheu überwinden, aber wenn man es macht, ohne groß darüber nachzudenken, dann geht es auch.

Ich habe mein Tutu angehabt. Ich habe die Dinge getanzt, die mich interessierten, auch wenn es in einem anderen Rahmen und nicht auf einer Riesenbühne war. Ich hatte sogar Erfolg damit. Gräßlich, diese frustrierten Tänzer, die etwas nicht erreicht haben und dann womöglich noch Pädagogen werden. Ich kannte so einen: Er wollte immer den Prinzen tanzen, war aber viel zu klein dazu; ansonsten hatte er alle Voraussetzungen – außer vielleicht Charme!

Mein Traum hat sich im Grunde genommen erfüllt. Im Vergleich zu meiner Kindheit hat das Theater heute für mich allerdings schon eine ganze Menge von seinem Zauber verloren. Eigentlich ziemlich ernüchternd. Früher war es ein Traum, ein Spielplatz, jetzt ist es ein Arbeitsplatz für mich. Wie mit allem, das man tagtäglich macht, wird es selbstverständlicher. Vielleicht verliert man auch etwas, wenn ein Traum in Erfüllung geht.

Früher war der Tanz für mich das einzige, und manchmal erschreckt es mich, daß ich ihm heute nicht mehr so viel Gewicht beilege. Daß ich darin so aufgegangen bin, ist schon unglaublich. Warum fand ich das so toll? Wenn man erwachsener wird, fragt man sich halt doch, wie man sich so schlecht behandeln lassen konnte. In der Ausbildung schrie mich mein Lehrer einmal an und schmiß mich dann sogar aus der Klasse, weil ich ihm, während er etwas erklärte, den Rücken zugedreht hatte. Das habe ich in meiner ganzen Laufbahn nie wieder gemacht. Totale Disziplin und totales Kleinmachen, plötzlich war man wieder ein kleines Mädchen, das nichts weiß und nichts kann. Im Engagement war es auch sehr streng. Man durfte keine Fehler machen, und die Ballettmeister waren unglaublich schwer zufriedenzustellen. In Münster mußte ich innerhalb von zwei Stunden einen sehr schwierigen Tanz übernehmen, weil jemand krank wurde. Hinterher war ich irrsinnig stolz auf mich, aber das einzige, was mein Ballettmeister dazu sagte, war: Daran müssen wir morgen noch einmal arbeiten! Mir kamen einfach nur noch die Tränen, allein schon durch diese Erschöpfung, ich war ja völlig ausgepumpt. Aber so war das eben, und am nächsten Tag stand man halt doch wieder da. Ich habe sehr viel Wut heruntergeschluckt.

Vielleicht ist diese Strenge auch nötig. Zumindest war ich einmal davon überzeugt, daß das eine ganz gute Form der Erziehung ist. Heute habe ich oft Probleme mit meinem Selbstbewußtsein. Ich bin sehr streng mit mir, und das kommt von diesem Nie-mit-sich-zufrieden-Sein. Man steht ja beim Tanzen permanent vor dem Spiegel. Man hat jeden Tag seine Fehler vor Augen. Und man kann noch so sehr dagegen ankämpfen: Einen Fuß wie meinen bekommt man nie so hin, wie ich ihn gerne hätte.

Der Spiegel ist mehr ein Fluch als eine Hilfe. Man sollte weniger mit ihm arbeiten. Der Blick in den Spiegel stört die Linie, die ganze Ausstrahlung. Man sieht es Tänzern an, wenn sie oft in den Spiegel schauen. Aber er gehört ja zu jeder Ballettsaaleinrichtung, man kommt gar nicht darum herum. Tänzer sind narzißtisch. Bei mehrfach geteilten Spiegeln suchst du dir den, in dem du am besten aussiehst. Manche Spiegel verzerren, oder man denkt, sie tun es. Wenn man einen Teil seines Lebens in einem Ballettsaal verbringt, weiß man ganz genau, in welcher Ecke man stehen muß, um sich zu gefallen. Deswegen kleben ja auch alle so auf ihren Plätzen. Sollte man jemals als Gast irgendwo mittrainieren, muß man aufpassen, wo man sich hinstellt. Es gibt nichts Schlimmeres, als sich an irgendeinen Platz an der Stange zu stellen. Kommt der Besitzer dieses Platzes, bekommt man den bösesten Blick seines Lebens. Ich fand das immer so albern, aber ich selbst habe das auch für mich beansprucht.

Ganz oft hat man sich auch häßlich gefühlt. So einen Tag konnte man eigentlich schon abhaken. Das ging mit den ersten Pliés, den ersten Übungen an der Stange los. Vielleicht war es nur eine Kleinigkeit, aber irgendwie war dieses schlechte Gefühl nicht mehr aufzufangen; es kam aus dir selbst, aus deinem Anspruch.

Von der Figur her war ich immer ideal als Tänzerin. Erst viel später habe ich erkannt, daß ich nicht normal gegessen habe. All die Jahre dachte ich, daß neunundvierzig Kilo, manchmal nur sechsundvierzig, bei einem Meter siebzig mein normales Gewicht war. Ich war stolz darauf, daß ich nicht hungern mußte wie andere. Ich dachte: Das ist wirklich die einzige Voraussetzung, die du mitbringst! Dabei habe ich mich nur sehr schlecht ernährt.

Tänzer sind oft sehr engstirnig, sehr fixiert auf das, was sie tun. Der Ballettsaal ist die Welt. Was sonst noch passiert, wird einfach nicht wahrgenommen. Diese Ignoranz ist schon sehr typisch. Aber sie müssen sich auch so wichtig nehmen, sonst kommen sie nicht weiter. Nur: Nicht jeder Tänzer ist ein Künstler. Erstmal ist es nur ein Handwerk, eine Technik. Ob da jemand eine Kunst daraus macht, ist etwas ganz anderes. Es gibt natürlich Tänzer, die aus einem kleinen Schritt ein Juwel machen. Andere machen ihn wie eine

Rechenmaschine; das kann toll sein, aber es ist wie Eiskunstlauf, das hat für mich nicht unbedingt etwas mit Kunst zu tun.

Ich wollte immer am Theater bleiben. Vielleicht brauche ich eine unheimlich große Bestätigung. Einfach dieses Auf-der-Bühne-Sein: Ich kann völlig darin aufgehen. Theater ist eine ständige Prüfungssituation; du gehst jeden Abend durch eine Prüfung. Und man kann nicht abhauen, denn es ist ja dein Beruf, du mußt davon leben. Die Angst davor kann schon ganz schön qualvoll sein, und ich habe vor Auftritten immer große Angst. Aber sobald ich draußen bin und mich nur noch auf das, was ich mache, konzentriere, ist es ein völliges Losgelöstsein. Und dann zu merken, daß der Kontakt mit dem Publikum funktioniert! Eigentlich ist es gar kein Kontakt, denn du bist ja für dich; aber man merkt, daß man eine Konzentration auf sich zieht, daß die Leute sich auf dich einlassen. Das finde ich faszinierend: Du machst etwas, und alle schauen dir zu.

Manchmal denke ich, daß das Theater immer brutaler wird und die Ansprüche immer höher werden. Als Gruppentänzerin war ich nicht in der Gefahr, ausgebuht zu werden; als Solistin schon eher, aber ich dachte nie darüber nach. Heute, wo ich Hauptrollen an einem großen Haus spiele, denke ich immer öfter darüber nach. Sollte mir das jemals passieren, wäre das sehr schlimm für mich. Der Bühnenberuf hat viel mit Jungsein und gutem Aussehen zu tun. Als Tänzer hat man sowieso Zukunftsängste, man weiß ja, daß die Karriere zeitlich begrenzt ist. Ich dachte immer, daß so ein Beruf wie Schauspielerin schön wäre, weil man da bis ins hohe Alter arbeiten kann. Aber jetzt bin ich da nicht mehr so sicher.

John A. Scott

Als Amerikaner habe ich natürlich immer Fred Astaire und Ginger Rogers geliebt, das waren meine Idole – vor allem Ginger Rogers! Aber meine Familie hatte andere Pläne: Ich sollte Rechtsanwalt, Arzt oder Geschäftsmann werden. Ich ging auf die Columbia-Universität in New York und schloß mein Studium mit einem Bachelor of Arts in Geschichte und einem Master of International Marketing ab. Damit hätte ich ein Büro in der Madison Avenue aufmachen und als Werber sehr gut verdienen können.

Aber ich glaube an das Schicksal: In New York traf ich einen Freund, der mich zu einer Vorstellung der Alvin Ailey-Company mitnahm. Ich war begeistert. Diese Energie, diese Schönheit, diese Musik hauten mich einfach um. Ich habe diesen Freund an einem Wendepunkt in meinem Leben kennengelernt: Ich begann damals, mich mit meiner Homosexualität auseinanderzusetzen und mit der Frage, was ich mit meinem Leben anfangen soll. Ich war dreiundzwanzig. Er hatte mich nur einmal in einer Disko tanzen sehen, spürte aber, daß ich ein Gefühl dafür hatte und sagte: Du hast dein ganzes Leben nur für deine Eltern gelebt, tu etwas, was du wirklich willst! Fang an zu tanzen! Warum nimmst du nicht ein paar Stunden an der Ailey-School? Es gab Anfängerkurse für Erwachsene in Modern Dance, und ich ging da zweimal in der Woche hin. Ich wollte ja eigentlich nur sehen, wie das so ist. Nach ein paar Wochen kam der Lehrer zu mir und fragte: Willst du Tanz zu deinem Beruf machen? Ich war einer der wenigen weißen Jungen, die ein Stipendium bekamen. Meine Eltern hatten kein Verständnis, weder für die Tanzerei noch für meine Homosexualität. Sie haben mich nie tanzen sehen. Sie haben mich enterbt, und wir hatten fünf Jahre lang keinen Kontakt.

Ich mußte mindestens drei Klassen am Tag nehmen, aber ich wurde zum Fanatiker und nahm jeden Tag vier bis fünf Klassen. Eine Graham-Lehrerin schrie mich immer an: Ich möchte dein Gesicht hier nicht mehr sehen, bis du diesen Schritt richtig machst! Einige dieser Graham-Lehrer sind brutal. Aber ich wollte unbedingt tanzen und bin da eben durch. Es gibt doch diesen Ausdruck «born to dance» – ich glaube, ich war zum Tanzen geboren. Ich liebte es, wie Tänzer sich bewegen, wie sie sich kleiden, die Partys und dieses Gemeinschaftsgefühl. An der Ailey-School hatten die Studenten eine andere Mentalität als zum Beispiel an der School of American Ballet, einfach weil sie, wie bei Modern-Ausbildungen üblich, schon etwas älter waren.

Ich habe zwar sehr spät angefangen zu tanzen, aber ich hatte mein ganzes Leben lang Sport getrieben und deswegen einen muskulösen Körper. Zum Tanzen mußte ich allerdings die Muskeln von kurz und klobig auf lang und gedehnt umtrainieren. Ich machte stundenlang Yoga-, Atem- und Dehnübungen. Leute, die mich zwei Jahre nicht gesehen hatten, fragten: Bist du gewachsen? Ich war nicht gewachsen, hatte aber tatsächlich meine Körperform verändert: vom kleinen Gorilla zum Tänzer. Mit dreiundzwanzig war ich natürlich schon sehr alt. Aber ich sah viel jünger aus, und jemand gab mir den Tip, fünf Jahre abzuziehen, vor allem in New York. Erst als ich die Ballettwelt wieder verließ, begann ich allmählich, mein wahres Alter zuzugeben; da habe ich eigentlich aufgeatmet.

Den Spiegel konnte ich nie ausstehen und suchte immer nach einem Platz an der Stange, von wo aus ich mich nicht sehen mußte. Vielleicht mochte ich auch nur nicht in den Ballettsaal rennen, um mir den besten Platz vorm Spiegel zu erkämpfen, wie es die anderen taten. Das war unter meiner Würde. Ich war immer sehr glücklich in einer Ecke, in der ich für mich arbeiten konnte. Außerdem hat man auf der Bühne ja auch keinen Spiegel, sondern muß einfach spüren, wie man plaziert ist. Ich war sehr streng zu mir, und beim Blick in den Spiegel wollte ich muskulösere und längere Beine, bessere Füße, mehr Haare und ein anderes Gesicht sehen, aber dann muß man sich eben so akzeptieren, wie man ist.

Der Unterricht war für mich kostenlos; nebenbei mußten wir Stipendiaten die Schule sauberhalten und Büroarbeiten übernehmen. Um meinen Lebensunterhalt zu finanzieren, arbeitete ich als Kellner, ging putzen und dekorierte Plastikweihnachtsbäume in Einkaufszentren – im Oktober! Ich hatte einen Plan, auf dem stand, welche Kugel wo zu hängen hat. Später hatte ich das Glück, einen Job als Pflanzenbewässerer in Bürogebäuden zu bekommen; das war Nachtarbeit – ein guter Job. Man war ziemlich auf sich gestellt, allein mit seiner Gießkanne, ging von einer Etage zur nächsten und stahl die Kekse aus den Schreibtischen der Sekretärinnen. Ich habe alle New Yorker Putzfrauen kennengelernt, und die fanden es ganz toll, daß ich Tänzer wurde. Damals konnte ich mir kein Fleisch leisten und merkte nach einer Weile, daß man kein Fleisch braucht, um Energie zu haben. Ich bin heute noch Vegetarier.

Die Tänzer in Amerika helfen sich viel mehr untereinander als hier in Deutschland. Ankündigungen von Auditions wurden in New York immer in den Schulen ausgehängt, und wir erzählten uns gegenseitig davon, weil wir wußten, daß es nicht so sehr darauf ankommt, wie man tanzt, sondern was für ein Typ man ist. Hier in Deutschland gibt es Leute, die solche Ankündigungen abhängen, damit da kein anderer hingeht. Die Konkurrenz in Amerika ist zwar größer, aber auch ehrlicher. In New York sind ja manchmal sechzig oder siebzig Leute in einer Klasse; in meinem ersten Jahr an der Ailey-School waren über hundert in den Anfängerklassen.

Die Leute von der Ailey-School haben mir immer sehr geholfen, Tanzjobs zu bekommen, zum Beispiel in einer «Nußknacker»-Inszenierung mit Chita Rivera am Broadway. Dann tourte ich unter Leitung eines ehemaligen Paul Taylor-Tänzers durch die Sowjetunion. Ich wünschte, ich könnte heute sehen, wie ich damals beim Tanzen aussah! Ailey sagte zu mir: Ich mag dich sehr als Tänzer, aber du bist zu klein und außerdem viel zu weiß für meine erste Kompanie! – Mit seiner zweiten Kompanie machte ich Vorstellungen in Highschools und Gefängnissen, Nervenheilanstalten und Altenheimen. Das war oft der einzige Kontakt zur Außenwelt für diese Menschen. Insofern war Tanz für mich immer auch ein universelles Kommunikationsmittel.

Nach zweieinhalb Jahren gab ich mein Stipendium bei Ailey auf. Ich hatte viel bei ihm gelernt und wollte jetzt mehr am Ballett arbeiten. Je mehr ich tanzte, um so mehr faszinierte mich Ballett, es war die größere Herausforderung. Ich ging dann sechs Monate zu

David Howard. Ich war ein guter Tänzer, aber ich hatte nicht die nötige Technik – das braucht Zeit. Ich erinnere mich an einen Satz von Martha Graham: Man braucht zehn Jahre, um Tänzer zu werden, dann kann man auftreten. Ich dachte: Das ist verrückt! Wer hat zehn Jahre? Aber je mehr ich tanzte, desto mehr begriff ich, wieviel man lernen muß, bevor man die Technik auch wirklich benutzen und damit spielen kann.

Einmal, bei einer Audition für die Paul Taylor-Company, waren wir dreihundert Jungs, und das Vortanzen dauerte zwei Wochen. Zum Schluß waren wir nur noch zu zweit, aber er nahm schließlich den anderen. Es war schwer, diese Ablehnung hinzunehmen, nachdem ich so weit gekommen war. Aber das stärkt den Charakter. Meine Größe war ein Problem. Ich war zwar muskulös, aber klein. Ich wußte, ich würde nie ins New York City Ballet oder ins American Ballet Theatre kommen, das hatten sie mir auch in der Ailey-School gesagt. Die waren sehr realistisch und wollten immer, daß ich entweder Modern tanze oder daran arbeite, Charaktertänzer in einer Ballettkompanie zu werden. Aber ich hoffte eben, in eine kleinere Kompanie zu kommen. Mein Alter war auch immer ein Problem. Es war wirklich besser, daß ich nach Europa gekommen bin, weil ich hier viel mehr Möglichkeiten hatte. In Amerika heißt es: Ein Mädchen, das nicht mit siebzehn, und ein Junge, der nicht mit zweiundzwanzig in einer großen Ballettkompanie tanzt, ist zu alt.

Einmal im Jahr hielt der Choreograph vom Kasseler Theater Auditions in New York ab. An dem Tag, als ich bei ihm vortanzte, ging ich zu drei verschiedenen Auditions und bekam zwei Angebote: einen Zweijahresvertrag in Kassel und einen auf wenige Wochen befristeten Vertrag für das Ballet West. Die Leute von der Ailey-School haben mir geraten, nach Deutschland zu gehen: Das ist eine gute Erfahrung, du kommst viel zum Tanzen, und das ist genau das, was du brauchst: Bühnenerfahrung! Ich konnte ja nicht ewig studieren in meinem Alter. Viele Tänzer in New York sind Ballettsaal-Tänzer; sie akzeptieren nie einen Job, nur weil er nicht in New York ist.

Ich ging also nach Kassel und bekam einen Solovertrag mit Gruppenverpflichtung. Eigentlich wollte ich nach diesen zwei Jahren wieder zurück in die Staaten, aber ich gewöhnte mich hier ein und blieb. In Kassel machten wir zwei Ballettabende im Jahr, außerdem Opern und Operetten. In Operetten zu tanzen war o. k., es war neu für mich. Nach hundertfünfundzwanzig «Lustigen Witwen» und «Schwarzwaldmädeln» hat es mir allerdings gereicht. Aber ich genoß es, auf der Bühne zu sein, und weil die Ballettleitung das wußte, war ich in jeder Produktion. Nach zwei Jahren merkte ich, daß ich aus Kassel nichts mehr herausholen konnte und wechselte nach Bremen.

Damals war viel über Reinhild Hoffmann zu lesen, daß sie die Neue nach Pina Bausch sei, und Gerhard Bohner, der mittlerweile gestorben ist, hatte auch einen sehr guten Namen. Ich dachte, es wäre interessant, mit den beiden zu arbeiten. Das Vortanzen bestand aus einem klassischen Training und Improvisationen. Sie engagierten mich, obwohl ich vorher noch nie improvisiert hatte. Ich bekam einen Gruppenvertrag mit Soloverpflichtung. Ich bin nur ein Jahr in Bremen geblieben, ich war dort sehr unglücklich. Die beiden machten Tanztheater, und dabei wurde mir klar, daß ich eigentlich lieber Klassisch tanzen wollte. Wir probten jeden Tag acht bis zehn Stunden – immer nur improvisieren! Wir Tänzer gaben so viel Energie, und die beiden saßen nur da, schauten zu und schrieben auf, was sie von dem Angebotenen mochten. Wir kamen fast nie auf die Bühne, und gerade das wollte ich doch so sehr. Da wir nicht einmal in Operetten tanzten, hatten wir vielleicht acht Vorstellungen in diesem Jahr. Ein Tänzer, den ich schon von Kassel her kannte und der mittlerweile gestorben ist, half mir sehr, dieses Jahr zu überstehen. Er war immer guter Laune und brachte uns zum Lachen, obwohl es ihm in Bremen auch nicht gefiel. Acht Vorstellungen, und manchmal waren nur zehn Leute im Zuschauerraum! Ich war deprimiert und dachte, meine Tanzkarriere sei zu Ende. Morgens hatten wir zwar ein klassisches Training, aber das hätten wir gar nicht gebraucht, denn wir tanzten ja überhaupt nicht: Das Stück hieß «Hochzeit» und die ganze Truppe – zwölf Tänzer plus vier Opernsänger – saß auf einem riesigen Tisch und aß Brot! Eine Sängerin wurde an einem Flügel festgebunden, und wir mußten sie über die Bühne ziehen. Bei Reinhild mußte an jedem Probentag alles so sein wie bei einer Vorstellung. Es mußte jeden Tag für neunzig Mark ein riesenlanges Brot gebacken werden, damit wir es in Stücke reißen, auf den Boden schmeißen und darauf herumtanzen konnten – na ja, tanzen ist nicht der richtige Ausdruck! Schließlich protestierten die Theatertechniker, und Reinhild durfte ihr Brot nur noch für die Vorstellungen haben. Ein Tänzer, der auch nach einem Jahr kündigte und an die Deutsche Oper Berlin ging, sprang den ganzen Tag Double tour en l'air, weil er wußte, daß Reinhild Doubles tours haßte. Wenn ich heute daran zurückdenke, muß ich lachen, aber damals dachte ich nur: Wo bin ich gelandet?

Danach bin ich nach Wiesbaden gegangen. Damals war Wiesbaden wahrscheinlich die beste mittelgroße Ballettkompanie in Deutschland. Es gab gute Gastsolisten, wie zum Beispiel Schaufuss. Wir hatten fünfundsiebzig Ballettaufführungen im Jahr, plus Operetten – mehr als jede andere deutsche Ballettkompanie. Es war eine wundervolle Zeit, und ich blieb vier Jahre. Ich hatte auch an der Deutschen Oper Berlin vorgetanzt, aber die Mädchen da waren größer als ich, vor allem, wenn sie auf Spitze gingen. In Wiesbaden waren kleine Tänzer engagiert, und ich paßte genau dazu. Mein Vertrag war Gruppe mit Solo und im letzten Jahr dann Solo mit Gruppe. Ich nahm, was ich bekam.

Ich liebe Pas de deux, ich liebe es, mit jemandem zu tanzen, ich liebe den Blickkontakt. Wenn man auf der Bühne keinen Blickkontakt hat, geht viel verloren, und das spürt das Publikum. Da ich sehr stark war, konnte ich jedes Mädchen heben, das mir in den Weg kam. Es ist seltsam, daß man Tag für Tag so intensiv mit Menschen arbeitet, gerade beim klassischen Pas de deux, und dann gehen sie weg, und man hört nie wieder etwas von ihnen.

Die «Silent Clowns» waren mein größter Erfolg in Wiesbaden und gleichzeitig der Anfang vom Ende. Das Stück war für den Ersten Solisten der Kompanie konzipiert; er spielte Charlie Chaplin. Die Gastchoreographin, Krisztina Horváth, konnte selbst auswählen, wer die zweite Hauptrolle, Buster Keaton, spielen sollte, und sie nahm mich. Das war meine erste Chance, eine Hauptrolle zu tanzen. Bis dahin war ich immer einfach John, aber dann wurde ich über Nacht anders angesehen. Der Abend wurde zu meinem Abend; die Presse sagte, daß ich den Ersten Solisten überschattet hätte. Er war Südamerikaner und nahm diesen Schlag nicht gerade gelassen hin; er sprach kein Wort mehr mit mir. Niemand hatte erwartet, daß ich so gut sein würde. Außerdem begann ich damals, Choreographien für «American Musical Shows» zu machen, die ein großer Erfolg waren. Das ist eine der unangenehmen Realitäten in der Theaterwelt: Plötzlich sieht jemand etwas in dir, du bekommst die Chance zu zeigen, wer du bist, wirst zu einer Bedrohung für andere, und die suchen dann nach einem Weg, um dich wieder auf deinen alten Platz zurückzudrängen. Als ein Solovertrag frei wurde und er aus fadenscheinigen Gründen an jemand anderen gegeben wurde, merkte ich, daß es Zeit war zu gehen. In der Ailey-School gab es eine tolle Frau, die einmal zu mir sagte: John, verlasse eine Kompanie immer mit dem Gefühl, daß du zurückkommen könntest. Die Tanzwelt ist so klein, daß du immer dieselben Leute triffst. Und das ist wahr, man trifft wirklich immer wieder dieselben Leute, auch wenn jetzt viele an Aids gestorben sind.

Mein Alter war mit ein Grund, warum ich mit dem Klassischen aufhörte, man verliert eben doch die Sprungkraft und die Schnelligkeit der Beine, und ich hatte ja immer nach Perfektion gestrebt. Als Jürg Burth, der in Wiesbaden als Gastchoreograph gearbeitet hatte, zusammen mit Helmut Baumann an das Theater des Westens nach Berlin ging, dachte ich: Das ist eine Chance für mich, etwas anderes zu machen! Bei Opern oder Operetten in westdeutschen Stadttheatern war das Ballett immer nur eine Einlage, um die Leute wieder aufzuwecken. Man hatte nie das Gefühl, etwas mit dem Stück zu tun zu haben: Das Ballett trat auf, tanzte und ging nach Hause. In Musicals dagegen sind die Tänzer von Anfang bis Ende dabei; sie sind ins Stück integriert. Deswegen nahm ich dann auch das Engagement am Theater des Westens an.

Eine der ersten Produktionen war «Peter Pan» mit Ute Lemper; ich spielte Nana, den Hund. Nana wurde ein großer Star, aber mich konnte keiner sehen: Ich steckte in diesem wundervollen Kostüm, dem teuersten Kostüm in der Geschichte des Theaters des Westens, 12 000 Mark, echte Straußenfedern. Am meisten Spaß hatte ich aber in «La Cage aux folles». Ich hatte noch nie einen Transvestiten gespielt, und ich mag Transvestiten auch gar nicht besonders – vor allem wenn sie diese Playback-Shows machen, das hasse ich. Aber als Darsteller wollte ich eine perfekte Frau sein. Deswegen rasierte ich auch meine Achseln und meine Brust, obwohl das nicht verlangt wurde. Ich wollte das Publikum reinlegen. Außerdem hat es mir Spaß gemacht, hohe Absätze zu tragen. Nach ein paar hundert Aufführungen waren einige Tänzer natürlich gelangweilt, aber ich hatte immer Spaß. Es war so ein Publikumshit! Wenn jemand erzählte, daß er «La Cage» gesehen hatte, und ich dann sagte, daß ich da mitmache, wurde ich oft gefragt: Wen hast du denn gespielt? Ich erinnere mich gar nicht! Da habe ich gemerkt, daß sich die Zuschauer nur auf die Hauptrollen konzentrieren – aber es war trotzdem schön. Oft war ich nachmittags Nana, der Hund, und abends eine der Cagelles in «La Cage». Diese Erfahrung, verschiedene Charaktere zu spielen, war mir sehr wichtig – zu lernen, wie sich andere bewegen, wie sie handeln oder denken. Auch bei Nana, dem Hund: Ich verbrachte Stunden damit, Hunde zu beobachten, um ihn realistisch darstellen zu können.

Mein Unfall war der Anfang vom Ende meiner Tänzerkarriere: Für die Berliner 750-Jahr-Feier hatte man eine riesige Bühne um die Siegessäule aufgebaut. Es gab vier verschiedene Shows, und ich war an zwei davon beteiligt. Es passierte während der Hauptprobe zur ersten Show, bei der ich Assistent war. Die Bühne war noch nicht fertig, und es gab keine Beleuchtung hinter der Bühne. Im strömenden Regen rannte ich nach hinten, um einen Tänzer fürs Finale zu holen. Dabei bin ich auf einem der großen, nassen Elektrokabel ausgerutscht und flach auf den Rücken gefallen. Mein ganzer Körper war geschwollen, ich mußte nach Hause und dann in die Notaufnahme eines Krankenhauses getragen werden. Aber die behandelten mich überhaupt nicht, sondern gaben mir nur Spritzen, um den Schmerz zu töten – man konnte mich kaum berühren. Es war zwölf Uhr nachts, eiskalt und regnerisch, ich hatte vier Paar Sweatpants an, zwei wollene und zwei aus Plastik, und sie meinten zuerst, eine Biene hätte mir ins Knie gestochen! Weil mein Körper so geschwollen war, haben sie mich nicht einmal geröntgt. Die meisten Ärzte denken: Tänzer? – Knieverletzung! Sie meinen, daß Tänzer alles mit den Knien machen. Natürlich haben viele Tänzer Knieverletzungen, weil sie ihre Ausdrehung forcieren, aber ich wußte, daß ich keine Probleme mit den Knien hatte. Mein Problem war, daß ich von Anfang an falsch diagnostiziert und behandelt wurde. Die meisten Ärzte haben keine Erfahrung mit uns Tänzern; wir arbeiten anders mit unseren Körpern als zum Beispiel Sportler. Noch Monate nach dem Unfall schoß der Schmerz mein Bein hinunter. Die Nerven kreuzen sich am Rücken; wenn man also rechts verletzt ist, hat man Schmerzen im linken Bein. Ich hatte unsägliche Schmerzen in meinem linken Bein und völlig gefühllose Zehen.

Die meiste Zeit war ich krankgeschrieben, aber ich wollte unbedingt mit zum Gastspiel von «La Cage» in Zürich, und so lebte ich nur noch von Alkohol und Valium, um die Schmerzen zu bekämpfen. Ein paar Monate nach Zürich wurde dann endlich eine Computertomographie gemacht. Als ich aus dem Gerät wieder herauskam, gab man mir eine Spritze, damit ich mich nicht mehr bewegen konnte. Ich wurde sofort operiert, acht Stunden lang. Meine Bandscheiben waren gesplittert und übten immer größeren Druck auf die Nerven aus. Sie sagten: Jeden Moment hätte ein Splitter durch einen Nerv gehen können, sie wären querschnittsgelähmt gewesen! Die Operation war ein Jahr und drei Monate nach dem Unfall. Meine Knie sind heute noch völlig in Ordnung, mit denen habe ich überhaupt keine Probleme. Aber ich habe immer noch Rückenschmerzen und muß jetzt für den Rest meines Lebens selbst an mir arbeiten, damit meine Rückenmuskeln stark bleiben.

Ich habe immer gewußt, daß irgendwann der Tag kommt, an dem ich nicht mehr tanzen kann, aber ich habe nie darüber nachgedacht. Ich war so fanatisch, habe den Tanz so sehr geliebt. Deswegen war dieser Unfall so schwer für mich: Von einem Tag auf den anderen war es vorbei, ich hatte starke Depressionen und wußte nicht, wie es weitergehen soll. Ich hatte auf einmal einen anderen Körper. Diese Übergangszeit ist für Tänzer sehr, sehr hart, und ich glaube nicht, daß wir darauf vorbereitet sind. Ich würde jedem raten, frühzeitig danach Ausschau zu halten, was ihn außer Tanzen noch interessiert. Man darf nicht so lange warten, bis einem die Tür vor der Nase zugeschlagen wird.

Nach der Operation trat ich noch ein letztes Mal auf: in dem Tanztheaterstück «Van Gogh». Die Leute waren ganz verwundert, daß ich das schaffte: Ich mußte Epilepsie-Anfälle auf der Bühne darstellen. Das war hart, weil man dabei seinen Körper gehen lassen muß, aber ich hatte ja immer meine Muskulatur trainiert. Ich war sehr froh über dieses Stück, denn es zeigte eine neue, ernstere Seite von mir. Die Bezahlung war natürlich gering. Aber es war ein Erfolg, und es wurde sogar ein Buch darüber veröffentlicht. Das

Stück begann mit dem verrückten van Gogh und erzählte dann in Rückblenden sein Leben nach. Ich habe alles gelesen, was ich über ihn finden konnte und versuchte wirklich, van Gogh zu werden. Das Stück war solch ein Erfolg, daß die Choreographin das Gefühl hatte, daß es nicht mehr ihr Stück war, sondern das Stück von meiner Partnerin und mir. Wir bekamen Angebote, es in Glasgow und bei einem Festival in Frankreich aufzuführen, außerdem zeigte die Universität von Hawaii Interesse. Die Choreographin lehnte alles ab – na ja, diese Off-Szene-Leute sind eben manchmal schwer zu verstehen.

Vor einigen Monaten spielten wir es dann doch noch einmal hier in Berlin, und da merkte ich, daß es Zeit für mich ist, von der Bühne zu gehen; das tat mir gut. Durch den Unfall brach ja alles von einem Tag auf den anderen auseinander, hier hatte ich die Möglichkeit, selbst die Entscheidung zu treffen: O. k., John, jetzt ist es an der Zeit, entweder nur noch als Choreograph zu arbeiten oder etwas ganz anderes zu machen in deinem Leben! Ich wollte nie einer dieser Tänzer werden, wo die Leute sagen: Was, der tanzt noch? – Man muß auch merken, wann es vorbei ist.

Ich brauchte einen neuen Job. Ich bewarb mich überall, aber die meisten antworteten gar nicht. Für Leute in der Geschäftswelt, der «normalen» Welt, ist es schwer, einen Platz für jemanden zu finden, der vierzig ist und im Theater gearbeitet hat. Meine Homosexualität war natürlich ein Thema, und ich glaube, das war für viele schon ein Problem. Die hatten auch völlig falsche Vorstellungen davon, was es heißt, im Theater zu arbeiten. Die dachten, man hat den ganzen Tag frei und geht nur abends für ein paar Stunden ins Theater, oder daß man nicht zuverlässig ist, flippig und temperamentvoll. Ich versuchte immer, denen klarzumachen, daß man als Tänzer Disziplin hat. Du mußt jeden Morgen um zehn Uhr da sein, auch wenn du krank bist. Jetzt, wo ich in der Geschäftswelt arbeite, bin ich erstaunt, wie viele Leute sich einfach so krankmelden. Im Theater kann man nicht anrufen: Oh, heute komme ich nicht! Die meisten Tänzer haben, mehr noch als Sänger oder Schauspieler, großes Verantwortungsbewußtsein; sie wissen, daß eine Umbesetzungsprobe harte Arbeit ist. Außerdem wissen sie, wie kurz die Karriere ist und wollen nicht wegen Kopfschmerzen eine kostbare Vorstellung ausfallen lassen.

Eine Zeitlang bekam ich nur Krankengeld und danach Arbeitslosengeld, das sich allerdings nicht aus dem berechnete, was ich als Tänzer verdient hatte, sondern aus meinem Krankengeld. Durch den Unfall war ich also doppelt gestraft. Ich habe mich dann beim Arbeitsamt für eine Umschulung beworben. Ich mußte einen Test machen: Mathematik, Englisch, Deutsch. Sie sagten, ich würde eine Umschulung zum Buchhalter bekommen. Dann mußte ich zu einem Gespräch mit einem Psychiater gehen: Ich erzählte ihm mein ganzes Leben, daß ich zwanzig Jahre auf der Bühne getanzt habe, daß mein Leben im Theater und in der Kunst war – auch er hat mir eine Umschulung zum Buchhalter vorgeschlagen! Die gehen eben nur danach, wo die höchste Arbeitslosenquote ist, und als Buchhalter können sie dich immer vermitteln! Das war sehr entmutigend.

Damals war gerade die Mauer gefallen, und ich fand eine Schule in Ostberlin, die eine Kultur-Management-Ausbildung anbot. Sie wollten mich nehmen, aber als ich schließlich hätte anfangen können, wurde die Schule geschlossen, weil das Arbeitsamt die Mittel gestrichen hatte. Dann sollte ich vom Arbeitsamt aus einen Computerkurs besuchen; als ich zur Highschool ging, gab es ja noch keine Computer. Beim Vorstellungsgespräch fragten sie mich nach meinem Alter und sagten dann: Tut uns leid, Leute über fünfunddreißig sind computerunfähig! Noch ein Schlag ins Wasser. Das Arbeitsamt wünsche ich wirklich niemandem.

Ich nahm immer Jobs an, um meinen Anspruch auf Arbeitslosengeld zu verlängern, aber irgendwann bekam ich nur noch Arbeitslosenhilfe. Dieser Mann im Arbeitsamt war ein schrecklicher Mensch. Einmal schickte er mich zu einem Vorstellungsgespräch bei einer Schule, die Reiseagenten ausbildet. Gleichzeitig bekam ich einen Job als Choreograph am Schiller-Theater; die Regiesitzung war für den selben Tag festgesetzt. Also ging ich nicht zu der Schule, sondern zum Schiller-Theater, weil das ein sicherer Job war und ich zwei Monate Arbeitslosengeld sparen konnte. Ich versuchte, das diesem Mann zu erklären, aber er wollte es nicht akzeptieren: Wenn ich ihnen einen Termin gebe, dann müssen sie da hingehen! Er sperrte meinen Anspruch für ein Jahr. Ich klagte dagegen und gewann auch, aber bis ich das Geld endlich bekam, war ein Jahr vergangen. Das war die Zeit, in der ich von Sozialhilfe lebte, zweihundert Mark. Manchmal hatte ich Angst, meine Wohnung zu verlieren, den einzigen Platz, an dem ich mich wohlfühlte. Ich wünsche das niemandem. Ich zog mich immer mehr zurück. Wenn man kein Geld hat, möchte man nicht ausgehen, weil man sich nicht einmal ein Glas Wein leisten kann. Ich suchte immer Entschuldigungen, um nirgendwo hingehen zu müssen; ich war zu stolz, um zu sagen: Ich habe kein Geld!

In dieser Zeit machte ich auch einmal eine Choreographie für den Friedrichstadtpalast. Dabei fiel mir auf, wie eindimensional die Tänzer dort sind. Wenn die versuchen, Modern zu tanzen, merkt man, daß sie ihren Rücken überhaupt nicht benutzen können, und das ist so wichtig. Sie haben natürlich wunderschöne Beine und Füße, aber steife, leblose Rücken. Unglücklicherweise sind sie auf Ballett fixiert und sehen nicht, daß man von jedem Tanzstil etwas lernen kann; das macht dich als Darsteller interessanter. Viele Tänzer im Osten sind auf eine Ballettschule geschickt worden, nur weil sie den perfekten Körper hatten. Die tanzen nicht mit dem Herzen. Der Regisseur am Friedrichstadtpalast wollte eine Massenszene, und ich sagte den Tänzern, sie sollten einfach improvisieren – sie weigerten sich. Ich mußte vierzig Leuten einzeln erklären, wo sie hingehen, was sie machen, und wie sie reagieren sollen. Die Arbeit mit ihnen war gut, solange ich ihnen Schritte gab, aber sobald irgend etwas von ihnen selbst kommen sollte, weigerten sich die meisten. Vielleicht hatte das aber auch etwas mit dem politischen System zu tun. Da waren sie ja auch nicht gewohnt, für sich selbst zu entscheiden.

Ich hatte dann einen Job mit den Rolling Stones: Die Steel-Wheels-Tour wurde gefilmt, und ich mußte die Choreographie, die die Stones auf der Bühne machten, von Videos abschauen, mir merken und anderen Tänzern beibringen, wobei ich selbst Mick Jaggers Part übernahm. Dann zeigten wir das tagsüber der Filmcrew, damit die genau wußten, wo und wie sich die Stones abends während des Konzerts bewegen. Einige Nummern waren nicht so schwer, aber in anderen, wie «Honky-Tonk-Woman», ist Jagger herumgesprungen wie ein Verrückter. Ich mußte jeden Abend während der Konzerte mit auf die Bühne und mir Notizen machen, falls etwas später vor der Kamera wiederholt werden sollte. Zwei Szenen wurden dann tatsächlich nachts nachgedreht, und der

Regisseur hatte ein paar Ideen, die nicht in der Choreographie waren. Man probierte verschiedene Kamerawinkel mit mir aus, und ich zeigte Mick Jagger dann später, wie es die Filmleute gerne hätten. Natürlich kann man ihm nicht sagen, was er machen soll. Aber man kann ihm Vorschläge machen, ihn bitten, dies oder jenes zu versuchen. Er war sehr nett, und es machte mir großen Spaß.

Trotz dieser Jobs hatte ich nach einer Weile hohe Schulden bei der Bank, aber der Mann dort war sehr verständnisvoll. Heute ist alles zurückgezahlt. Neben all den Horrorleuten, mit denen ich beim Arbeitsamt zu tun hatte, und all den Dingen, die mir zugestoßen sind, gab es immer wieder Lichtblicke, wie eben diesen Bankangestellten und die Jobs als Choreograph. Es gab immer ein kleines bißchen Hoffnung.

Glücklicherweise bekam ich drei Jahre nach meinem Unfall eine Stelle am Flughafen. Mit Mitte vierzig bin ich da wahrscheinlich der Älteste, den sie jemals eingestellt haben. Ich könnte der Vater von den Mädchen dort sein, und wir machen immer Witze darüber. Bis heute weiß ich nicht, warum sie mich genommen haben. Viele fragen, wie ich am Flughafen arbeiten kann, nachdem ich Tänzer war. Das ist typisch deutsch! New York könnte ohne arbeitslose Schauspieler und Tänzer, die Taxi fahren und kellnern, gar nicht existieren. Wenn ich heute sage, wie alt ich bin, glaubt es mir keiner. Ich renne die ganze Zeit herum und habe mehr Energie als die meisten am Flughafen. Es gibt einige, denen es völlig egal ist, was sie in ihren acht Stunden machen, ich dagegen suche immer zusätzliche Arbeit in anderen Abteilungen, ich mag die Herausforderung. Man sollte sich im Leben immer bereithalten wie die Zweitbesetzung im Theater: Du bekommst nie die Proben wie die erste Besetzung, aber wenn etwas passiert, mußt du in der Lage sein einzuspringen.

Es ist wirklich erstaunlich, was Leute in der Geschäftswelt verdienen. Auch Opernsänger und Musiker werden ja wesentlich besser bezahlt als Tänzer. Vielleicht liegt es daran, daß die meisten Tänzer nur bis Ende zwanzig tanzen, und deshalb immer als die «Kinder» angesehen werden. Vor allem in der freien Szene versuchen sie immer, dich zu drücken. Obwohl du weißt, daß du den Preis, den du verlangst, wert bist, bieten sie dir viel weniger. Oder sie weigern sich, die Proben zu bezahlen. Musiker werden bezahlt, aber Tänzer proben selbstverständlich umsonst! Wir werden wirklich oft übervorteilt, weil die Leute wissen, wie sehr wir tanzen wollen.

Ein Freund sagte einmal zu mir: Du liebst nicht mich, sondern den Tanz! Und er hatte wahrscheinlich recht. Ich habe dem Theater mein Privatleben geopfert. Letztes Jahr war ich psychisch so am Ende, daß ich eine Therapie anfing, um zu lernen, mit solchen Dingen umzugehen. Auch die Beziehung zu meinen Eltern muß ich jetzt endlich klären. Das klingt vielleicht verrückt, aber ich glaube, daß ich wegen der vielen verschiedenen Figuren, die ich über die Jahre gespielt habe, meinen eigenen Charakter irgendwo verloren habe: Ich war ein bißchen van Gogh, ein bißchen Buster Keaton, ein bißchen Cagelle, sogar ein bißchen Nana, der Hund. Jetzt versuche ich, mich wiederzufinden.

Ich hatte eine lange und intensive Tanzkarriere, und ich habe es nie bereut, daß ich mich damals für den Tanz entschieden habe. Heute vermisse ich diesen Zauber, auf der Bühne zu stehen und ins Publikum zu schauen, diese Macht, Menschen zu bewegen.

Ursula Funck

Meine Mutter hat mich mit sechs Jahren zum Ballett gebracht, weil ich so hippelig war. Außerdem ging unser Nachbarkind ins Ballett. Am Anfang wollte ich da nicht unbedingt immer hin, aber meine Mutter sagte: Also, entweder – oder! Und wenn du dich dafür entscheidest, dann gehst du auch regelmäßig hin! Irgendwie hatte ich dann schon den Ehrgeiz, die Beste in der Klasse zu sein; ich durfte immer als erste durch die Diagonale. Es war eigentlich gar kein Ballett, sondern Eurhythmie, barfuß! Das war total Klasse. Die Lehrerin war eine uralte Frau, die noch beim letzten deutschen Kaiser getanzt hatte. Sie hob immer völlig ab, das war zum Piepen. Sie saß mit ihren Chiffonschals an einem verstimmten Klavier und juchzte – so richtig wie man sich das vorstellt. Es war keine pure Eurhythmie, sondern eher eine wilde Mischung; zwischendrin haben wir auch Menuett und den Frühlingswalzer getanzt. Aber irgendwann fand ich das albern und ging dann ins richtige Ballett, das eine Tänzerin von der Stuttgarter Kompanie gab. Einmal machte ein Tänzer dort Vertretung; wir sprangen gerade Grand jeté aus der Ecke, als er mich mitten im Sprung auffing und ein Stück weiter trug. Das war wie fliegen, wie eine Droge plötzlich. Wobei mir der Partner relativ egal war, ich war ja noch ein kleines Mädchen. Davon abgesehen himmelte ich ihn natürlich an. Ich glaube, dieses Erlebnis war mit ausschlaggebend bei meinem Wunsch, Tänzerin zu werden.

Dann sind wir nach Stuttgart umgezogen, und da, wo wir wohnten, gab es eine Ballettlehrerin, die selbst noch in der letzten Ausbildungsklasse der Mannheimer Akademie der Künste war; sie hatte sich gleichzeitig schon diese Schule aufgebaut. Mit zwölf Jahren habe ich angefangen mit Spitze. Das war am Anfang toll. Als kleines Mädchen willst du ja ewig auf Spitzenschuhe, weil das alles so wunderschön und rosa und glänzend ist – endlich das erste Paar Spitzenschuhe: die Bänder annähen, lernen, wie man sie richtig schnürt und erstmal natürlich alles falschmachen. Nach einiger Zeit, wenn du merkst, daß das eigentlich verdammt weh tut und überhaupt nicht schön und rosa ist, hält sich die Begeisterung in Grenzen. Meine Füße waren oft blutig, die Haut abgeschürft, aber das gehörte dazu, und man gewöhnte sich daran.

Wenn du mit der Zeit Erfolge und eine gewisse Kontrolle hast, dann ist das schon toll. Jedesmal die neuen Schuhe einzutanzen war allerdings ein Alptraum. Die sind ja knallhart, wenn du sie kriegst, damit kannst du jemanden totschlagen. Ich knetete sie dann mit Müh und Not weich, vor allem den Teil, der um die Zehgelenke geht. Mit fünfzehn Jahren bekam ich dieses Tänzerüberbein; das haben wahnsinnig viele Tänzerinnen: Durch die abgeknickte Fußhaltung in den Spitzenschuhen vergrößert sich irgendwie der Knochen am großen Zeh; die Schuhe drücken dann immer genau auf diesen Überbeinknochen, und das tut höllisch weh. Man kann ihn operieren lassen, aber er kommt immer wieder. Wir klemmten die neuen Spitzenschuhe in die Tür und in Schubladen, um die harten Sohlen weichzukriegen. Tänzerinnen, die sehr starke Füße haben, können überhaupt nur auf Spitze tanzen, wenn die Schuhe noch ganz hart sind. Aber ich hatte nie einen starken Spann und tanzte deshalb immer beinahe auf Pantoffeln, da ging es mir am besten. Davon abgesehen habe ich es auch gehaßt, wenn Tänzerinnen mit ihren zu harten Schuhen so laut auf der Bühne rumknallen. Dieses Pferdegehämmer zerstört die ganze Illusion von Leichtigkeit und Schwerelosigkeit. Es gab verschiedene Härteabstufungen bei den Schuhen, und ich kaufte natürlich von vornherein die weichsten. Wenn sie dann zu weich wurden, goß ich etwas Schellack hinein, um sie noch einmal zu retten. Es gibt Tänzerinnen, die ihre Spitzenschuhe an einem «Giselle»-Abend durchtanzen.

Mit dreizehn Jahren ging ich jeden Tag direkt nach der Schule in den Ballettunterricht und machte alle Klassen mit, sogar bei den Kindern; ich träumte von «Giselle» und «Schwanensee» und wollte nur Tänzerin werden! Meine Mutter hatte ein Theaterabonnement in Stuttgart, und ich durfte immer mitgehen und mir die ganzen Cranko-Ballette ansehen. Das war die Blütezeit des Stuttgarter Balletts. Toll! Damals habe ich Marcia Haydée verehrt, sie war mein Idol. Wenn nicht sie, sondern Birgit Keil auftrat, war ich sauer. Ich hatte wahnsinnig viel über die Haydée gelesen und fand sie einfach faszinierend. Obwohl sie nicht dieser Typ der schönen Ballerina ist, braucht sie einfach nur auf die Bühne zu gehen und zwei Schritte zu machen, und du bist weg, weil diese Ausstrahlung so grandios ist. Ich habe das nie wieder bei einer anderen Tänzerin gesehen.

Später, im Gymnasium, habe ich mein ganzes Taschengeld für Theaterkarten ausgegeben. Mit einer Freundin zusammen ging ich dreimal die Woche ins Schauspiel, und die restlichen Tage waren wir im Ballett. Ich brachte da meine Jugend zu; nachmittags bis abends in der Ballettschule und danach im Theater. Ich habe das total geliebt. Diese ganze Disko-Zeit habe ich überhaupt nicht mitgekriegt; meinen ersten Freund hatte ich mit fünfzehn, also, Jungs gehörten schon dazu. Neben Marcia Haydée waren dann Egon Madsen und Richard Cragun meine Idole. Ich drückte mich immer am Künstlereingang des Theaters herum und hoffte, daß einmal einer herauskommt. Ab und zu sah ich dann auch tatsächlich einen der Tänzer. Ich weiß nicht, ob da Erotik mitspielte oder einfach nur Bewunderung – aber es waren schon gutaussehende Männer mit schönen Körpern! Ich bin heute viel unterwegs, und wenn ich im Flugzeug sitze, sehe ich so viele häßliche Männer, so uninteressant und stumpf! Als Tänzer bist du ja auf deinen Körper fixiert; da wird jedes Muskelchen und Härchen gehegt und gepflegt. Schon als das erste Achselhärchen kam, habe ich angefangen, mich zu rasieren. Damals war das bestimmt nicht normal.

Als ich sagte, daß ich Tänzerin werden will, waren meine Eltern schockiert und meinten: So war das eigentlich nicht geplant! Mein Vater ist ein sehr rationaler Mensch, meine Mutter eher musisch begabt. Meine Mutter förderte mich dann auch, aber begeistert war sie nicht. Ich hätte gar nicht gewußt, was ich sonst hätte machen sollen; alles andere interessierte mich nicht. Es war mein absolutes Ziel. Meine Lehrerin nahm mich dann einmal mit nach Mannheim an die Akademie, damit ich mittrainieren konnte. Daraufhin entschloß ich mich, dort die Aufnahmeprüfung zu machen. In Stuttgart habe ich es gar nicht erst probiert. Ich war zu klein; ich bin ja nur ein Meter fünfundsechzig groß, und die hatten damals ein

Meter siebzig als Maß. Außerdem dachte ich, daß die Ansprüche zu hoch sind. Das setzte ich einfach so voraus – aber mir hat das auch nie leid getan. Meine Eltern wollten nicht, daß ich zu weit weggehe, und Mannheim war eben das nächste. Ich bin die einzige aus meinen Privatschulen, die versucht hat, Tänzerin zu werden. Ich machte diesen Schritt, ohne groß darüber nachzudenken. Wie man in einem Tunnel eben immer weitergeht, weil man nicht nach rechts oder links kann. Und wenn ich etwas anfange, dann bin ich auch sehr beharrlich und konsequent – was ich mache, will ich gut machen.

Meine Eltern wollten, daß ich auf jeden Fall die mittlere Reife habe. Vor der Aufnahmeprüfung in Mannheim sagten sie: Wenn du es nicht schaffst, machst du Abitur! Ich mußte sogar noch die elfte Klasse anfangen. Am Tag vor der Aufnahmeprüfung ist mir eine Aufzugtür über den kleinen Zeh geflutscht; das war dann nicht so witzig in Spitzenschuhen. Wir mußten ein ganz normales Stangentraining machen, ein bißchen Spitze und etwas improvisieren. Anschließend gab es noch eine theoretische Prüfung über Leben und Werk eines Ballettkomponisten; ich hatte mir Tschaikowsky ausgesucht. Außerdem mußten wir einen Aufsatz darüber schreiben, warum wir Tänzer werden wollten; ich schrieb, daß es für mich einfach nichts anderes gibt. Diese schriftlichen Prüfungen waren natürlich völlig antiquiert. Nach einer Woche bekam ich den Bescheid, daß ich bestanden hatte. Das war das Allergrößte. Für mich wäre die Welt untergegangen, wenn ich das nicht geschafft hätte; ich glaube, ich wäre aus dem Fenster gesprungen. Das Gymnasium habe ich gehaßt, und ich war auch nie gut; es interessierte mich einfach alles nicht. Sogar vor Sport habe ich mich gedrückt. Durch die Tanzerei fand ich es so unästhetisch und plump, Weitsprung zu machen oder mit einem Medizinball herumzuhüpfen. Ich habe bis heute eine richtige Aversion gegen Sport, Aerobics eingeschlossen; das fand ich auch nie ästhetisch, das war für mich wie Gewichtestemmen.

Die Begeisterung meiner Eltern war gedämpfter als meine. Ich war siebzehn, und meine Eltern standen vor der Trennung. Als ich nach Mannheim zog, ist meine Mutter dann auch ausgezogen. In Mannheim war ich erstmal total mit meinem neuen Leben beschäftigt: Jetzt gehört mir die Welt! Ich habe es geschafft und werde Tänzerin! Das war alles ziemlich spannend. Die Trennung meiner Eltern war schlimm für mich, weil es plötzlich kein Zuhause mehr gab, wo ich am Wochenende gerne hinfuhr.

In meine Klasse wurden vierundzwanzig Mädchen aufgenommen, aber das dünnte sich schon in den ersten Monaten wahnsinnig aus. Da waren Mädchen dabei, die viel zu dick waren, Null Talent hatten – was sich erst dann erwies – oder stinkend faul waren. Wir mußten ein ganz gräßliches, beigefarbenes Schultrikot tragen. Einige Mädchen rasierten sich nicht die Beine, da sah man dann durch diese dünnen weißen oder rosa Strumpfhosen die Haare, und das gab immer Ärger. Auch aus dem Dutt durfte kein Härchen im Nacken raushängen, das mußte dann mit Haarspray und Klämmerchen und Netzen festgemacht werden – wie aus dem Ei gepellt!

Am Anfang der Ausbildung war ich eher unkritisch und einfach nur begeistert, daß ich überhaupt aufgenommen worden war. Aber es gab Mädchen, die von anderen Akademien kamen und den Lehrmethoden wesentlich kritischer gegenüberstanden. Der Jazz, den wir damals lernten, das war Broadway 1935. Und der Modern Dance war noch Isadora Duncan oder Mary Wigman, gegen die ja nichts zu sagen ist, aber mittlerweile hatten wir 1978! Viele haben total auf die Schule geschimpft, und ich hatte schon auch den Verdacht, daß ich in Mannheim keine besonders gute Ausbildung bekomme. Erst als nach ungefähr zwei Jahren die Leitung wechselte und eine Frau aus Stuttgart kam, ist mein Vertrauen in die Schule wieder gewachsen. Obwohl wir alle wahnsinnige Panik hatten, daß wir rausfliegen, weil wir nicht gut genug waren. Davor sind wir nach dem russischen Stil unterrichtet worden, und nach dem Wechsel wurde alles auf die englische Methode umgestellt, die ich eigentlich schöner finde, nicht so verschnörkelt. Ab und zu nahm ich an Workshops mit Lehrern teil, die nach der russischen Methode unterrichteten. Da habe ich diese Handgelenksschnörkel dann genossen, aber im allgemeinen hat mir die englische Geradlinigkeit und Nüchternheit besser gefallen. Die neue Leiterin der Akademie baute wirklich etwas auf in Mannheim. Wir bekamen neue Gebäude, größere Säle. Die alten Räume waren feuchte Gemäuer mit Betonböden; da mußten wir morgens immer die Kakerlaken aus unseren Schuhen kippen, die sich über Nacht angesammelt hatten. Außerdem bekamen wir jetzt theoretischen

Unterricht: Anatomie, Make-up, Tanzgeschichte, Tanzschrift und Englisch – also ein bißchen Training fürs Hirn, was ich auch sehr gut fand.

Dann kam ein phantastischer Lehrer vom Royal Ballet aus London zu uns. Das war ein Tier, der hat uns manchmal eine Stunde lang Arabesques penchées üben lassen. Da hatten wir solche Schmerzen, daß wir in Tränen aufgelöst aus dem Unterricht kamen. Der konnte dich mit einem Blick so niedermachen, daß du am liebsten in ein Erdloch gekrochen wärst. Damals bin ich jeden Abend nach Hause gegangen und habe geheult, weil ich so fertig war. Trotzdem machte ich immer weiter; das war wie eine Droge.

Ich wurde von meinen Lehrern jeden Tag fertiggemacht: Du bist zu fett, dein Hintern ist wie ein Pudding! – Ich habe die Komplexe heute noch. Ich war nie dieser Ballettyp mit den schmalen Hüften; mein Knochenbau war einfach nicht so, und Knochen kannst du nicht weghobeln. Außerdem hatte ich keine besonders tollen Füße. Ich klemmte mir die Füße unter den Schrank, um den Spann rauszudrücken. Und gegen besagten Puddinghintern legte ich damals weite Strecken in meinem Zimmer auf dem Po zurück, aber das nützte natürlich nichts. Ich lebte von einer Gurke und ein bißchen Thunfisch! Ich machte sämtliche Diäten dieser Welt. Ich esse heute immer noch wahnsinnig wenig, aber der Druck fiel von mir ab, als ich von der Akademie runter bin; ich mußte nicht mehr auf mein Gewicht achten und fing an Pizza zu essen! Während der Ausbildung sind wir mit der gesamten Ballettklasse einmal im Monat zu McDonald's gegangen, das war das Allergrößte. Wir kauften uns einen fetten BigMäc, Fritten und Cola und fühlten uns wie im Himmel, weil wir sonst nur von Äpfeln, Eiern und Joghurt lebten. Die Energie, die Kraft hatte man trotzdem. Es gab viele, die magersüchtig waren. Ein Mädchen drehte völlig ab und kam in eine Klapsmühle, andere ernährten sich nur von Rotwein und Valium. So weit ging das bei mir nicht, ich hatte immer noch einen gesunden Selbsterhaltungstrieb. Wir wurden gedemütigt und verletzt und haben oft nur noch geheult, weil wir nicht mehr konnten. Aber ich wollte weitermachen, es gab keine Alternative für mich. Das hat natürlich nichts mit Pädagogik zu tun, das ist Schinderei. Auf der anderen Seite war der Unterricht toll. Dann hattest du plötzlich wieder Erfolgserlebnisse: Dieses Gefühl, deinen Körper bis in die letzte Faser zu beherrschen, das ist wie ein Rausch, oder eben auf der Bühne zu stehen, obwohl wir in der ganzen Zeit nur wenige Aufführungen hatten.

In meinem letzten Jahr an der Akademie kam ein Choreograph zu uns, der Tänzerinnen für Showtanzeinlagen in einem Schauspiel am Nationaltheater Mannheim suchte. Witzigerweise war ich bei diesem Vortanzen viel besser als bei normalen Trainingsstunden: Ich drehte aus der fünften Position rechts und links vier saubere Pirouetten! Ich war so verblüfft, daß ich hinterher auf den Hintern gefallen bin. Mein Lehrer konnte es überhaupt nicht fassen. Ich bekam den Job. Es war natürlich total spannend, mit den Schauspielern zusammenzuarbeiten. Bis dahin hatten wir immer nur an «Giselle» und «Schwanensee» und «Romeo und Julia» gearbeitet, und plötzlich sollten wir Huren in Strapsen und Netzstrümpfen darstellen, ordinär und obszön sein. Das Vorbild des Choreographen war Mae West, und wir dachten: Oh, mein Gott! Meine Freundin und ich gingen vor den Proben immer in die Theaterkantine und gönnten uns einen Kognak, damit wir nicht zitternd in der Ecke stehen. Das war zwar nicht gerade mein Traum, aber ich war total fasziniert vom Theaterleben und davon, endlich auf der Bühne zu stehen. Ich bekam auch noch andere Gastverträge am Nationaltheater und wurde dann auch als Gast für «Giselle» und «Schwanensee» nach Kaiserslautern engagiert. Die hatten zwar eine eigene Kompanie, aber die war nicht groß genug, obwohl sie, an der Bühnengröße gemessen, wirklich ausgereicht hätte: Wir mußten uns in diesen weiten weißen Röcken geradezu auf die Bühne schieben, damit noch alle zu sehen waren.

Damals begann ich auch schon vorzutanzen. Ich fand das mehr als frustrierend. Auf der Frankfurter Ballettbörse warst du eine von Tausend, und es war schon damals so, daß kaum noch Ballettmeister da waren, weil denen die Tänzer eh schon die Häuser einrannten. Wir waren so viele, und dann gab es noch die ganzen Amerikanerinnen und Engländerinnen, die eine zehnmal bessere Ausbildung hatten und viel jünger waren. Ich tanzte auch noch in Kiel, Flensburg, Hof und Regensburg vor, also schon eher die kleineren Kompanien. Ich war auch in Bonn, da bin ich sogar bis in die vierte Runde gekommen: Es waren mal wieder hundert Leute da, und schon nach den Pliés ging der Ballettmeister herum und zeigte auf einige, die sich gleich wieder anziehen konnten. Ich schaffte es noch bis zu den Grands battements in der Mitte, und dann war es für mich auch vorbei. Ich war technisch nicht schlecht, hatte hohe Beine und konnte gut springen. Ich konnte aber nicht gut drehen, das war immer mein Schwachpunkt. Manchmal hatte ich nicht die richtige Größe – in Kiel ging ich den Mädchen gerade bis an die Schulter – und sonst, ich weiß es nicht, die falsche Ausstrahlung, die falsche Haarfarbe. Ich hatte so etwas schon vermutet, und es wurde halt immer wieder bestärkt. Das waren Horrortrips. Du hattest sowieso nicht unbedingt das dicke Selbstbewußtsein, und dann kamst du da hin und wurdest erstmal von oben bis unten gemustert, was du für Beine hast, was du für ein Trikot trägst – es ist ein Fleischmarkt; du kennst den Saal nicht, kennst den Boden nicht, weißt nicht, was für eine Art von Training der Ballettmeister gibt, stehst am Platz von irgend jemandem und wirst womöglich noch von der Kompanie angefeindet. Die Ballettwelt ist meistens nicht sehr nett; diese ganzen Intrigen, die gegenseitigen Anschwärzereien, die Demütigungen. Und wenn du aufmuckst, heißt es: Hör mal, Mädel, da draußen stehen zehn andere, die deinen Job wollen! – Das habe ich ja alles in Kaiserslautern mitbekommen.

In Regensburg war es dann absolut gräßlich, das hat mir so ziemlich den Rest gegeben. Ich wußte mittlerweile, daß ich nicht gut genug war, um nach Stuttgart oder nach Hamburg zu kommen, aber ich wollte auch nicht zwischen acht halbtoten Gestalten stehen, die ich beim Vortanzen schon übertrumpft hatte. Da konnte sich keiner die Kombinationen merken, die der Ballettmeister gab, alle hampelten nur irgendwie herum. Das war schon fast eine Groteske. Die Mädchen erzählten mir, daß sie nur zweimal im Monat einen Ballettabend haben und sonst nur in Operetten tanzen. Ich dachte: Nein, so nicht!

Als ich zurück nach Mannheim kam und der Schulleiterin sagte, daß die mich in Regensburg zwar genommen hätten, daß ich da aber nicht hinwollte, flippte sie aus. Sie schrieb mir dann einen Brief, daß ich nicht mehr zum Training kommen dürfte. Damals habe ich den Gedanken aufgegeben, jemals an einem Theater fest engagiert zu werden, und dann wollte ich es auch gar nicht mehr. Ich gastierte weiterhin in Mannheim und Kaiserslautern, unterrichtete ein bißchen und machte mit einer Freundin Showdance-Einlagen bei Modenschauen. Außerdem arbeitete ich in einer freien Tanzgruppe, und das machte mir großen Spaß. Die Choreographin, Susan Hant, versuchte wirklich, etwas aus uns herauszuholen; im Corps de ballet, in der Reihe wurde ja nie mit dir gearbeitet. Das Dumme war nur, daß man davon nicht leben konnte. Aber in die Richtung zu gehen hätte mir Spaß gemacht. Ich machte von allem etwas und hatte immer zu tun. Ganz viele aus meiner Umgebung hatten nicht einmal das, die kamen niemals auf eine Bühne. Die hatten ihre Ausbildung gemacht, um dann entweder eine Schule aufzumachen oder etwas ganz anderes anzufangen. Ich konnte mein Leben mit der Tanzerei finanzieren und hatte immer Spaß. Als allerdings der Ballettdirektor von Kaiserslautern wegging, bekam ich dort nie mehr eine Rolle. Letztendlich hörte ich dann aber mit dem Tanzen auf, weil ich Knieprobleme hatte. Schon auf der Akademie hatte ich mich am Knie verletzt, und da ich trotzdem immer weitermachte, hat es seitdem einen kleinen Knacks.

Mit dreiundzwanzig Jahren bin ich vergewaltigt worden. Das war wie ein Schalter; da drehte sich mein ganzes Leben um. Bis dahin war ich in einer Traumwelt, habe mit allem nur gespielt und nichts bewußt getan. Aber in dem Moment bin ich aufgewacht. Es hat mir lange Zeit etwas ausgemacht, darüber zu sprechen. Ich kam vom Steptanzen nach Hause. Die Wohnung, die ich zusammen mit meiner Freundin hatte, lag im Erdgeschoß. Es klingelte, und ich machte die Tür auf, weil ich dachte, es wäre mein Freund. Dann wurde ich mit dem Hinterkopf an die Wand geknallt, hatte ein Messer am Hals und natürlich keine Chance mehr. Ich versuchte, mit ihm zu reden, und sagte: Gleich kommt meine Freundin nach Hause! – Irgendwann ist er dann abgehauen. Er sagte noch: Wenn du zur Polizei gehst, bringe ich dich um! Wenn noch einmal jemand so etwas bei mir versucht, dann bringe ich ihn um, wenn ich die Chance dazu habe; auch wenn ich selbst dabei draufgehe! Das ist das Schlimmste, was du an Demütigung hinnehmen kannst. Ich habe meinen Freund angerufen, und er kam auch gleich und rief die Polzei an. Die waren noch recht freundlich, aber dann mußte ich ins Krankenhaus zur Untersuchung, und das war die Pest. Die Kaltschnäuzigkeit und die Art, wie dieser Arzt mit mir umging: Kann man nun mal nicht ändern, ist nun mal passiert! – Als ich endlich nach Hause kam, stand ich erstmal stundenlang unter der Dusche.

Kurz darauf heiratete ich meinen Freund. Sex war ein Problem nach der Vergewaltigung, es hat wahnsinnig lange gedauert, bis ich mich wieder anfassen lassen konnte – ich habe mich vor meinem Körper geekelt. Mit meinen Eltern konnte ich nicht darüber reden; die Reaktion der Umwelt war totale Hilflosigkeit. Damals fing ich an, bewußter mit mir und meinen Mitmenschen umzugehen. Ich habe viel über Karma und Reinkarnation gelesen und glaube seither daran. Es klingt vielleicht seltsam, aber ich denke, daß die Vergewaltigung etwas war, was ich durchmachen mußte in meinem Leben. Es war nicht so, daß sie direkt etwas damit zu tun hatte, daß ich aufgehört habe zu tanzen. Es kam irgendwie alles zusammen.

Mein Mann und ich machten dann eine Galerie in Mannheim auf, das ging aber nur ein Jahr lang gut. Danach zogen wir nach München. Dort machte ich noch eine Weile Afrodance und jobbte bei Karstadt in den Lagerhallen, um mir die Stunden zu finanzieren. Ich konnte nur wahnsinnig schwer in Ballettabende gehen. Wenn ich die Leute auf der Bühne sah, dann hat das so wehgetan; man verklärt das ja auch ein bißchen und sieht nur das Schöne. Auch heute gehe ich so gut wie nie ins Ballett; wenn es zu gut ist, dann tut es mir weh, und wenn es schlecht ist, nervt es mich.

Mit sechsundzwanzig Jahren bin ich dann aufs Arbeitsamt gegangen, zu Herrn Müller, dem Arbeitsberater für gescheiterte Künstler. Er schlug mir einen Crash-Kurs als Kommunikationsassistentin vor. Ich lernte ein Jahr lang Wirtschaftsenglisch, ein bißchen Recht, ein bißchen Management, Computer, BWL, Steno, Tippen; es war gar nicht so einfach, plötzlich wieder in die Schule zu gehen. Beim Abschlußfest kaufte ich mir eine Zeitung, und da war eine Anzeige: MTV sucht Top-Assistentin! Ich hatte keine Ahnung, was MTV ist, bewarb mich und bekam den Job. Damals war MTV neu in Deutschland, und es war noch möglich, sich hochzuarbeiten. Nach drei Monaten bekam ich bereits kleinere Projekte, und vor zwei Jahren gaben sie mir einen eigenen Bereich: Network Development. Meine Disziplin, die ich beim Tanzen gelernt hatte, half mir absolut dabei. Es ist hartes Business, ganz anders als Tanzen. Manchmal, wenn ich auf dem Weg zu einem wichtigen Meeting bin und um fünf Uhr morgens aufstehen muß, um irgendwo hinzufliegen, dann sehne ich mich danach zurück, morgens um zehn in den Ballettsaal zu traben und mich ein bißchen aufzuwärmen. Da war ich für nichts verantwortlich außer für meinen Körper, meine Muskelchen, die Ballettschühchen und dafür, daß kein Härchen absteht. Aber es ist gut, daß es so gekommen ist.

Der Traum ist eigentlich nicht geplatzt, sondern eher verblaßt – vielleicht war da am Anfang eine dicke rosa Wolke, die dann irgendwann nur noch als winzig kleines Rauchschwädchen davongeschwebt ist. Ich bin froh, daß ich getanzt habe, und ich würde es auch wieder machen. Ich habe mir letztens überlegt, ob ich mal wieder Jazz Dance machen soll, aber dann hänge ich zwischen den Hausfrauen herum. Ich bin auch viel zu ehrgeizig, das wäre nichts Halbes und nichts Ganzes. Deshalb werde ich reiten gehen, wenn ich jemals wieder die Zeit dazu haben sollte. Das wollte ich schon als kleines Mädchen, und wegen des Balletts durfte ich das natürlich nie.

Rudolf Himmel

Meine Eltern waren Neubauern. Sie hatten die Tschechei verlassen müssen, siedelten sich in Weimar neu an und gründeten dort einen Hof: 1948 gab es eine Bodenreform, wo die Ländereien von Großgrundbesitzern aufgeteilt wurden; man bekam ein Stück Land und konnte es bewirtschaften. Meine Eltern hatten natürlich sehr viel Arbeit und für uns Kinder keine Zeit. Sie versuchten zwar, uns alles im Rahmen ihrer finanziellen Möglichkeiten zu geben, aber für ein Gespräch hatten sie nie Zeit. Da war die Ernte, da war das Vieh zu versorgen – ich merke erst jetzt, daß mir die Zärtlichkeit der Eltern gefehlt hat.

Es gibt ja Menschen, die hören Musik und lachen, und so ging es mir. Musik war für mich Bewegung. Von Ballett hatte ich natürlich nie etwas gehört. Mit elf Jahren machte ich meine ersten Tanzschritte in der Grundschule. Da gab es eine Folkloregruppe, wo man Polka lernte, Ländler und Charaktertänze. Weil die Gruppe wirklich gut war, holte die Lehrerin zwei Tänzer vom Theater, die ein bißchen Klassisch mit uns machten. Das war natürlich für die Jungen eine Katastrophe: Mensch, mit den ganzen Weibern, so was Affektiertes! Die sind alle abgesprungen, und nur ich bin übriggeblieben. Ich habe alle Anfeindungen überstanden, ich ließ mich nicht beirren.

In Weimar gab es ein privates Ballettstudio. Die Leiterin hatte mich einmal tanzen sehen und fragte mich, ob ich nicht Ballett machen will. So bin ich zu ihr und machte meine ersten Tendus. Da war ich vierzehn. Sie unterrichtete mich umsonst, denn sie kannte die Finanzen meiner Eltern und wußte, daß die sich das nicht leisten konnten. Diese Lehrerin hatte Kontakt zur Staatlichen Ballettschule in Leipzig, und die sagten zu ihr: Wir brauchen noch

Schüler für das nächste Studienjahr, hast du jemanden? – Ich habe einen Jungen, aber der ist sehr klein! – Das macht nichts, schicke ihn her!

Als ich meinen Eltern sagte: Ich möchte gerne auf die Schule nach Leipzig gehen und Tänzer werden!, da wurde mein Vater sauer. Damals, in den sechziger Jahren, durften Arbeiter- und Bauernkinder die erweiterte Oberschule besuchen und Abitur machen, auch wenn sie nicht den nötigen Leistungsstand hatten. Ich wäre Kfz-Schlosser geworden; das war ein Abitur mit Berufsausbildung. Es war schon alles in die Wege geleitet. Und dann kommt der Rudi und sagt: Nein, ich will Tänzer werden! Ich wußte nicht, ob ich nach einem Jahr von der Schule fliegen würde, aber es war mir egal. Mein Vater versuchte, mich abzuhalten: Als Tänzer hast du nur eine gewisse Lebensdauer in deinem Beruf, dann mußt du umschulen, und was ist, wenn du Familie hast? Aber ich habe geheult und gebettelt, und dann sagte er ja. Pfingsten 1964, nach vier Wochen auf dieser privaten Ballettschule, machte ich also die Aufnahmeprüfung an der Fachschule für Tanz in Leipzig.

Mein Vater fuhr mich damals nach Leipzig. Die Schule war in einem Gebäude aus dem letzten Jahrhundert. Eine tolle Anlage: Da waren die Ballettschule, die Musikschule, die Hochschule für Buch und Grafik und die Schauspielschule. Wir mußten in ein Haus mit einer riesengroßen, schweren Eichentür. Mein Vater sagte: Sag mal Junge, hier willst du studieren? Du kriegst ja nicht einmal die Tür auf! – Nachdem ich dann aber die Aufnahmeprüfung bestanden hatte, freuten sich meine Eltern schon.

Hier im Westen geht man auf eine Privatschule, bis man ein gewisses Niveau erreicht hat, und dann auf eine Hochschule, um sich fertig ausbilden zu lassen. Drüben hat man deine Musikalität geprüft, die Dehnfähigkeit des Körpers und wegen der Ästhetik, der Linie beim Klassischen auch die Füße. Außerdem gab es noch einen ärztlichen Test. Dann wurdest du aufgenommen. Vorkenntnisse brauchte man überhaupt keine. Du fängst von der Pike auf an zu lernen: ein Tendu über acht Takte. Das ist für mich das Tolle an dieser Ausbildung. Es gab ja auch ein paar Leute, die schon irgendwo Unterricht gehabt hatten, aber die mußten genau dieselben Schritte machen. Ich war sehr klein, das war ein Problem; Tänzer müssen ja eine gewisse Größe haben wegen der Partnerarbeit.

Ich bin mit vierzehn von zu Hause weg. Aus einer Stadt mit 60 000 Einwohnern – wobei ich in einer Siedlung am Rande wohnte – kam ich in eine Stadt mit 600 000 Einwohnern, das war für mich vollkommen neu und ungewohnt, und ich konnte es erstmal gar nicht leiden. Ich war allein. Im Internat schlief ich mit zwölf Leuten auf einem Zimmer, nach einem Jahr kam ich in ein Zimmer mit fünf, und zum Schluß waren wir dann nur noch zu zweit, das war sehr schön. Die Schule war vom Staat bezahlt, es gab keine Internatskosten. Im Gegenteil: Ich bekam sogar noch ein Stipendium, das waren damals hundert Mark, später dann hundertsechzig Mark, ohne Leistungszuschläge, die es als Anreiz auch noch gab. Nachdem ich mich daran gewöhnt hatte, gefiel mir auch die Großstadt, und ich hatte eine schöne Zeit.

Mir machte das unheimlich Spaß, den Körper zu entwickeln. Und dann, in der Pubertät, natürlich auch der körperliche Kontakt mit den Mädchen, der mit vierzehn oder fünfzehn ja nicht normal ist. Aber Erotik hat keine primäre Rolle gespielt, es war nur einfach schön. Wenn ich zu meinen Eltern nach Weimar kam, fragten mich die Jungen: Wie ist denn das, wenn du mit den Mädchen arbeitest? Die konnten sich das nicht vorstellen, weil sie es nicht gewöhnt waren. Wir gehen ja jeden Tag mit unserem Körper um, sehen die Frauen immer in enganliegenden Sachen, und es gibt viele Hebungen, wo man an den Po oder zwischen die Beine fassen muß oder wo die Frau mit dem Schritt auf deiner Schulter sitzt. Aber das ist alles technisch, das war für uns normal, damit wird man groß. Oft mußten wir uns auch, wenn wir in einer Schule, einem Altersheim oder einer Klinik auftraten und keine eigene Männergarderobe hatten, mit den Frauen zusammen in einem Raum umziehen. Das war nicht schlecht, da hat man schon mal geguckt.

Männer und Frauen hatten getrennt Unterricht. Die Mädchen wurden einmal die Woche gewogen. Eigentlich ist es beim Tanzen wirklich nicht wichtig, wie schwer man ist; es wird nur kritisch bei der Partnerarbeit. Da gab es schon Situationen, wo ein Mädchen über fünfzig Kilo gewogen hat und dem Unterricht sitzenderweise beiwohnen mußte. Es gab auch Grenzsituationen, wo Mädchen größer waren – ein Meter fünfundsechzig oder siebzig – und fünfzig oder einundfünfzig Kilo wogen; aber wenn man so groß ist, hat man halt dieses Gewicht. Die sind dann auch später zu einer Revuetruppe nach Berlin, wo man ja große Mädchen brauchte. Das sind schwierige Entscheidungen, aber der Pädagoge hat natürlich auch eine Verantwortung den Jungen gegenüber, die in der Entwicklung sind; die machen sich bei Hebungen die Wirbelsäule kaputt, wenn die Mädchen zu schwer sind. Wir Jungen mußten Krafttraining machen. Wir hatten damals keinen Raum mit Hanteln, wir dachten uns selbst Dinge aus. Außerdem hatten wir einen sehr guten Pas de deux-Lehrer, der Übungen mit uns machte. Wenn man etwas Statisches anfaßt, wie eine Hantel, kann man leicht damit umgehen, aber ein Körper reagiert anders: Die Frauen standen zum Beispiel mit den Füßen auf unseren Händen, während wir auf dem Rücken lagen, und wir mußten sie dann hochstemmen. Die Frau wurde natürlich von rechts und links gehalten. Sie mußte ihre Füße stabilisieren, was für sie wichtig war, und wir mußten sie so mit unseren Händen balancieren, daß sie gerade hochging. Das war sauschwer, aber sehr nützlich.

Es gab nur drei Schulen in der DDR: Leipzig, Dresden und Berlin. Bei großen Veranstaltungen, wo alle Tanzschulen zusammenkamen, waren für mich die Unterschiede immer ganz markant: Die Dresdner waren die Modernen, die Jungen hatten lange Haare und so gar nicht die Ästhetik, die man von einem Tänzer eigentlich erwartet. Die Berliner waren immer ganz das Gegenteil, das waren die Aristokraten. Und die Leipziger waren da mittendrin. Auch später hat sich das für mich immer genau so bestätigt. Bei vielen Situationen, wo wir gemeinsame Garderoben mit den Männern von der Berliner Staatsoper oder der Dresdner Semper-Oper hatten, war ich lieber mit den Dresdnern zusammen. Die Berliner waren immer die Prinzen, die fühlten sich so und benahmen sich auch so. Wobei die von der Staatsoper noch viel blaublütiger waren als die von der Komischen Oper – die waren natürlicher, menschlicher.

Wir hatten eine fünfjährige Ausbildung. Es gab Halbjahres- und Ganzjahresprüfungen. Wenn es nicht reichte, bist du geflogen. Drei Jungen, die älter waren, sind schon nach dem dritten Jahr an ein Theater gegangen, weil abzusehen war, daß sie nicht mehr besser werden würden. Ein Mädchen mußte nach dem dritten Jahr gehen, weil sie ihr sagten, sie sei nicht mehr steigerungsfähig. Die ging dann zum Staatlichen Dorfensemble, das ja nur Folklore machte. Nach einem halben Jahr, da war sie achtzehn, nahm sie schon an einer vierwöchigen Südamerika-Tournee teil. Und wir schrubbten unsere Tendus, quälten uns und wußten, wir kommen vielleicht, wenn wir Glück haben, an ein großes Haus. Sie flog von der Schule und bereiste die ganze Welt. Da dachte ich: Warum nicht aufhören und auch da hingehen? – Aber letztendlich wollten wir alle natürlich große Kunst machen, den Romeo tanzen, an ein großes Haus engagiert werden. Die Leipziger Oper hatte eine tolle Truppe, und wir konnten ganz billig in die Vorstellungen gehen. Da reifte natürlich der Wunsch, auch einmal dort zu tanzen.

In Leipzig gab es eine getrennte Tänzer- und Pädagogenausbildung. Um eine Pädagogenausbildung zu machen, mußtest du ein paar Jahre am Theater gearbeitet haben, und das halte ich auch für dringend notwendig. Das gibt es ja hier im Westen nicht, und das ist eine einzige Katastrophe. Die wissen nicht, was im Berufsleben des Tänzers eine Rolle spielt, weil sie es gar nicht erlebt haben, und sollen es aber vermitteln. Das ist Hochstapelei. Ähnlich wie ich zum Ballett gekommen bin, bin ich auch in meine pädagogische Laufbahn hineingerutscht. Ich hatte einen Pas de deux-Lehrer, der mich sehr mochte und bei dem ich hospitierte. Als ich nach der Ausbildung ans Theater ging, bekam ich sofort eine Assistentenstelle an der Schule. Nach einem Jahr hatte ich eine eigene Klasse und war dann von 1972 bis 1984 Lehrbeauftragter für Pas de deux.

Ich hatte Partnerarbeit immer schon gerne gemacht. Ich war der Kleinste in der Klasse und hob immer die schwersten Brocken. Die waren sehr dankbar, wenn sie mit mir arbeiten konnten. Früher war der Partner immer nur der Halte- und Hebeknecht, mittlerweile ist das, Gott sei Dank, anders geworden. Ein guter Partner braucht ein Gefühl für die Frau. Ich finde, daß manche Homosexuelle keine guten Partner sind, weil sie so auf sich fixiert sind; die haben kein Gefühl für den Partner und verstehen nicht, daß die Frau den Vorrang hat. Partnern heißt, eine Funktion übernehmen, auf die der andere sich verlassen kann. Dieses Gefühl, für andere wichtig zu sein, muß man auch im Kopf haben. Allein zwei Pirouetten zu drehen ist o. k., aber einen Körper neben sich zu haben, jemanden anzufassen, das ist ja schwer. Ein Partner stört oft nur am Anfang.

Wenn man sein Studium beendet hatte, gab es ein Diplom als Bühnentänzer. Eine Kommission, die sich aus Pädagogen, Leuten vom Ministerium und Choreographen von verschiedenen Häusern zusammensetzte, fragte dich dann: Wo möchtest du gern hingehen? Du nanntest ein oder zwei Theater, die deinen Illusionen entsprachen, und sie sagten dann: Tut uns leid, das werden Sie nicht erreichen! Wir empfehlen Ihnen auf Grund ihres Ausbildungsstandes, da und da vortanzen zu gehen! Du konntest natürlich auch dort vortanzen, wo du wolltest. Aber die DDR war nicht groß, und Theater ist ja ein Klüngel; man ging deswegen eigentlich immer den Empfehlungen nach. Es gab eine Verfügung, daß man drei Jahre an einem Haus bleiben mußte, danach konnte man frei entscheiden, wo man hin will. Du warst gezwungen, dich im Theater einzugewöhnen. Meistens kommst du ja ans Theater und sagst: Mensch, was ist denn hier eigentlich los? Und wenn du dann gleich wechselst, gefällt es dir möglicherweise wieder nicht. Aber so bekommt man keinen Biß, um eine Sache durchzustehen. Und das halte ich für etwas sehr Wichtiges. Ich weiß nicht, ob drei Jahre sinnvoll sind, aber zwei finde ich schon sinnvoll.

Nach dem Vortanzen vor der Kommission stritten sich die Choreographen um manche Studenten. Aber wir wußten, daß jeder nach der Ausbildung einen Job bekommt. Ich sollte damals nach Karl-Marx-Stadt, heute Chemnitz, gehen. Dort war ein sehr renommierter Choreograph. Aber ich hatte eine Freundin an der Schule, ein sehr begabtes Mädchen, und die Chefin von Leipzig engagierte sie. Da hätten wir uns mit neunzehn Jahren trennen müssen, sie in Leipzig und ich in Chemnitz. Meine Lehrerin setzte sich dann für mich bei der Leipziger Choreographin ein, und sie engagierte mich dann aus Gnade. Mein Vater, der ja am Anfang dagegen war, daß ich Tänzer wurde, war sehr stolz auf mich, daß ich es geschafft hatte, an die Leipziger Oper zu kommen. Es freute ihn, daß sein Sohn auf der Bühne, in der Öffentlichkeit steht.

Wenn man so mitengagiert wird, ist das schon blöd, aber ich war froh, den Job zu bekommen. Alle jungen Tänzer liefen im ersten Jahr Amok. Die Ballettdirektorin in Leipzig versuchte immer, die Leute zu knacken. Die hat sie richtiggehend fertiggemacht, sie gefordert, gezwungen, sich ein bißchen zu öffnen und Hemmschwellen abzubauen. Aber sie hat sie nicht schikaniert, es war ja zu deren Bestem. Meine Freundin, die eigentlich am Theater zur Solistin erzogen werden sollte, hatte immer Gewichtsprobleme. Ich dagegen war ein Allroundtänzer und leicht einsetzbar. Die

Situation drehte sich also um, und nach einem Jahr bekam ich einen Gruppe-Solo-Vertrag. Viele sehen das ja als Status-Vertrag, aber ich denke darüber ein bißchen anders. Für mich bedeutet Gruppe mit Solo nur, daß du in viele Dinge hineingeworfen werden kannst, für die sie dich als Gruppentänzer extra hätten bezahlen müssen.

Ich habe viel getanzt; wir hatten jeden zweiten Tag Vorstellung. Ich gastierte auch sehr viel an anderen Theatern, Halberstadt, Meiningen, Cottbus. Einmal klappte es auch mit dem Romeo, als Gast in Cottbus. Ein Tänzer war krank, und ich mußte innerhalb von drei Tagen einspringen. Das war ein wunderbares Erlebnis. Als ich in den Ballettsaal kam und die Tänzerin, die die Julia tanzen sollte, mich sah, fiel ihr das Visier herunter. Nach einer Minute ging sie raus zum Direktor und sagte: Mit dem tanze ich nicht, der ist ja viel zu klein! – Also, wenn sie auf Spitze stand, war sie vielleicht einen halben Kopf größer als ich, sie hatte große Füße. Sie machte ein furchtbares Spektakel. Der Choreograph sagte: Warte, wir probieren den schwierigsten Pas de deux, die Balkonszene! Während wir probten, wurde es zusehends besser, und zum Schluß war sie hell begeistert. Ich tanzte also drei Tage später den Romeo neben ihr und verliebte mich sogar noch ein bißchen in sie. Das habe ich ihr übrigens nie gesagt. Es ist schön, solistisch zu arbeiten, eine Rolle auf der Bühne zu entwickeln. Irgendwann wirst du Romeo, und das ist ein tolles Gefühl.

In kleinen Häusern habe ich viel mehr solistisch gearbeitet als in Leipzig. Natürlich gibt es Tänzer, die sind lieber an einem kleinen Haus Solist, als an einem großen Haus in der Gruppe. Ich hatte nie den Drang, mich zu exponieren. Natürlich hat man die Illusion, die großen Rollen zu tanzen, es ist eine Motivation fürs Training. Aber ich hätte nie gewagt, in Leipzig zu sagen: Ich will den Romeo tanzen! Für mich war immer ausschlaggebend, überhaupt an einem großen Haus zu sein. Nach drei oder vier Jahren merkt man, wie einen der Direktor einsetzt, und sieht, wenn Leute mit dem gleichen Vertrag anders mit Rollen bedacht werden. Dann weißt du, wo du stehst, und daß es nicht weitergeht. Entweder gehst du dann weg und versuchst es woanders, oder du bleibst und findest dich damit ab. Ich war nie so vermessen, zu sagen: Ich fahre nach Berlin und tanze an der Komischen Oper vor! – Blöd, ich hätte es tun sollen, schon allein wegen der Erfahrung. Heute würde ich schneller Entscheidungen treffen. Das Tänzerleben ist zu kurz, um lange zu warten.

In den siebziger Jahren gab es ein Gesetz: Wenn man fünfzehn Jahre getanzt und das fünfunddreißigste Lebensjahr erreicht hatte, bekam man eine «berufsbedingte Zuwendung», eine monatliche Rente von fünfzig Prozent der Gage. Das heißt, es wurde voll anerkannt, daß der Körper nach fünfzehn Jahren Arbeit verschlissen ist, daß die Schulbildung zwangsläufig auf der Strecke bleibt, wenn man mit zehn Jahren anfängt zu tanzen, und daß man nach so langer körperlicher Arbeit nicht einfach den Geist reaktivieren und eine Umschulung machen kann. Das war schon eine tolle Sache. Obwohl es für die Kunst abträglich ist: Man setzt sich auf sein Polster und tut viel zuwenig. Vielleicht müßte es so sein, daß Tänzer mehr in ihrem Job verdienen, damit sie etwas zur Seite legen können. Aber sie verdienen ja so wenig! Wenn man sich vorstellt, daß Tänzer soviel verdienen wie ein Chorist, der singen kann bis er fünfundsechzig ist, dann finde ich das schon ungerecht.

Die Leipziger Truppe wählte mich zum Spartenvertreter bei der Gewerkschaft. Immer wenn ich unsere damalige Gewerkschaftssekretärin fragte, wofür die Gewerkschaft überhaupt da ist, sagte sie: Die Interessen der staatlichen Leitung in der Gruppe zu vertreten und zu realisieren! – Ein toller Satz! Natürlich ganz konträr zum eigentlichen Sinn der Gewerkschaft, das sagt ja schon alles. Wir hatten am Theater auch eine politische Schulung, da referierte dann ein Parteisekretär über Krisenherde und legte alles marxistisch-leninistisch aus. Ich machte mir meine Gedanken, ich konnte ja Westfernsehen empfangen.

Das Leipziger Ballett wurde zwar oft zu Gastspielen eingeladen, weil es eine gute Truppe war, aber das wurde nie zugelassen. Im Ballett sind natürlich immer sehr junge Leute, oft Einzelpersonen, da bestand die Gefahr, daß sie drüben bleiben. Hattest du Familie und Kinder, wie zum Beispiel Opernsänger, dann war das Risiko besser abzuschätzen. Als Ballett kamen wir also nie raus, mit den Opernproduktionen dann aber zwangsläufig doch: Es gab eine sehr gute «Meistersinger»-Inszenierung, die oft eingeladen wurde, und da gibt es nun mal eine wichtige Balletteinlage, die Festwiese. Es wurde in monatelangem Vorlauf gründlich bedacht, wer mitfahren durfte. Das prägte natürlich die Situation: Wenn du dem Westen gegenüber positiv eingestellt warst, liefst du eben Gefahr, dableiben zu müssen. Deswegen hatte man im Osten immer zwei Gesichter, ein offizielles und ein privates. Man mußte sehr überlegen, wem man was anvertraut; selbst bei Freunden war das schwierig. Das war für mich das Schlimmste: Nicht daß man keine Bananen hatte, sondern daß man nicht wußte, wer Freund und wer Feind war. Dieses Bespitzeln, dieser Druck, den man immer spürte!

Ich glaube, ich war ein Risikofaktor. Ich war zwar einmal verheiratet gewesen, hatte aber keine Kinder und wechselte nach meiner Scheidung auch ab und zu die Freundin. Geheiratet hatte ich sowieso nur wegen einer Wohnung. Aber durch meine Gewerkschaftsarbeit, und ich denke, auch weil ich mich fachlich auszeichnete, wurde ich zum Gastspiel mitgenommen. Auf Tournee ist es genauso, als wenn du mal vierzehn Tage in Marokko Urlaub machst: Du kriegst nichts mit, siehst nur die Oberfläche, aber nie das wirkliche Leben. 1982 waren wir mit den «Meistersingern» elf Tage in Madrid. Da sah ich zum ersten Mal in einem Kaufhaus Badezimmereinrichtungen in allen Schattierungen, mit rundem oder eckigem Waschbecken. Das war schon verrückt. Ich war da mit unserem Chef, und ich mußte mich abwenden, weil mir die Tränen in den Augen standen. Daß so etwas überhaupt möglich ist! Aber du wußtest ja nicht, ob sich Otto Normalverbraucher das leisten kann. 1983 waren wir dann in Lausanne, auch mit den «Meistersingern». Das war wirklich schön. Wenn du das erste Mal die Alpen siehst oder den Genfer See, und du stehst da, schaust über den See, siehst auf der anderen Seite Frankreich und weißt, daß du da nie hinkommst, dann ist das schon verlockend.

1984 gingen wir mit «Faust» auf Tournee durch Westdeutschland. Meine Entscheidung hierzubleiben hat mich sehr intensiv beschäftigt, damals bekam ich meine ersten grauen Haare. Es war eine ganz schwierige Entscheidung, hinter eine Wand zu gehen, abgeschnitten von allen Freunden und Bekannten. Ich war vierunddreißig Jahre alt, stand vor meinem Berufsabschluß, hätte vielleicht noch zwei Jahre getanzt, dann mein Pädagogenstudium in Leipzig gemacht und wäre danach fest an die Schule gegangen. Der Weg war abgesteckt. Die Rente hätte ich natürlich auch bekommen. Aber ich habe ja nie getanzt, um Geld anzuhäufen. Letztendlich bin ich dann wegen einer Frau im Westen geblieben. Bevor ich mich absetzte, lieferte ich erst noch alle meine Vorstellungen ab. Ich hatte nur noch das, was ich am Leibe trug.

Wir hatten ja immer vom «goldenen Westen» geredet, und es hat lange gedauert, bis ich merkte, daß hier auch nur mit Wassser gekocht wird. Außerdem muß der Zuschauer im Westen nicht mehr denken, das finde ich traurig: Im Osten mußte ein Mann einer Frau nicht an die Brust fassen, damit man kapierte, was los ist. Vierzehn Tage nach meinem Weggehen, bei meinem zweiten Vortanzen, bekam ich einen Gruppenvertrag am Nationaltheater Mannheim. Ich hatte einen sehr guten Einstieg und konnte nach ein paar Jahren sogar für einen erkrankten Solisten einspringen. Das war eine Anerkennung, da war ich ja schon siebenunddreißig Jahre alt. Danach boten sie mir einen Solistenvertrag an, aber ich sagte: Das brauche ich nicht, gebt mir Solos zu tanzen, das reicht mir! Natürlich würde ich das heute anders machen. Wenn du sagen kannst: Ich war Solotänzer!, wirst du gleich ganz anders angeschaut. Ich blieb vier Jahre in Mannheim. Je älter ich wurde und je weniger fit ich mich fühlte, desto mehr Bammel hatte ich vor dem Publikum. Das Bein geht nicht mehr so hoch, und du hast öfter mal eine Zerrung hinten im Oberschenkel. Ich glaube nicht, daß das Publikum das merkt, aber du machst dir Gedanken darüber, es verunsichert dich. Solange ich als Tänzer souverän war und mein Handwerk beherrschte, war das nie ein Problem. Ich glaube aber, daß die Präsenz und das Gestalten auf der Bühne stärker werden, je älter man wird. Gott sei Dank gibt es jetzt diese Kompanie für erfahrenere, ältere Tänzer in Amsterdam, und das ist nicht ohne Grund so.

Irgendwann stellte ich mir natürlich die Frage: Du mußt aufhören, was machst du? Man beschäftigt sich eigentlich viel zu spät damit. Aber das ist auch ein Problem: Sich kümmern heißt Zeit investieren, die dann für den Beruf verloren geht. Und Tänzer kann man nur ganz oder gar nicht sein. Zufällig erfuhr ich dann, daß man in Darmstadt einen Trainer suchte. Ich packte die Chance, etwas Neues zu machen, am Schopf und wurde auch genommen.

Ich möchte, daß der Tänzer von meinem Training profitiert, nicht, daß er zufrieden ist – ein Ballettmeister muß nicht bequem sein. Es war immer mein Bestreben, den Tänzern zu helfen; ich muß für sie dasein. Der Tänzer denkt gar nicht so. Der denkt, der

Ballettmeister will sich verwirklichen. Das stimmt in meinem Fall nicht. Ich mußte Training geben, Proben leiten und Choreographien putzen. Tänzer sind ja leicht geneigt, sich zu überschätzen. Aber man muß jeden Tag trainieren, damit man wirklich das Gefühl für den Körper bekommt. Erst wenn die Bewegungen automatisch kommen, kann die Emotion einsetzen, und man kann anfangen zu tanzen. Es machte mir Spaß, wenn ich mit den Tänzern eine Choreographie einstudierte und sie Niveau, einen gemeinsamen Atem bekam – jeder empfindet Musik ja etwas anders. Wenn Vorstellung war, machte ich Abendregie, das heißt, ich mußte schauen, daß jeder da ist, die richtigen Kostüme angezogen werden, einfach Sorge tragen, daß die Vorstellung läuft, notfalls dann auch in der Lage sein, kurzfristig eine Umstudierung vorzunehmen.

Als Ballettmeister habe ich viele Dinge anders empfunden: Als Tänzer hätte ich nie verstanden, daß man berühmte Balletteinlagen, wie die Polka in der «Verkauften Braut», nicht vom Ballett, sondern von der Statisterie machen läßt. Das ist zwar ein immenser Arbeits- und Kraftaufwand, aber plötzlich tanzt das Bauernvolk, und das ist super. In «Aida», gut, da ist die Balletteinlage als solche konzipiert, da kann es auch so aussehen, aber wenn die «Verkaufte Braut» vom Ballett gemacht wird, wird es zu ballettig.

Die Qualitäten eines Tänzers sind schwer meßbar. Jeder Choreograph sieht etwas anderes in dir. Deswegen sagen Tänzer immer: Ich mache, ich mache! Weil sie Angst haben. Der eine kann drei Pirouetten drehen, der andere fünf; wichtig ist die Persönlichkeit, die Summe des Ganzen. Deswegen kann man den Tänzer nicht berechnen, und deswegen bekommt der eine einen Job und der andere nicht: Was, den nehmen die? Der ist doch viel schlechter, der bekommt doch das Bein gar nicht so hoch! Wenn man dann auf der anderen Seite steht, Ballettmeister ist, versteht man das voll und ganz. Die Pirouette ist zwar ein wichtiges Fundament, aber Tanzen ist in erster Linie Emotion, und wenn du Gefühle rüberbringen kannst, interessiert es keinen Menschen, was du für Füße hast und ob das Bein oben oder unten ist. Wenn du kein Vertrauen zum Ballettmeister oder Choreographen hast, dann kannst du es vergessen. Der vorne sieht wirklich mit anderen Augen: Er sieht deine Figur, die Ästhetik deines Körpers im Raum, in der Inszenierung und mit deinem Partner.

Nach der Öffnung der Grenze kamen einige Tänzer aus dem Ostblock und tanzten hier vor. Sie haben mir zu achtzig Prozent nicht gefallen. Sie sind sehr einseitig und haben eine hohe Perfektion in dem, was sie jahrelang gelernt haben. Sobald sie aber mit anderen Stilen konfrontiert werden, fällt alles auseinander. Nach dem Training machen sie ihre Tricks und sind super. Aber die Tricks sind ja nicht entscheidend, sondern daß der Choreograph sagen kann: Mach das und das!, und der Tänzer kann es. Die Tänzer im Westen sind viel flexibler, das sieht man ganz deutlich. Insofern würde ich auch sagen, daß meine Ausbildung nicht umfassend genug war.

Natürlich ist im Ballett eine gewisse Konsequenz notwendig, und das empfinden manche als Drill. Die Tänzer in Darmstadt meinten, daß ich sehr hart bin. Aber das ist für mich die Grundlage bei einem Ballettensemble, sonst kann man keine Perfektion erreichen. Wie will man sonst beispielsweise vierundzwanzig Schwäne gleichbekommen? Wenn eine Tänzerin in Spitzenschuhen Blasen hat, interessiert mich das nicht, da muß sie durch. Wenn jemand nicht einsetzbar ist, geht das auf Kosten anderer, die die Arbeit mitmachen müssen, doppelt belastet sind, und das führt zwangsläufig zu Schäden. Ich finde Drill auch nicht gut. Man muß versuchen, Begeisterung zu wecken. Das ist auch das Problem des Choreographen: eine Truppe zusammenzusuchen, die gerne mit ihm arbeitet. Mag die Choreographie gut oder schlecht sein, wenn die Tänzer es gern machen, dann kommt es von innen, und das Publikum freut sich. Und das ist das Wichtigste.

Wenn die Tänzer Erfolg hatten, hat es mich immer sehr für sie gefreut, gleichzeitig aber auch traurig gemacht, daß ich Außenstehender war. Nach Premieren habe ich mich immer so gefühlt, als ob es mich nichts angeht, als ob ich nichts getan hätte. Als Tänzer stehst du auf der Bühne, hast einen Erfolg, auch wenn es nur der Applaus ist, aber als Trainer dankt dir niemand. Ich hatte dann doch noch einmal die Chance, als Tänzer an einem großen Haus zu gastieren, in «Coppelia» am Opernhaus Zürich. Da waren viele krank und niemand, der einspringen konnte, und so fragten sie mich. Das war noch einmal ein ganz tolles Erlebnis, als Tänzer mit so einem Ensemble, auf so einer Bühne und vor so einem Publikum zu stehen. Ich machte neun Vorstellungen. Man sagt oft, der

Applaus ist das Brot des Künstlers. Wenn du dann wirklich das letzte Mal auf der Bühne stehst und die Leute toben, dann geht dir das schon tief rein, auch wenn du nur einer unter vielen bist. Und was bleibt davon? Nichts.

Mein Vertrag in Darmstadt wurde nach drei Jahren nicht verlängert. Es gab einen Intendantenwechsel, und die Ballettleitung sowie das gesamte Ensemble wurden gekündigt – Kahlschlag. Die Zeit danach war ein harter Kampf; es war das erste Mal, daß ich lange auf der Suche war und keinen Erfolg mit meinen Bewerbungen hatte. Dann bin ich als Ballettmeister an die Vereinigten Bühnen Krefeld/Mönchengladbach engagiert worden. Es war schön, mit dem Ensemble zu arbeiten, es war Klassen besser als in Darmstadt, und ich konnte mit Gästen arbeiten, die wirklich Solisten an einem großen Haus waren und mir Anerkennung entgegenbrachten. Das war schon toll.

Irgendwann sagt man sich: Das kann es im Leben nicht sein, nur den Ballettsaal kennen, keine Freunde haben! Ich will noch ein bißchen mehr! Nach einem Jahr entschloß ich mich zum Entsetzen meines Intendanten, meinen Job aufzugeben. Die Ballettdirektorin von Krefeld/Mönchengladbach wechselte damals nach Magdeburg, aber ich wollte nicht mit; das Ensemble dort war viel schlechter, außerdem überaltert, das Theater war im Umbau, es gab keine richtige Spielstätte und außerdem: Osten! Der Intendant von Krefeld/Mönchengladbach wollte, daß ich als kommissarischer Leiter bleibe, damit er in Ruhe entscheiden kann, wen er als Nachfolger für die Choreographin nimmt. Natürlich wäre das toll gewesen, aber es hätte noch mehr Arbeit, noch weniger Freizeit, noch weniger Privatleben bedeutet. Außerdem wollte ich nicht mehr drei Jahre hier, zwei Jahre dort arbeiten, und wenn ein neuer Intendant kommt, denken müssen: Fliege ich raus oder fliege ich nicht raus? Irgendwann braucht man seine Ruhe. Ich wollte an einem Platz leben und arbeiten, vielleicht auch Familie haben, wenn es sich so ergibt. Ich kam zurück nach Mannheim, weil ich mich hier wohlgefühlt hatte. Beruflich hatte ich keine Perspektiven; ich bewarb mich am Theater und an der Hochschule. Dann überlegte ich mir, ob ich eine eigene Ballettschule aufmache. Es ist ja auch eine Kunst, den vielen Kindern und ballettwütigen Frauen und Männern etwas beizubringen. Die wollen ein bißchen Ballett machen und erwarten, daß das alles so schön leicht geht, wie sie es im Theater oder im Fernsehen sehen. Sie zu begeistern ist ein kleines Bausteinchen für die Kunst, denn wenn sie zufrieden sind, gehen sie natürlich auch gern ins Theater. Aber man muß dazu stehen, und das ist im Moment mein Problem. Ich hätte gerne einen Job an der Komischen Oper oder in Stuttgart. Ich würde gerne in dem Gebiet weiterarbeiten, in dem ich groß geworden bin und zu dem ich stehe.

Ich habe von Geburt an eine schiefe Wirbelsäule. Als ich einundzwanzig Jahre alt war, sagte ein Arzt zu mir: Hör auf zu tanzen! Ich sagte nein und lebte damit. Tänzer haben immer Schmerzen, weil sie an die Grenzen ihrer Möglichkeiten gehen müssen, um eine Entwicklung zu machen. Dabei verschleißt der Körper zwangsläufig. Heute habe ich unheimliche Probleme mit dem Rücken, den Knien und den Schultern. Ich habe überall Zipperlein, seit ich aufgehört habe. Welcher Tänzer macht zum Beispiel bei einer Erkältung krank? Du machst immer weiter, aber irgendwann kommt es eben raus. Ein Tänzer, der kein Masochist ist, der ist kein Tänzer.

Natürlich war der Tanz, das Ballett, das Theater meine Passion. Und dann bleibt so wenig übrig. Ich rede nicht einmal vom Geld, ich meine, es bleiben ein paar Bilder übrig, ein paar ausgefärbte Schuhe, ein Kostüm ... Komisch ist, daß diese Wichtigkeit, die man dem Theater gibt, unheimlich schnell verschwindet, wenn man einmal vom Theater weg ist. Dann fragt man sich oft: Wofür hast du das getan? – Theater ist eine Welt für sich, das merkt man erst, wenn man den Abstand hat, dann sagt man: Mensch, kommt, habt euch nicht so wichtig!

Désirée Nick

Ballett ist eine Kunst, die erhaben ist über alles Irdische. Es gibt nichts Schöneres als Ballett in Vollendung, als eine Tänzerin in der Blüte ihrer Zeit. Der Kampf mit der Technik ist überwunden, und sie kann sich fallenlassen in die Musik, die großen klassischen Choreographien und Charaktere. Das ist für mich dann die Inkarnation von Schönheit, der Inbegriff von Befreiung. Eine junge Tänzerin, bei der alles stimmt, mit Fächer und Tutu in «Don Quixote» – dagegen ist doch jedes Topmodel ein drittklassiges Pferd.

Eines wußte ich: Auf der Bühne sein zu dürfen ist etwas Heiliges. Meine Mutter war damals als Schauspielerin sehr gut im Geschäft und nahm mich manchmal mit zu Proben. Da mußte ich ganz artig sein und durfte bloß keinen Fehler machen. Alle, die da auf der Bühne standen, waren Heilige, auch meine Mutter.

Ich wollte schon lange ins Ballett, aber meine Mutter verbot es: Bloß nicht zum Theater, und schon gar nicht Tänzerin! Ballett, um Gottes Willen, das ist doch der grausamste Beruf der Welt! Meine Oma dagegen hat immer vom Ballett geschwärmt und mir zu Hause vorgetanzt. Mit sieben Jahren brachte sie mich in diesen Ballettunterricht am Olivaer Platz mit den ganzen Kindern, die sich mit dem Daumen im Mund in die Hose pinkelten. Ganz schrecklich. Da wurden Siebenjährige im rosa Tutu gleich auf Spitzenschuhen in die Klasse gedonnert. Ich habe schon als kleines Kind gemerkt, daß das falsch ist. Die Lehrerin meinte: Wenn ich den Kindern die Spitzenschuhe wegnehme, kommen die nicht mehr! Sie legte immer Platten auf und sagte: Improvisiert! Das war der ganze Unterricht. Auf der Weihnachtsfeier tanzte ich zu der Schallplatte von «Dr. Schiwago» den Sterbenden Schwan. Danach kam meine Mutter in die Garderobe geschossen, riß mich am Arm und sagte: Hier gehen wir sofort weg, aus dieser gräßlichen Ballettschule! Zieh dich um! Das ist doch entsetzlich, ich habe mich so für dich geschämt! Ich war neun, und Ballett war damit vorläufig beendet.

Als ich zwölf Jahre alt war, sah ich an Weihnachten den «Nußknacker» mit Marcia Haydée im Fernsehen. Ich hörte diese Musik und heulte, heulte, heulte. Ich dachte: Das ist das Leben, das ist die Kunst, das ist das einzige auf diesem Erdball, das überhaupt Wert besitzt! Dann habe ich so lange gedrängelt, bis wir in die Oper gingen, um ein Ballett anzusehen: «Giselle» mit Eva Evdokimova. Von da an – zehn Jahre Ballett.

Ich kam auf die Berliner Tanzakademie. Eigentlich war es mit zwölf Jahren spät für Ballett, aber ich lernte schnell. Nach einem Jahr mußte ich schon immer alles vormachen, und im dritten Jahr sah es dann auch wie Ballett aus. Ich war so besessen, daß ich jeden Tag sechs Stunden trainierte. Ich bin nach der Schule immer in die Tanzakademie gegangen und machte alle Klassen, weil ich dachte, daß ich die ganzen Jahre nachholen muß. Meine Hüften waren einwärts, ich hatte schlechte Füße, ungestreckte Knie, aber tänzerisches Gefühl. Außerdem war ich sehr dehnbar; ich wußte, je mehr ich trainiere, desto besser werde ich. Und das war das einzige, was ich wollte. Meine Mutter konnte nichts mehr dagegen machen.

Schon als Dreizehnjährige habe ich viel im Ballett geweint. Ich weinte nach jeder Ballettstunde, daß ich es nicht so konnte, wie ich es mir vorstellte. Und dann die Schmerzen in den Spitzenschuhen! Bei einer richtigen Tänzerin tun die Spitzenschuhe nicht weh, sondern sind wie Hausschuhe. Und bei mir war das halt nicht so. Erst hat es gescheuert und wehgetan, dann hat es geblutet und geeitert. Im Spitzenschuh war zwar vorne etwas drin, aber das half gar nichts, es tat nur sauweh. Aber hätte ich gesagt: Heute mache ich keine Spitze, ich habe eine Blase!, dann wäre ich ja auf der Stelle getreten. Ich hielt trotz Blasen immer durch, denn ich wollte Fortschritte machen. Irgendwann versteht man dann, daß man Schmerzen in etwas anderes umwandeln kann, in den Ausdruck, in den Tanz eben. Daß manchmal, wenn man ein Piqué arabesque macht und es richtig weh tut, die Arabesque komischerweise gerade toll wird. Man muß lernen, vom Schmerz wegzudenken. Und irgendwann tun die Füße auch wirklich nicht mehr weh. Spitze war meine Stärke: Ich hatte Kraft, konnte mehr als die anderen, und das motivierte mich natürlich.

Mit fünfzehn hatte ich ein gewisses Niveau und kam in die Elevenklasse der Deutschen Oper Berlin. Oft mußten wir in Opern-Massenszenen irgendwelches Getier darstellen: «Pilze und Fliegen» oder «Pilze und Blumen des Waldes». Eines Tages war am Brett in der Oper ein Aushang: Inszenierung von Coppelia: Coppelia – Désirée Nick. Das war für mich mit sechzehn, als ich sowieso total ballettverklemmt war und in einer ganz eigenen Welt lebte, so, als ob heute einer anrufen würde: We just would like to tell you you've won the Oscar! Ich habe also trainiert und meine Mutter und die ganze Familie verrückt gemacht und in der Schule erzählt: Ich tanze die Coppelia! – Nun, es gibt doch solche Rollen, die zwar auf der Bühne erscheinen und für die Handlung wichtig sind, aber eigentlich gar nichts zu tun haben. Coppelia ist eine Puppe, die in einem Haus sitzt, und Swanilda ist diejenige, die tanzt. Und ich dachte, ich tanze da zwei Stunden. Na, ich fand das vielleicht blamabel, als ich dahinter kam. Und dann meine Mutter ja nun wieder. Nach der Premiere sagte sie: Soll ich nun sagen, du hast schön getanzt, oder was?

Damals war ich sehr, sehr dünn. Wenn man in dieser Phase ist, begnadet – also nicht nur süchtig, sondern eine Süchtige mit Berechtigung und wirklichen Perspektiven – dann ist man einfach dünn. Nach einer herrlichen Klasse, vier bis fünf Stunden Training, ein paar guten Pirouetten, Beine wieder etwas höher, Placement ganz o. k., bin ich wie auf Wolken nach Hause gelaufen. Zu Hause habe ich alles Essen nur weggeschoben. Ich war ein Gerüst mit Muskeln. Die Stimmung hing nur vom Training ab, und wenn ich mal Freitag oder Sonnabend eine schlechte Klasse hatte, war mir das Wochenende versaut.

Eines Tages saß dann der Chef der Deutschen Oper unten in der Tanzakademie in seinem Büro und sagte zu mir: Wie alt bist du? Siebzehn! Tja, da muß man anfangen, die Karriere zu überdenken. Weißt du, ich dachte daran, dir einen Elevenvertrag zu geben! Er sagte, er würde mit der Trainingsleiterin der Oper sprechen und ihr sagen, daß ich einspringen soll, wenn jemand ausfällt. Die Trainingsleiterin war für mich eine richtige Ballethexe, die Generationen von Tänzern das Leben schwer gemacht hat. Sie war Herrin über das Schicksal von Hunderten von Tänzern. Ich glaube, die war dreißig Jahre an der Oper, und ich hatte den Eindruck, die wollte nur zugrunde richten, fertigmachen und demütigen. Ich trainierte dann auf jeden Fall noch besessener, ließ die Schule ausfallen und trainierte auch vormittags. Die Schule habe ich dann mit der zehnten Klasse beendet.

Dann kam « Symphonie in C » von Georges Bizet. Jemand wurde krank, und ich durfte mitmachen. Das war mein erster Auftritt auf Spitze, richtig im Tutu und so auf toll! Na ja, das machte ich dann auch sehr schön, und alle gratulierten mir.

In diesem Sommer sagte Evdokimova zu meiner Mutter, ich solle in den Ferien zu ihrer Lehrerin Maria Fay nach London gehen. Ich ging hin und kam nach den Ferien nicht mehr wieder. Ich ließ mich von der Oper beurlauben, um ein Jahr dort zu trainieren. Mit siebzehn hatte ich eine gute Gruppentänzerinnen-Technik, und als ich nach diesem Jahr zurück an die Oper kam, war ich eigentlich eine Ballerina. Das war die Blüte. Ich hatte eine Technik, die ich mir heute gar nicht mehr vorstellen kann. Es gab nichts, was ich nicht konnte. Na ja, ich hatte immer Schwierigkeiten mit zweiunddreißig Fouettés, aber ich glaube, das war psychisch. Maria Fay ist ein pädagogisches Genie, eine Offenbarung. Als die in den Ballettsaal kam, sah ich, was eine Ballerina ist. Ich kam zurück und war viel zu gut für den Elevenvertrag. Zuerst wurde ich auch sehr gut eingesetzt, merkte aber schnell, daß auf das Zuckerbrot immer die Peitsche folgte. So hieß es zum Beispiel: Dafür, daß du eine Solo-Wili tanzen darfst, kannst du ja in der « Entführung aus dem Serail » die Negersklavin spielen! Das bedeutete: halbnackt, glatzköpfig, von Kopf bis Fuß mit schwarzer Ölfarbe eingeschmiert, an Händen und Füßen gefesselt, in einen Teppich eingerollt, auf die Bühne geworfen zu werden. Wie den Tieren zum Fraß. Das war eine ganz große Demütigung. Gelitten ist gar kein Ausdruck. Das war ein Opfergang, wenn diese Oper angesagt war. Eine Station auf meinem Kreuzweg an der Deutschen Oper Berlin.

An der Deutschen Oper mußte man ewig auf einen Solistenvertrag warten: Kindchen, ich würde dir sofort einen Solovertrag geben, aber wir haben keinen mehr frei. Ich kann doch deinetwegen keinen Solisten entlassen. Wenn ein Solist kündigen würde, du bekämest den Vertrag! Das hörten fünf Leute gleichzeitig, und die sind alle Gruppentänzer geblieben.

Das Drama begann, als ich zu groß wurde. Der Direktor sagte: Du wächst ja jetzt sehr, das hätten wir nicht von dir gedacht. Wir können dich doch nicht mehr in die Reihe stellen, wie sieht das denn aus in «Schwanensee»? Welchen Jungen soll ich neben dich stellen? Ich wußte, es kommt etwas ganz Grausames auf mich zu. Nachts wachte ich schweißgebadet auf, weil ich geträumt hatte, daß ich zwei Meter groß bin. Dann stand ich auf und stellte mich in meinem Zimmer an die Wand, um mich zu messen. Ich hatte eine Meßlatte, jeden Morgen habe ich mich gemessen, wie andere sich wiegen. Da war ich zwanzig Jahre alt. Ich war machtlos. In dieser Balletthysterie konnte ich mir damals nichts anderes als Tanzen für mich vorstellen. Wenn man mir gesagt hätte, daß ich einmal Schauspielerin werden würde, ist das, als ob man mir heute sagen würde, daß ich einmal Eishockeyspieler werde. Es gab nur den Tanz!

Auf einmal war ich auf Besetzungsplänen nicht mehr aufgeführt. Da wußte ich, daß das für mich vorbei ist. Der Direktor sagte: Désirée, wie groß bist du? Ein Meter fünfundsiebzig? Tja, wir suchen Tänzerinnen bis ein Meter siebzig! – Er wußte außerdem, daß ich mit einem sehr attraktiven Tänzer aus der Kompanie zusammen war. Da hieß es: Sieh mal, du hast doch ein glückliches Privatleben. Weißt du, irgendwann müssen diese ganzen Ensemblemitglieder ja aufhören zu tanzen. Das kommt bei manch einer zehn Jahre später, bei manch einer zehn Jahre früher! Dann trug er meiner Mutter auf, mir zu sagen, ich solle mit Ballett aufhören, es hätte keinen Zweck. Und dann hat er mir gekündigt. Man wird lieblos behandelt. Ich glaube, diese Ballettchefs an großen Häusern lieben das Spiel mit der Macht. Ich hatte nie das Gefühl, daß sie ihre Tänzer lieben, nie!

Als mein damaliger Freund nach München engagiert wurde, wußte der dortige Ballettdirektor, daß wir zusammen sind und sagte: Ich nehme euch beide, obwohl Désirée ja eigentlich zu groß ist für meine Kompanie! In München bekam ich dann einen Gruppenvertrag mit Soloverpflichtung. Ich blieb zwei Jahre und tanzte dort unter anderem die Myrtha in «Giselle».

Ich habe immer für mich getanzt. Es gab mir Befriedigung, Freude und Gefühl. Und wenn sich die Leute daran mitergötzten, dann fand ich, das gehört halt dazu. Ich denke doch beim Tanzen nicht ans Publikum. Applaus ist gar nichts. Zumindest im Ballett nicht. Die meisten Leute sagen doch: Ach, guck mal, die hat aber eine schöne Perücke auf, komisch, daß die nicht runterfällt, wenn die sich so dreht! Wofür klatschen die denn? Für die schönen bunten Kostüme! Was wissen die denn von meinen Füßen und Arabesken? Wenn es das wirklich aufwiegen sollte, müßten sie ja für jede kleine Gruppentänzerin Blumenkörbe hochwerfen. Ich fand das immer lächerlich, zu sagen: Der größte Lohn des Künstlers ist der Applaus. Nee, mein größter Lohn ist das Geld. Ja, wenn man ein umfeierter Star ist ... aber wer kommt denn so weit?

Als dem Münchner Ballettdirektor gekündigt wurde, sagte man mir, daß mich der Nachfolger nicht übernehmen würde. Das letzte halbe Jahr dieses Engagements habe ich schon nicht mehr getanzt. Die Rollen, die es für mich gab – große Schwäne, Myrtha, ein paar moderne Ballette – habe ich gemacht. Aber ich wußte, das Klassische ist eine Sackgasse für mich, ich bin zu groß. Und der Witz, die Ironie des Schicksals ist, daß die Tänzer, die für mich als Partner in Frage gekommen wären, also ab ein Meter neunzig, so schlecht und unbegabt waren, daß sie niemals als Solisten hätten auftreten dürfen. Es reicht ja nicht, daß dich jemand partnern kann, er muß auch selbst solistische Qualitäten haben.

Noch während des Engagements in München entschied ich mich, bei Hans van Manen in Amsterdam vorzutanzen. Ich wußte, der kennt mich nicht, da gibt es keine falschen Sympathien, er ist ein ganz toller Ballettmensch und wird sehen, was da ist. Er sagte: Sie sind eine wunderbare Tänzerin, ich würde sie sofort als erste Solistin engagieren, aber sie sind zu groß! Das war für mich das Wort Gottes. Ich wußte, der lügt nicht. Was ich da gehört hatte, würde ich bis in alle Ewigkeit hören. Und es stimmte ja auch, die an der Deutschen Oper haben sich das ja auch nicht aus den Fingern gesogen.

Ich konnte nicht mehr. Ich konnte auch nicht mehr dagegen ankämpfen. Hätte ich weltweit vortanzen und mir das noch hunderttausendmal sagen lassen sollen? Ich wurde ziemlich schnell depressiv, fing an zu fressen und nahm zwanzig Kilo zu. Ich war dann sehr lange krankgeschrieben. In einem Sanatorium für Eßgestörte machten sie eine Schlafkur mit mir. Ein Professor sagte: Na hören Sie mal, Sie haben doch eine phantastische Figur! Sie müssen eine Psychotherapie machen, bei uns können Sie nicht behandelt werden! Was sollte er auch anderes sagen? Für deren Maßstäbe hatte ich ja gar kein Problem. Da waren Zweiunddreißig-Kilo-Frauen und Hundert-Kilo-Frauen, für die war ich kein Krankheitsfall. Dann lernte ich einen Arzt kennen, der mich auf seiner Diabetes-Station einquartierte, damit ich eine Nulldiät machen konnte. Wenn man sich das vorstellt! Gerade vor einem halben Jahr mit Ballett aufgehört und dann mit fünfundsechzigjährigen Diabeteskranken in einem Wasserbecken herumwaten. Das deprimierte mich noch mehr.

Daß es auch in der Kunst keine Gerechtigkeit gibt, hat mich lange Zeit verbittert. Ich kenne viele, die in der Gruppe versandet sind und eigentlich Erste Solisten-Qualitäten hatten. Und ich kenne ganz Unbegabte, die trotzdem erfolgreich waren. Die Rollen, für die ich technisch und physisch prädestiniert gewesen wäre, habe ich nicht getanzt. Ich erkannte nicht, daß das ja eine absolute Minderheit von Tänzerinnen ist, denen es jemals gelingt, die großen klassischen Rollen zu tanzen. Wer heute an einem großen Haus «Giselle» oder «Schwanensee» tanzt, ist ja schon eine Königin in der Tanzwelt, auch ohne bekannt oder berühmt zu sein.

Ich bin zu dem Schluß gekommen, daß es Dinge gibt, mit denen man nie fertig wird. Und ich glaube auch nicht, daß man das muß. Es war so ungeheuerlich, daß sich eine Lebensplanung bei einem Menschen, der am Anfang steht, schon erledigt hat. Das ist so, wie bei lebendigem Leibe begraben zu werden, gerade wenn man anfängt aufzublühen. Trotzdem würde ich es noch einmal machen. Hätte man mich damals gebremst, wäre ich bis an mein Lebensende todunglücklich. Ich würde hier sitzen mit der hundertfünfzigprozentigen Überzeugung, daß ich eine große Ballerina geworden wäre. So weiß ich, warum ich es nicht geworden bin.

Einem anderen raten, Tänzer zu werden, kann man nicht. Ich würde jedem abraten, und Sinn hat es sowieso nur bei denen, die sich durch gar nichts bremsen lassen. Selbst dann, wenn nach Bolschoi-Maßstäben alle Voraussetzungen erfüllt sind, kann man diesen Beruf nicht empfehlen. Das wäre unverantwortlich. Nur wenn jemand so angefixt ist, daß er da nicht mehr runterkommt – wirklich wie bei einem Fixer – ja, dann ist es o. k., dann soll er es machen.

Es gibt zu viele Dinge, die man auch mit Intelligenz und Berechnung nicht einkalkulieren kann. Wer hätte zum Beispiel gedacht, daß ich zu groß werde?

Nach diesem ganzen Drama ging ich erstmal arbeiten. Über meinen Freund hatte ich einen Antiquitätenhändler kennengelernt, der mir einen Job anbot. Das wäre auch ein Beruf für mich gewesen. Ich flog nach London, weil es da wichtige Auktionen gab – also, da bin ich gleich voll eingestiegen.

Dann wurde ein Freund von mir an den Lido in Paris engagiert. Als ich ihn dort besuchte, fühlte ich mich schon von Kopf bis Fuß als Interior Designer. Während ich nach der Vorstellung auf ihn wartete, sprach mich auf einmal ein Mann an, Monsieur Rambert! Er fragte: Would you like to audition here? Ich sagte: No thanks, god no, never again! Er erzählte mir, daß sich zwei Tänzerinnen den Fuß gebrochen haben und daß sie dringend jemanden brauchen. Ich sagte, daß ich klassische Tänzerin war und noch nie Show gemacht habe. Er sagte: Na, komm doch morgen einfach vorbei und trainiere mal mit! Das machte ich, und er bot mir sofort einen Vertrag an.

Es war eine witzige Situation. Auf der einen Seite war ich schon so raus aus dieser Tanzwelt und hatte ja auch etwas Neues kennengelernt, und auf der anderen Seite bekam ich das Angebot, in die Show- und Revuewelt einzusteigen. Ich erbat mir Bedenkzeit und nahm den Vertrag dann an. Ich dachte: Na ja, wenn ich älter bin, kann ich das nicht mehr machen, jetzt ist es eine Chance, und ich kann etwas daraus lernen. Außerdem: Paris, toll! So bin ich erst einmal für fast zwei Jahre an den Lido gegangen. Da war ich Mitte zwanzig.

Ich mußte drei Wochen für die Show proben. Es war ätzend, weil ich diese Choreographien ja gar nicht gewohnt war. Die hohen Schuhe waren kein Problem für mich, obwohl viele ja klagen, daß sie sich den Rücken dadurch kaputtmachen. Das Schlimmste war, alles vergessen zu müssen, was Ballett eigentlich sein soll. Immer sagten sie zu mir: No «Swan Lake»! Es gab ein Captain-Girl, das die Show mit mir einstudierte. Hauptthema bei Korrekturen war mein Ballettstil.

Am Anfang war es toll. Obwohl es auch totaler Streß und Horror war. Man kann den Lido eigentlich nie genießen. Du stehst auf der Bühne und denkst: O Gott, hoffentlich klappt der nächste Umzug! Das ist deine einzige Sorge. Die Kunst besteht darin, den Umzug mit jedem Handgriff, ohne Verzögerung, penibelst und schnellstens zu schaffen und zu deinem Auftritt wieder perfekt draußen zu sein. Dafür gab es ungefähr zwanzig Ankleiderinnen. Ich hatte so eine Angst. Ich dachte: Wenn auf der Bühne etwas schiefgeht – es ist so egal! Die Umzüge, daß das nur klappt! Auf der Bühne atmete ich auf. Nach einem Jahr ließ das endlich nach.

Wir hatten zwei Shows pro Nacht, eine gegen 22.30 Uhr und eine gegen 1.30 Uhr. Danach bist du natürlich aufgekratzt, und bis du ins Bett gehst, ist es fünf oder sechs Uhr morgens. Dann: schlafen bis zwei, frühstücken und Haare waschen bis drei, um vier in den Waschsalon, in die Sauna, zum Arzt oder Massagetermin gehen und am frühen Abend sich schon wieder auf den Lido einstellen. Wenn es im Winter um vier Uhr dunkel wird, hast du es zwei Stunden hell am Tag. Ein- bis zweimal im Monat gab es nachmittags eine Probe, bei der nachkorrigiert wurde. Um neun Uhr spätestens wieder im Theater, wegen der Maske und der Perücken. Zwischen den Shows zogen wir uns sofort wieder um, schminkten uns neu, wechselten die Perücken, wuselten in der Garderobe herum, schauten, ob an den Kostümen irgend etwas repariert werden mußte, ordneten die Sachen wieder und gingen dann vielleicht noch kurz in die Kantine.

Dieser umgekehrte Lebensrhythmus: nachts um zwölf auf dem Höhepunkt deiner Leistungsfähigkeit sein zu müssen, und tagsüber, wenn du eigentlich gerne was unternommen hättest, da hängst du nur rum! Manchmal gingen wir morgens um sechs noch in irgendwelche Diskotheken und frühstückten danach in irgendeinem Bistro. Aber was lernt man denn da kennen? Nur Verrückte! Wenn man das vier Wochen macht, ist es wunderbar, aber nach einem halben Jahr kotzt dich das so an. Heute lebe ich relativ zurückgezogen. Ich gehe nicht aus, mache keine Nächte durch, hänge weder in Diskotheken, Kneipen oder Nachtbars herum. Warum? Weil ich es alles hatte, vom Feinsten! Es hat sich für mich erschöpft. Was ich nicht hatte und wonach ich mich sehnte, war so eine schöne Wohnung wie hier in Berlin. Deshalb genieße ich das jetzt auch. Vor zwei Tagen habe ich meine gestärkte, gebügelte Bettwäsche geordnet, stand ungefähr fünf Minuten vor dem offenen Schrank und war stolz und zufrieden mit der Tatsache, daß ich das nun erreicht habe – eine ganz gutbürgerliche deutsche Hausfrau.

Im Lido-Vertrag stand: Ein Tag frei pro Woche. Eigentlich war Montag mein Austauschtag. Da hatte ich dann frei, und dafür sprang eine andere ein. Aber das klappte nie! Eine war immer krank. Dann stimmte das mit der Größe nicht mehr oder mit der Formation: Ach, die ist ja so klein, und dann ist das ganze Bild kaputt, kannst du nicht doch heute kommen? Und wehe, wenn ich da nein gesagt hätte.

Die Tänzerinnen, und ich war ja Tänzerin, tragen die kleineren Kostüme. Die Bluebell-Girls tragen die ganz großen Kostüme mit diesen Zehn-Kilo-Aufbauten. Die Federaufbauten sind aus Metall und furchtbar schwer. Damit das überhaupt zu ertragen ist, kommt überall ganz dick Schaumgummi drunter, was man natürlich nicht sieht. Eigentlich ist es wie ein Ranzen, der unter der Brust zugeschnallt wird – natürlich alles mit Straß verziert. Nur die Bluebell-Girls sind oben ohne. Deswegen tanzen die ja auch nicht, damit der Busen nicht wackelt.

Die Behandlung war anständig. Die Bezahlung auch. Nur – in Paris gibst du ja zehnmal soviel Geld aus wie hier. Was sind in Paris 7000 Mark? Außerdem muß man, wenn man da arbeitet, zentral wohnen. Da kann man nicht in einem Vorort wohnen, alleine schon wegen dieser komischen Arbeitszeit. Na, und in dieser Gegend zu wohnen! Für ein ganz schreckliches Ein-Zimmer-Appartement, kaum möbliert, mit Fernseher und ein paar Regalen, zahlte ich inklusive Nebenkosten 3200 Mark. Diese Appartements blieben übrigens immer in Lido-Händen. Der Rest war zum Leben, und man geht ja doch nur Essen. Wer stellt sich denn früh um fünf zu Hause hin und kocht sich was?

Es war am Anfang der Enthusiasmus, an dieser Illusion teilhaben zu können, und es war schon ein unglaublicher Glamour! Es ist die beste Revue der Welt, Maßstab für alles. Dieser Perfektionismus! Wenn man eine Schleife im Haar hatte, dann war die gestärkt und so zurechtgebogen, als wäre man eine große Starsolistin in einem Film; und so waren sechzig Schleifen! Jede einzelne, auch wenn sie unbedeutend im Halbdunkel irgendeinen Fisch darstellte, sah aus, als ob sie in einem Videoclip der Star sein müßte. Und wenn an den Schuhen ein Straßstein fehlte, am nächsten Tag war der ersetzt. Da gab es keine Nachlässigkeiten. Jedes Kostüm war perfekt. Make-up machte ich immer selbst, mußte mich aber an einem bestimmten Stil orientieren. Dieser Perfektionismus machte mir ganz großen Spaß.

Dann kam der typische Lido-Trip. Man ist ja wirklich ein leibhaftiges Zirkuspferd! Die Choreographien sind durch diese Kostüme und Aufbauten sehr eingeschränkt. Man kann ja nicht, wenn man zehn Pfund Federn trägt, springen und drehen wie sonst was. Es sind fast nur Schrittchoreographien. Nach einer Weile merkt man, daß man eben nur ein Glied in einer Kette ist, ohne Persönlichkeit. Und das machte mir keinen Spaß mehr. Ich muß mich beteiligen und mich ganz geben. Aber Individualität ist nicht gefragt. Nach ungefähr einem Jahr denkst du, du bist ein dressiertes Manegentier, das zweimal am Abend rausgelassen wird und Männchen macht. Es ist zum Kotzen. Ich kam mir vor wie ein Hamster, der in seinem Laufrad rennt.

Der Lido ist eine Sackgasse, das wird früher oder später allen klar. Es gibt keine Entwicklung, und Karriere macht da auch keine. Und was sind denn die Möglichkeiten danach? Moulin Rouge? Crazy Horse? Von meiner Lebenssituation her war es dasselbe. Solche Sachen sind für jeden nur eine Durchgangsstation. Manche werden Ankleider oder bekommen eine Position im Kostümfundus oder in der Schuhwerkstatt. Na ja.

Status? Das ist ja der Witz, das ist ja die große Lüge, weshalb mir das auch keinen Spaß mehr machte: An Leuten lernst du kennen – die Kellner! Ja, natürlich! Viele Mädchen waren mit Kellnern liiert. Es gibt ja gar keine anderen Chancen. Die Tänzer waren sowieso alle schwul. Und die paar, die nicht, na ja, die waren komischerweise so blöd, von denen wollte ich dann auch nichts wissen. Man kam auch gar nicht raus! Und wenn du mal rauskommst, dann stellst du dich ja nicht an die Straßenecke und flötest laut: I'm a Lido dancer! Im Vertrag steht: Die Kontaktaufnahme zwischen Publikum und den Tänzerinnen und Tänzern des Lido ist ein sofortiger Kündigungsgrund. Das finde ich auch sehr gut, denn sonst wäre das ja wie ein Puff. Aber manchmal bekam man Blumen mit einer Karte dabei, und da konnte man dann anrufen. Das stand dir frei. An der Karte sieht man schon, wes Geistes Kind! Meistens sind das ältere, vornehme Herren, mein Gott, da ist es mal ganz nett, sich glamourös zum Essen ausführen zu lassen. Die wollen in angenehmer Gesellschaft weggehen, sich zeigen. Solche Leute wären sich im übrigen zu fein, sich zu einer Tänzerin zu bekennen, als Revue-Girl hat man eben schon ein bißchen ein Flittchen-Image. Wenn man nur mit den Worten vorgestellt wurde: She is a dancer at the Lido Revue! Na, da haben viele schon so geil-dreckig gelacht, daß du ganz schnell gemerkt hast, was los ist. Dann wurde man auch gleich mit du angeredet: Na, willste 'nen Champagner? Und: Die will doch sicher auch Koks! – Also, die sahen einen gar nicht als Menschen, sondern nur als dieses Aushängeschild. Das lief ein paar Mal so, und dann wußtest du Bescheid. Meinen Kolleginnen ging es auch nicht anders.

Frauen lernte ich kaum kennen, außer Tänzerinnen. Als ich die zum ersten Mal privat traf, ich hatte sie vorher ja nur in der Show gesehen, war das sehr beeindruckend für mich. Da waren viele dabei, die hatten tagsüber, wenn du sie auf der Straße gesehen hast, total den Stil « Pferd ». Sie sind eben sehr groß, haben natürlich tolle Figuren, aber irgendwie haben sie durch diese gerade Haltung und den Ballettgang etwas Provokatives in ihrer Persönlichkeit. Sie sind halt nicht unscheinbar, aber auch nicht unbedingt Schönheiten – wahrlich nicht! Geschminkt, im Kostüm, sahen sie aus wie Göttinnen, und ungeschminkt waren manche wirklich graue Mäuse. Das fand ich faszinierend. Die hatten zwar das Material, aber ohne diese ganze Paste und diesen Aufbau blieb gar nichts übrig: Ja, ist ein gutgewachsenes Mädchen, bißchen dünne, sieht langweilig aus, na ja, was soll's! Augenringe, schlechte Haut durch die viele Schminke, müde und ziemlich ausgemergelt: Das ist das typische Lido-Girl. Einige waren auch ganz schlechte Tänzerinnen. Auf der Bühne merkte man das natürlich nicht. Diese Profis vom Lido wissen, welche Qualitäten eine hat und wie man sie am besten in ihr Gesamtkunstwerk integrieren kann. Und es funktioniert: Auf der Bühne sehen alle unglaublich aus.

Am Lido gibt es keine Konkurrenz. Da sind alle gleich. Jeder ist eine Null. Ohne den Lido hätte ich nie verstanden, wie man so eine äußere Illusion auf der Bühne herstellen kann. Jeder, der das Material hat, keine verbaute Figur und kein schlecht proportioniertes Gesicht, kann auf der Bühne schön sein. Es gibt gewisse Regeln, und die beherrschen sie total. Es ist nicht Kunst, sondern künstlich in höchster Perfektion. Bei wirklicher Kunst muß immer ein menschlicher Spielraum sein, so daß Gefühle rüberkommen können. Diese Gleichmachung, dieses Schablonenhafte ist kunstwidrig. Aber es war auch ein Traum. Einer, der sich anbot, nicht einer, den ich gesucht hatte. Und es war schon toll.

Nach dem Lido zog ich zurück zu meiner Mutter in mein altes Kinderzimmer. Da waren noch die Ballettbilder an der Wand und die Stofftiere auf dem Ikea-Regal. Na, ich danke, nachdem ich in Paris gelebt hatte! Ich war siebenundzwanzig. Auf einmal sagte meine Oma wieder zu mir: Bring mal den Müll runter! Da war ich wieder deprimiert und lag nur krank im Bett. Silvester schrieb ich in mein Tagebuch: Heute, wo ich hier vor dem Nichts stehe, schließe ich mit allem ab, woran ich jemals geglaubt habe. Es gibt zwei Möglichkeiten: Wenn ich zu meinen Gefühlen stehe, springe ich jetzt aus dem Fenster, da ich keine Perspektiven sehe. Dazu bin ich aber zu feige. Also werde ich nichts tun und einfach nur abwarten mit der Haltung, nichts zu bedauern. Ich werde mir einbilden, tot zu sein, und mir mein Leben anschauen, als wäre es ein Film mit dem Titel: Was wäre passiert, wenn sich Désirée Nick nicht umgebracht hätte?

Nichts passierte. Ich suchte mir eine Pflegestelle beim Roten Kreuz und betreute für fünfzehn Mark am Tag eine alte Frau. Im April war ein Zettel an meiner Wohnungstür: Liebe Désirée, ruf mich an. Es geht um ein Theaterprojekt. Liebe Grüße, Deine Uta. Ich hatte dieses Mädchen, ein bildhübsches Model, acht Jahre nicht gesehen. Damals hatte mich mein Freund ein Jahr lang mit ihr betrogen, aber es kam alles raus, und ich hatte mich in einem Anfall übermenschlicher Großherzigkeit sogar noch mit ihr angefreundet und ihr zu einem Job verholfen. Mittlerweile war ihr Bruder Schauspieler geworden und spielte im «Reigen» von Schnitzler. Eine Darstellerin war abgesprungen, Premiere in drei Tagen, und sie konnten niemanden finden, der die Rolle übernehmen wollte. Da bin ich ihr eingefallen. Hätte ich ihr damals nicht geholfen, wäre das wohl nie passiert. Ich ging da hin und sagte: Ich bin zwar keine Schauspielerin, aber ich glaube, daß ich das kann, wenn mir die Rolle liegt! Ich bekam die Rolle.

Danach bin ich nach London und belegte beim Actors Institute einen Sommerkurs. Da wurde mir klar, daß das die Antwort ist. Es machte mir solchen Spaß, daß ich mich dort zur Schauspielerin ausbilden ließ. Von alleine wäre ich nie auf die Idee gekommen. Ich war ja ein gebranntes Kind durch die Horrorgeschichten meiner Mutter.

Das Tänzersein half mir sehr, was Durchhaltevermögen betrifft. Wenn ich etwas anfange – Schauspiel, Gesang – führe ich es mit äußerster Konsequenz zu Ende. Ich habe gelernt, daß man langsam besser wird, wenn man Potential hat und nicht aufgibt; ich lasse mich nicht abhalten. Das Beste, was man vom Leben haben kann, ist eine Arbeit, in der man sein Potential entfalten kann.

Wenn Gott mir diesen Körper und diese Talente gegeben hat, soll ich mich dann vor den anderen Kreaturen verstecken? Warum soll ich mich nicht hinstellen und sagen: Seht, das gab mir Gott!? Wäre ich mit analytischem Denken gesegnet, dann würde ich sagen: Gut, das habe ich bekommen, ich will etwas daraus machen und werde Mathematikprofessorin! Aber ich muß eben Diseusenprogramme machen, weil das meine Sendung ist.

Mit Theater erweitere ich mein Leben; für mich ist das eine Daseinsform. Ich kann nichts anderes. Und wenn ich das schlecht mache, kann ich nur sagen: Es tut mir herzlich leid, etwas anderes würde ich noch schlechter machen! Wenn ich an einer Kasse säße, würde am Ende die Abrechnung nicht stimmen, und wenn ich Köchin wäre, dann würden die Leute das Essen nicht mögen. Ich weiß nicht, ob ich Künstlerin bin – Lebenskünstlerin, das bin ich.

Stefan Lux

Ich bin in Falkensee bei Berlin als Jüngster von vier Geschwistern geboren. Mein Vater ist ganz früh gestorben, da war ich erst drei Jahre alt; ich habe ihn oft vermißt. Erst viel später überlegte ich mir, daß er bestimmt etwas gegen meinen Beruf gehabt hätte, er war wohl ein bißchen spießig. Man durfte während des Mittagessens nicht sprechen. Wenn eines der Kinder fragte: Darf ich mal was sagen?, hieß es: Gehört das zum Essen? Nein? Also bitte! – Aber auf diese Weise hat sich in unserer Familie eine gewisse Disziplin erhalten

Meine Mutter habe ich sehr geliebt, sie war immer ein fröhlicher Mensch. Sie hatte eine musische Ader, kannte sehr viele Lieder und konnte sie auf der Gitarre begleiten; außerdem leitete sie eine Volkstanzgruppe in der Kirchengemeinde. An Festtagen trugen meine Geschwister Texte vor, und wir haben immer viel gesungen. Jeden Sonntag wurde in zwei großen Schüsseln abgewaschen; wir Kinder haben abgetrocknet und dabei gesungen, das war sehr schön. Oft sangen wir mehrstimmig; dabei konnte man ausprobieren, wie man seine eigene Stimme am besten einbringt. Die Fähigkeit, den anderen gelten zu lassen und nicht nur sich selbst zu präsentieren, hat mir sicher auch später beim Tanzen geholfen.

Wir hatten eine «Goebbels-Schnauze», einen Volksempfänger; damals sendete der Osten noch diese furchtbaren Störtöne, damit man keine West-Sendungen empfangen konnte. Immer wenn im Radio Musik kam, habe ich getanzt, meine Hausschuhe waren ganz kaputt davon. Ich bin in Hausschuhen auf der Spitze stehend von der Kohlenkiste heruntergesprungen und wieder auf der Spitze gelandet. Da ahnte ich noch nicht, was ein Plié ist, aber ich muß mich schon sehr gut abgefangen haben, denn ich habe mich nie verletzt.

Ende der vierziger, Anfang der fünfziger Jahre kamen russische Volkstanz-Ensembles nach Berlin und zeigten Kulturprogramme für die Bevölkerung; da habe ich zum ersten Mal diese herrlichen Tiefschritte gesehen. Als ich in die Schule kam, habe ich die dann in den Pausen auf dem Hof so zum besten gegeben, daß der schwarze Schotter in einer Dreckwolke aufwirbelte. Meine Lehrerin in der Unterstufe war wunderbar, sie hat nur mit uns gesungen und gespielt. Einmal mußte jeder nach vorne kommen und ein Lied singen. Ein Mädchen mit einer besonders schönen Stimme sang das «Heideröslein», da hat es mich nicht mehr auf meinem Platz gehalten, ich mußte einfach die zweite Stimme singen. Ich kam dann auch in den Schulchor und wurde schnell Solist; ich hatte einen sehr schönen Sopran. Und ich war wild aufs Lesen, war ständig in Bibliotheken und lieh mir Bücher aus. Es gab auch eine Volkstanzgruppe an der Schule, aber das war mir zu anstrengend; vielleicht war ich auch nur zu faul, um mir zu merken: Jetzt muß ich einen Hopser machen und dann viermal da lang! Ich war sehr fahrig als Kind.

Zuerst war mir nur klar: Ich will ein Darsteller werden, singen, tanzen, Zirkus – egal! Einmal ist meine Mutter mit uns Kindern in die Waldbühne gefahren, um «Die roten Schuhe» zu sehen. Es war Sommer, und der Film fing sehr spät an, weil es ja erst dunkel werden mußte. Ich erinnere mich noch an diese herrlichen Gruselbilder, wenn die Hauptdarstellerin sich fast zu Tode tanzt. Aber ich erinnere mich auch, daß ich irgendwann eingeschlafen bin. Einige Jahre später ging ich dann in den Film «Meister des sowjetischen Balletts». Zum ersten Mal sah ich bewußt klassisches Ballett, bei den «Roten Schuhen» war ich noch zu klein gewesen, und da wurde mir klar, daß ich diese Kunst lernen möchte.

Im Nachbarort gab es eine Tanzschule, und ich habe mir so sehr gewünscht, ins Kinderballett gehen zu dürfen. Aber das konnte sich meine Mutter nicht leisten. Ich habe sie wirklich gequält: Schenke mir nichts zu Weihnachten, bezahle die Ballettschule! – Als ich dann elf Jahre alt war, lag meine Mutter einmal krank zu Hause und hatte eine Zeitung in der Hand. Sie fand eine Notiz über die Kindertanzklasse an der Staatsoper Unter den Linden. Meine

Geschwister waren damals schon aus dem Haus, und sie erlaubte mir, zweimal in der Woche von Finkenkrug nach Berlin in die Staatsoper zu fahren. Der Ballettunterricht machte mir großen Spaß. In der Schule hatte ich keine Probleme deswegen, meine Schulkameraden akzeptierten die Tanzerei sogar als etwas Besonderes. Ich konnte zwar nicht schwimmen und auch nicht weit werfen, aber im Geräteturnen war ich gut, da haben die immer ganz anerkennend gesagt: Und alles mit gestreckten Beinen!

Dann sind wir nach Berlin gezogen, und ich war dort zuerst sehr unglücklich. Wir wohnten auf dem Hinterhof, und von unserem Balkon im dritten Stock konnte man nur ein bißchen Himmel sehen. Vorher war gleich neben der Straße mein Wald und mein Sandberg gewesen, wo man so wunderbar Sandlawinen rollen lassen konnte.

Das Theater der Freundschaft, das heutige carrousel-Theater, suchte damals gerade einen kleinen, frechen Jungen für eine Rolle in einem Kinderstück. Die Staatsoper gab den Theaterleuten meine Adresse, und ich mußte mich dann im Theater melden. Ich spielte alle anderen Kinder an die Wand und bekam die Hauptrolle. Das Stück hieß «Bund der Haifische», und auf einmal war ich in Berlin unter Kindern sehr bekannt. Es kam vor, daß ich irgendwo auf einem S-Bahnhof stand, und es liefen ein paar Kinder um mich herum und riefen den Namen, den ich im Stück hatte. Das war natürlich etwas Erhebendes, so populär zu sein mit dreizehn. Ich verdiente sogar schon ein bißchen Geld und kaufte mir dafür in Westberlin Hosen. Dann wurde das Stück abgesetzt, und ich war wieder ein Kind wie jedes andere. Es ist schwer, einen Schritt zurückzugehen, wenn man schon einmal einen gewissen Status hatte.

1958, mit vierzehn, machte ich die Aufnahmeprüfung an der Staatlichen Ballettschule Berlin; alle vom Kinderballett an der Staatsoper wurden automatisch dort angemeldet, wenn die Eltern einverstanden waren. Ich wollte unbedingt aufgenommen werden, sonst wäre für mich die Welt zusammengebrochen. Bei der Eignungsprüfung gab es Noten für die körperliche Begabung; ich bekam eine Zwei. Da dachte ich: Oh! Ich fand mich doch so toll. Heute weiß ich, daß ich nicht dem körperlichen Ideal entsprach: Spagat konnte ich nur auf einer Seite und Herrenspagat überhaupt nicht. Damals reichte es, wenn man einigermaßen gesund, gerade und flexibel war; heutzutage ist natürlich alles weitaus strenger.

Bei der eigentlichen Aufnahmeprüfung mußten wir ein paar Hüpf- und Wechselschritte nachmachen, eine kleine Polka tanzen und etwas improvisieren. Sie spielten eine Musik, die überhaupt nicht meinem Naturell entsprach, aber ich wußte: Du mußt jetzt tanzen, sonst nehmen sie dich nicht! Zum Glück wechselte der Pianist dann zu etwas Wendigem, Quirligem, da machte ich gleich einen Sprung zur Seite und landete so blöd, daß ich mir den Fuß verknackste. Die Aufnahme an der Staatlichen Ballettschule war ja der erste Schritt ins Berufsleben; und der begann für mich mit einem Knacks!

Ich hatte das Glück, einen Pädagogen zu bekommen, der gerade fünf Jahre in Leningrad studiert hatte. Da habe ich erstmal gemerkt, daß ich von Ballett eigentlich nichts wußte. Leute, die nicht allzu begabt sind, müssen mehr arbeiten, und so ein Typ war ich. Ich war zwar flatterig und nicht besonders strebsam, wenn es um Mathematik ging, aber im Tanz habe ich mir alles abverlangt. Das war meine Welt, und ich arbeitete bis zur Erschöpfung. Dadurch konnte ich manchen überflügeln, der eigentlich bessere Voraussetzungen hatte, der die Beine höher kriegte, breitere Schultern hatte oder besser aussah.

Ich weiß noch, wie mein Lehrer immer sagte: Na, streck doch mal dein Spännchen! Und ich habe geackert und gestreckt, aber er sagte nur: Nun, streck doch mal dein Spännchen! Aus Wut habe ich meinen Fuß dann noch mehr gestreckt. Diese Erfahrung, was noch alles kommen kann, wenn man über sich hinauswächst, diese Lust daran, sich ein bißchen zu vergewaltigen – mag sein, daß das masochistisch ist, aber das ist doch schnuppe! Es bringt dir Selbstbeherrschung und Körperkultur, und das ist ein Gewinn.

An der Ballettschule gab es Gestaltungsunterricht, da hatte ich sehr viel Erfolg mit meinen Darstellungen. Später, als Tänzer, behaupteten manche Kollegen, ich sei nur ein Techniker: Na ja, Klassisch ganz gut, aber zu trocken! Das hat mich gewurmt. Durch meine Akkuratesse habe ich die Technik in den Vordergrund gerückt, in manchen Balletten gibt es eben nicht besonders viel darzustellen. Aber wenn ich etwas zu spielen bekam, dann legte ich richtig los.

Da wir in unserer DDR nicht in die Weite träumen konnten, war mein oberstes Ziel die Staatsoper. 1961 wurde die Mauer gebaut, und viele Tänzer waren auf einmal nicht mehr da. Wir Ballettschüler wurden dann schon in «Schwanensee» eingesetzt, das war natürlich toll. Ich mußte später gar nicht mehr vortanzen und wurde 1963 fest an die Staatsoper engagiert. Zwei Jahre danach ist ein Tänzer in den Westen abgehauen. Ich durfte dann mit seiner Partnerin tanzen und fuhr mit ihr zum Internationalen Ballettwettbewerb in Warna, Bulgarien. In der ersten Runde tanzten wir den Bauern-Pas de deux aus «Giselle» und lagen danach sehr hoch in der Wertung. Das war ein guter Erfolg, denn wir sind gegen Leute wie Makarowa angetreten, die schon Solistin im Kirow-Ballett war. In der zweiten Runde mußte man eine freie Choreographie tanzen, und ich habe den «Tod des Mercutio» getanzt – das hat nichts gebracht. Es war zwar tief empfunden, aber für einen Ballettwettbewerb muß man eben doch seine Luftschnuller tanzen und mit technisch bravourösen Dingen Punkte sammeln.

Damals kam ein Choreograph aus Frankreich an die Staatsoper und suchte Leute für seinen Fernsehfilm «Romeo und Julia». Ich bekam die Rolle des Romeo. Es war ein Zwanzig-Minuten-Film, schwarzweiß, auf die Ouverture von Tschaikowsky. Wir drehten in Babelsberg. Es ging wirklich nur um Romeo und Julia, alle anderen Mitwirkenden waren mit Kapuzen verhüllt oder nur als Schatten zu sehen. Später hat mir der Choreograph einen Zeitungsausschnitt aus dem «Figaro» geschickt; darin stand, daß sein Film beim Internationalen Fernsehfilm-Festival in Ägypten das Silberne Sonnenboot gewonnen hatte.

1966 wurde ich mit meiner Partnerin für eine Spielzeit zur Vervollkommnung nach Leningrad geschickt. Das war eine Auszeichnung. Man mußte einen dreiwöchigen Vorbereitungslehrgang machen, um seine Sprachkenntnisse zu vertiefen; natürlich gab es auch eine politisch-ideologische Vorbereitung. Die Leningrader Schule wurde damals «Die Wiege der Tanzkunst» genannt, und es gab einen hervorragenden Stab von Pädagogen. Eigentlich wollten wir zu Puschkin, dem Lehrer von Nurejew; Baryschnikow war damals bei ihm. Aber seine Klasse war so überfüllt, daß wir in die Parallelklasse gehen mußten. Ich studierte dort die Hauptpartien von «Giselle» und «Dornröschen». Das war eine sehr schöne Zeit.

Als ich nach Berlin zurückkam, wurde ich Solist an der Staatsoper. Es braucht seine Zeit, bis man sich selbst richtig einschätzt; für einen Prinzen hatte ich nicht die entsprechende Gestalt, und der beste Partner war ich auch nicht: Ich war nicht besonders kräftig gebaut, und wegen meiner Skoliose waren Hebungen nicht meine Welt. Mir wurde bald klar, daß ich Demi-caractère-Rollen machen werde. Das Monopol darauf hatte damals der Meistertänzer Claus Schulz, und der saß auf seinen Rollen. Zu meiner Zeit bekam eigentlich nur noch ein Danseur noble den Titel Meistertänzer, aber früher konnte auch ein kleiner, runder Tänzer wie Schulz diesen Titel bekommen. Seinetwegen war übrigens auch der «Dornröschen»-Prinz an der Staatsoper sehr volkstümlich angelegt.

Dann wurde Claus Schulz krank, er hatte ein Gipsbein, und die Chefchoreographin setzte mich ein. So konnte ich den Prinzen in «Dornröschen» und den Narren in «Schwanensee» tanzen. Ich hatte damals zwar ein schlimmes Knie und konnte kaum laufen, aber auf der Bühne ging es irgendwie. Diese Ballettdirektorin hat mich wirklich gefördert. Als sie 1969 abserviert wurde und Claus Schulz ihren Posten bekam, verschärfte sich natürlich die Konkurrenzsituation. Er arbeitete gegen mich. Da gab es ein Kadergespräch, in dem er mir sagte, daß ich einmal im Jahr den Narren tanzen darf und den Prinzen in «Dornröschen» nach Maßgabe der Direktion. Ja, und dann sagte er noch: Als nächstes machen wir «Spartakus», aber ich kann mir nicht vorstellen, daß der Choreograph Sie da einsetzt! – Na, vielen Dank, es war mir ja klar, daß ich kein Spartakus bin!

Im Tanzberuf kommt man schnell in die Jahre, deshalb muß man früh sehen, daß man gute Rollen bekommt. Ich hätte versuchen können, nach Leipzig oder Dresden zu gehen, aber das wäre ein Abstieg gewesen. Und es ist ja auch die Frage, ob man mit der künstlerischen Handschrift an einem Haus einverstanden ist. Einmal bin ich an der Komischen Oper eingesprungen, als ihnen auf einem Gastspiel in Finnland acht Solisten abgehauen waren. Aber mich hat damals schon die schräge Bühne gestört, und es war auch einfach nicht meine Welt. An der Staatsoper machten wir das große klassische Repertoire, und ich hatte dort meinen Status. Viel später choreographierte Tom Schilling, der Ballettdirektor der Komischen Oper, «Coppelia» an der Staatsoper, und ich durfte den Coppelius tanzen. Der wird ja sonst oft von alternden Tänzern als Greisenrolle gespielt, aber Schilling choreographierte ihn extra für mich so flink und skurril, daß ich sowohl technisch als auch darstellerisch brillieren konnte. Für diese Rolle bekam ich den Kritikerpreis der Berliner Zeitung.

1969, nach sechs Jahren am Theater, verletzte ich mich während einer Vorstellung von «Giselle», kurz vor Ende meiner Variation. Es gab einen lauten Knall, und ich hüpfte auf einem Bein von der Bühne. Ich wußte sofort, daß die Achilles-Sehne gerissen war. Sie hatte schon vorher auf einer Probe sehr wehgetan, und da dachte ich: Im schlimmsten Fall ist sie angerissen! Aber ich hatte es natürlich nicht geglaubt. Es war nicht klar, ob ich jemals wieder tanzen könnte. Gleich am nächsten Tag kam die Ballettmeisterin zu mir ins Krankenhaus und sagte: Das Kulturministerium würde sofort zustimmen, daß du nach Leningrad fährst und zum Pädagogen ausgebildet wirst! Zu wissen, daß man sich um mich kümmert, war ein schönes Gefühl. Es folgte eine lange Zeit der Ungewißheit. Der Riß war so unglücklich, daß die Achilles-Sehne verkürzt werden mußte. Aber es heilte sehr gut, und nach einem halben Jahr machte ich mit großer Angst meine ersten Schritte im Ballettsaal. Dann fing ich langsam wieder an, in der Gruppe mitzutanzen, um mein Selbstvertrauen zurückzugewinnen.

Wenn man so jung aufhören muß, ist das fast wie Sterben. Man findet ein neues Verhältnis zum Alltäglichen, zum Leben. Als ich gerade wieder anfing zu tanzen, hatte ich noch mal Pech: Erst mußten die Mandeln rausgenommen werden, dann hatte ich zwei sehr komplizierte Blinddarm-Operationen, innerhalb von zwei Jahren wurde ich viermal operiert!

Um nach diesem Unfall wieder Halt im Leben zu finden, begann ich, an der Ballettschule zu unterrichten; ich zeigte den Schülern Variationen aus verschiedenen Balletten, das konnte man zum Teil im Sitzen machen. Ich hatte großen Spaß dabei und merkte, daß ich gut ankam. Damals begann ich auch zu choreographieren. Und ich nahm Gesangsstunden, ich sang Chansons und Couplets. All das tat mir natürlich unheimlich gut, und es war auch eine Vorbereitung auf meine Zukunft. Dietmar Seyffert, der Choreograph, half mir dann sehr bei meiner Rückkehr in den Tänzerberuf, er machte eine Choreographie für mich, «Vogelflug». Damit gewann er den ersten

Preis beim DDR-Ballettwettbewerb. Im Prinzip war ich wieder in Ordnung, hatte aber immer noch ein bißchen Angst. Nach diesem Unfall mußte ich mein tänzerisches Naturell verändern, ich wurde ruhiger, tanzte besonnener; Schicksal läutert.

1972 hatte ich Glück: Claus Schulz blieb bei einem Paris-Gastspiel im Westen, und ich wurde als Tänzer sein Nachfolger. Das ist etwas, womit ich in meinem Leben zurechtkommen muß: Ich bin oft weitergekommen, weil ein anderer abgehauen ist. Aber es ist ja gerade im Kunstbetrieb immer so, daß man im richtigen Moment am richtigen Ort sein muß.

Meine «Glanzzeit» war von 1972 bis 1978. Wenn wir im Ausland gastierten, wurde ich übrigens immer als Erster Solotänzer vorgestellt, obwohl es diesen Titel damals gar nicht mehr gab. Wir tourten in Polen, in der Schweiz, in Ägypten, Libyen, Italien, Spanien und im Iran.

1974 gingen wir sechs Wochen mit «Schwanensee» auf Japan-Tournee. Ich tanzte den Narren, eine sehr gute Rolle, die ursprünglich für Claus Schulz gestellt worden war. Böse Zungen haben immer behauptet, das Ballett heiße eigentlich «Narrensee». Ich war der absolute Publikumsliebling, das war meine tollste Zeit. Da habe ich meinen Beruf dann noch mehr geliebt. Zum ersten Mal konnte ich mich als Tänzer richtig austoben. An der Staatsoper hatte ich nach einer «Schwanensee»-Vorstellung immer einen Tag flachgelegen; in Japan dagegen hatten wir an einem Tag Generalprobe, am nächsten Premiere, am dritten Doppelvorstellung und am vierten wieder Doppelvorstellung. Diese Entdeckung, daß man dabei von Mal zu Mal sicherer wird, daß man lernt, seine Kräfte einzuteilen! Meine Technik wurde immer stabiler, ich hatte ein tolles Körpergefühl, ich war glücklich.

Als wir zurückgefahren sind, habe ich geweint. Nicht, weil es zurück in den Osten ging, das war ja mein Zuhause, sondern weil ich wußte, daß es für mich als Tänzer nie wieder so voller Erfüllung sein wird. An der Staatsoper hatte man nie genug Vorstellungen, um glücklich zu sein: Als Solist tanzte man manchmal zwölf Vorstellungen im Jahr. Und wenn man nur alle drei Monate eine Rolle tanzt, ist jede Vorstellung wie eine Premiere; man kann sich nie richtig einspielen. Die Oper hatte Priorität, und die hat sie heute noch.

Als die Presse über unsere Rückkehr aus Japan berichtete, war keine Rede mehr davon, daß ich Publikumsliebling gewesen war. Es wurden alle schön brav aufgezählt, und alle waren gut gewesen; diese Gleichmacherei war enttäuschend. Ich war immer ein bißchen unbefriedigt und deshalb glücklich, wenn ich mich noch nebenbei beschäftigen konnte: Claus Schulz hatte vor seiner Flucht eine Fernseh-Rätselsendung moderiert, die «Nußknacker-Suite», und auch da wurde ich sein Nachfolger. In dieser Sendung spielten namhafte Leute verschiedene Szenen aus Oper, Operette, Musical und Ballett, und die Zuschauer mußten herausfinden, was an der jeweiligen Szene nicht stimmte. Ich sprach die Begrüßungsworte, gab Tips, worauf man beim nächsten Rätsel besonders achten sollte, und leitete tänzerisch von einem Rätsel zum anderen über. Zum Schluß tanzte ich immer die «Sondernuß», ein großes Solo, in dem ich eine bekannte Bühnengestalt darstellte. Das Regieteam war sehr zufrieden mit mir, und ich bekam viel Autogrammpost, auch von jungen Leuten, die schrieben, daß sie sich sonst für Opern und Operetten überhaupt nicht interessieren.

Oft wurde mit Bluebox-Tricks gearbeitet, und das erforderte viel Phantasie. Manchmal stand nur eine Kiste in der Bluebox, ich mußte mir dann den ganzen Raum denken und mir vorstellen, daß ich auf einem Tisch tanze. Es gab meistens nur ein choreographisches Gerippe, und viele Nummern sollten auf die Schnelle noch erweitert werden. Oder ich hatte wirklich im Ballettsaal etwas erarbeitet und stand dann im Studio vor einer ganz anderen Situation. Aber das war toll für mich; ich wurde in viele Dinge hineingeworfen, gewann Selbstsicherheit und wurde freier.

Die «Nußknacker-Suite» war eine Abendsendung zur besten Fernsehzeit. Ich war richtig populär. In den Regionen der DDR, in denen man kein Westfernsehen empfangen konnte, war ich natürlich besonders beliebt. Beim Einkaufen wurde ich oft erkannt, aber das war mir eher lästig; ich fühlte mich dann beobachtet. Aber ich glaube nicht, daß mir die Zuschauer in der Staatsoper mehr zugejubelt haben, nur weil ich aus dem Fernsehen bekannt war. Ich mußte genauso meine Leistung bringen wie alle anderen.

Die letzte Sendung der «Nußknacker-Suite» war auch die schönste, weil ich da eine richtige Rolle hatte. Das war übrigens die einzige Sendung, die nie wiederholt wurde; einer der Sänger war mittlerweile in den Westen abgehauen. Es war schmerzlich für mich, als 1975 die «Nußknacker-Suite» abgesetzt wurde. Das war wieder ein Einschnitt wie damals als Kinderstar. Ich machte immer mal wieder eine Fernsehsendung, aber mit der Zeit ebbte das ganz ab; man wird ja auch nicht jünger. Heute finde ich das drollig, wenn manchmal Schüler zu mir kommen und sagen: Meine Oma kennt sie noch von früher!

Ich habe mich nicht dazu entschlossen, mit Ballett aufzuhören; mein Körper baute einfach ab: Die Knie fingen an, sehr weh zu tun, und die Wirbelsäule war auch nicht mehr die beste – die letzten drei, vier Jahre habe ich sehr unter Schmerzen gelitten. Da fragt man sich dann: Was bringt's? Irgendwann ist es sowieso vorbei! Der Ballettsaal in der Staatsoper hatte einen sehr kalten Fußboden, deswegen hatte ich oft Probleme mit den Füßen; aber vielleicht lag das auch an meinem Alter. Bei meinen letzten Vorstellungen mußte ich immer häufiger zu Schmerztabletten greifen. Die Spannkraft, die Sprungkraft – nichts war mehr so wie früher. Und ich ging mit Angst in jede Vorstellung, ich hatte ja einen Ruf zu verlieren.

1982 hörte ich auf, mit achtunddreißig Jahren. Da dachte ich: O Gott, schon? Ich weiß noch genau, wie es in mir aussah, als ich zum letzten Mal den Coppelius tanzte. Es war eine sehr festliche, eine ausverkaufte Vorstellung; man hatte veröffentlicht, daß der Lux aufhört zu tanzen. Es war wieder wie Sterben; es war unfaßbar, unerträglich. Man glaubt nicht, daß man die Vorstellung durchsteht, man meint, das Herz müsse einem brechen. Das Publikum merkte nichts von meinen Problemen und dankte am Ende mit stehenden Ovationen. Ich war froh, daß ich mich zur rechten Zeit verabschiedet hatte. Mir wurde oft gesagt: Wenn man noch so tanzt, muß man doch nicht aufhören! – aber ich wußte es besser.

Zum Glück hatte ich schon 1978 meine erste eigene Klasse an der Staatlichen Ballettschule übernommen und vier Jahre lang bis zum Abschlußexamen geführt. Als die Schüler dann 1982 ans Theater kamen, war das für mich ein Seelenpflaster. Ich hatte mich vervielfältigt: Ich gehe, und Schüler von mir kommen ans Theater!

Die Bühne war mein Lebensinhalt. Natürlich gibt es die Angst vor Auftritten und den Moment auf der Bühne, in dem du ein unheimliches Selbstvertrauen brauchst. Aber wenn du im Berufsleben stehst, dann ist das etwas ganz Normales. Ich habe mich vor Auftritten auch nie verrückt gemacht, sondern ich bin eher mit einer gewissen Angriffslust auf die Bühne gegangen. Und das empfehle ich auch den jungen Leuten, die ich heute unterrichte.

Man muß rechtzeitig begreifen, daß man den Körper nur voranbringt, wenn man über seine Grenzen geht, auf jeden Fall über die Grenze der Faulheit, der Genügsamkeit und über die der Wehleidigkeit. Ich bemerke bei vielen jungen Leuten, daß sie nicht bereit sind, sich etwas abzuverlangen, was momentan vielleicht Mühe oder Schmerzen bereitet. Es muß eine Freude sein, sich zu zwingen. Sicher spielt da schon wieder die Wehmut des alternden Künstlers mit: Wenn ich mich heute manchmal in den Ballettsaal stelle und diesen Raum um mich fühle, den spürt man ja auf der Haut, und dann diese Musik und zur Musik ein Bein strecken: Dieses Sich-Beherrschen, welch ein Genuß steckt darin!

Ein ganz wesentlicher Faktor für die Ausstrahlung auf der Bühne ist die Erotik. Das ist natürlich Kindern schwer beizubringen, vor allem in der Pubertät. Manche bringen das von Natur aus schon mit, anderen muß man das erst klarmachen. Tanz und Erotik sind eigentlich nicht voneinander zu trennen. Die Erotik ist eine der Faszinationen des Balletts.

Es treten immer wieder Vorwürfe auf, daß man ein Mädchen in der klassischen Ausbildung zur Magersucht erzieht, wenn man ihm sagt: Achte auf deine Figur! Aber Abnehmen hat nichts mit Magersucht zu tun, Magersucht ist eine psychische Krankheit. Man muß einfach Wert darauf legen, daß die Mädchen schlank sind; zu dicke Tänzerinnen werden an Theatern nicht genommen.

Während meiner Studienzeit in Leningrad hatte ich das Programm eines Choreographen gesehen, in dem er wunderschöne Miniaturen zeigte. Da war zum Beispiel die Geschichte des russischen Schneemädchens: Ein altes, kinderloses Ehepaar baut sich ein Mädchen aus Schnee. Es wird lebendig und bewegt sich draußen in der Kälte, aber in der Frühlingssonne fängt es an zu schmelzen. Dieser Choreograph hat wunderbar gezeigt, wie der Körper anfängt zu tauen, bis das Mädchen nur noch am Boden liegt und flimmert wie ein Pfützchen. Das fand ich so rührend und so schön, das war für mich eine große Anregung, auch einmal etwas in der Art zu probieren.

Eine meiner ersten Choreographien für die Staatliche Ballettschule war «Die Versuchung des heiligen Antonius»: Ein Mönch, der heilige Antonius von Padua, liest in seiner Klosterzelle ein schönes Buch. Plötzlich kommt eine Ballerina in sein Zimmer und kribbelt hier und krabbelt da, setzt sich ihm sogar auf den Schoß und gibt ihm einen herzhaften Kuß. Da nimmt er das Kreuz von der Wand, und natürlich entpuppt sich die Ballerina als Teufel: Der Rock wird abgerissen und der Schwanz kommt zum Vorschein, der Blütenkranz wird abgemacht und darunter sind die Hörner. Ich habe die ganze Geschichte auf einen großen Walzer aus dem klassischen Ballett «Raimonda» choreographiert: Die Erhabenheit des Walzers als Exposition, das Pizzikato als Verführungssolo der Ballerina, und auf die Reprise des Walzers verdrischt Antonius den Teufel.

Ich wollte mit meinen Choreographien die Leute berühren oder erheitern. Es war mir völlig egal, ob ich nun im Trend der Zeit lag, «modern» war oder nicht. Ich habe mit großem Erfolg für die Ballettschule choreographiert und später einige internationale Preise gewonnen. An der Staatsoper choreographierte ich auch abendfüllende Ballette, aber ich wollte nie als Choreograph fest an ein Theater gehen. Ich wollte nicht ständig unter dem Druck stehen, kreativ sein zu müssen.

Nach der Wende hat die Hochschule der Künste (HdK) Räume der Staatlichen Ballettschule mitgenutzt. Und durch verschiedene Umstände bin ich dann als Pädagoge zur Musical-Abteilung der HdK übergewechselt. Diese Verbindung von Schauspiel, Gesang und Tanz hatte mich immer schon interessiert. Für mich ist es natürlich eine große Veränderung, ich arbeite jetzt mit Körpern, die nicht fürs Ballett ausgewählt wurden, und das schränkt doch sehr ein; mein ästhetischer Anspruch muß sich da bescheiden. Der Ballettunterricht ist lediglich ein kleiner Teil der Musical-Ausbildung; ich leiste nur noch Zuarbeit zu einem Grundverständnis, und das ist manchmal schmerzlich. Ein befriedigender Ausgleich sind meine alten und neuen Choreographien, die ich hin und wieder an der Ballettschule einstudiere. Es ist ein neuer Aspekt, daß ich jetzt in erster Linie meinem Broterwerb nachgehen muß, nachdem die Tänzerrente weggefallen ist.

Die Leistungsanforderungen im Tanz haben sich enorm erhöht. Diese Spezialisierung bringt natürlich auch besondere Empfindlichkeiten mit sich, und da gibt es böse Unterstellungen. Ich finde nicht, daß klassisches Ballett den Körper besonders kaputt macht, Probleme gibt es auch im Modern Dance. Ich habe einmal eine Aufführung der Schule der Pariser Oper gesehen, eine Graham-Demonstration, da sind zwei Jungs von der Bühne gegangen, weil sie sich die Knie kaputt gemacht haben.

Ich habe eine Coxa-Arthrose, eine Hüftgeschichte, und bin recht eingeschränkt in meinen Bewegungen. Es ist die Frage, ob mir ein künstliches Hüftgelenk etwas von meinen Schmerzen nehmen würde. Aber ich sage mir: Das, was ich heute noch zeigen kann, wäre nach einer Operation nicht mehr möglich! Ich hoffe, ich kann in zehn Jahren noch gut laufen. Ich glaube nicht, daß diese Schwierigkeiten vom Ballett kommen; schon allein aus Liebe zu diesem Beruf würde ich ihm das nur ungern anlasten. Es gibt viele Leute, die ein künstliches Hüftgelenk bekommen und nie etwas mit Tanz zu tun hatten. Da ich mit meinem Körper umgehen kann, habe ich sogar einen Vorteil: Ich weiß mir zu helfen.

Manchmal brauche ich zur Selbstbestätigung, mich daran zu erinnern, was ich schon alles in meinem Leben gemacht habe und daß ich noch andere Fähigkeiten habe als die, die ich jetzt zeigen kann. Und ich würde schwindeln, wenn ich nicht zugeben würde, daß ich immer noch eine kleine Sehnsucht nach der Bühne habe.

Barbara Biedermann

Meine Eltern besaßen das Restaurant der Kunsteisbahn in Basel. Sie hatten sehr wenig Zeit für uns Kinder; mit vier Jahren haben sie mich schon auf Rutscherchen gestellt, und ich bekam Eiskunstlauf-Training. Mit fünf habe ich als Fliege und als Frosch in Märchenaufführungen mitgewirkt; ich habe das geliebt. Im Sommer, wenn kein Eis war, organisierte mein Vater Jazz-Konzerte, und sonntags durfte ich bei den Matinee-Vorstellungen dabei sein. Da bin ich immer herumgetanzt und habe mich im Kreis gedreht. Und wenn es im Fernsehen Tanz gab, habe ich auch getanzt. Meine Mutter hat dann gesagt: Wenn du den Spagat kannst, darfst du ins Ballett gehen! Da habe ich natürlich ständig geübt.

Als ich mit sieben endlich ins Ballett durfte, hat mich Eiskunstlaufen überhaupt nicht mehr interessiert. Von da an wollte ich nur noch tanzen, ich war ganz verrückt danach. Wir hatten alle rosa Strumpfhosen und ein schwarzes Trikot an, und ich fand das ganz, ganz toll. Nach ein paar Monaten durften wir dann auch schon Spitzenschuhe anziehen, und wir machten Aufführungen im Tutu. Es war eine ganz schreckliche Schule; aber ich wußte ja von nichts und war ganz wild darauf, auf Spitze zu gehen. Am Anfang hat mir das überhaupt nicht wehgetan, und selbst wenn, dann war es mir egal, das gehörte dazu – ich wollte nur tanzen, tanzen, tanzen. Aber ich konnte damals noch gar nicht richtig auf der Spitze stehen, ich hatte ja gar keine Kraft. Meine Zehen knickten einfach um, und ich stand eigentlich auf den Zehknöcheln. Die Lehrerin war pädagogisch eine absolute Null. Sie erzählte uns immer von den alten russischen Ballerinen, die auf Schläppchen ohne Einlage Spitze getanzt haben. Natürlich habe ich das dauernd geübt. Ich denke, daß da ganz viel schiefgelaufen ist: Mein großer Zeh ist heute kleiner als die nächsten beiden Zehen. Beim idealen Fuß für Spitze sind die Zehen wie Orgelpfeifen angeordnet: also der große Zeh ist der größte und dann geht es abwärts.

Als Kind habe ich immer selbst Sachen einstudiert und bei den Weihnachtsfeiern im Gasthaus meiner Eltern vorgeführt. Ich war unheimlich frei, aber das wurde alles nicht gefördert. Meine Eltern hatten wahnsinnig viel zu tun und machten sich nie Gedanken über meine Geschwister und mich. Ballett – diese Leichtigkeit, diese Schönheit, diese ganze Traumwelt – das hatte für mich nichts mit der Realität zu tun, die ich kannte: der Wirtshausatmosphäre, dem Rüpelhaften, dem Rauch und der absoluten Lieblosigkeit. Tanz war meine Flucht aus dieser harten Welt, und die Ballettschule war mein Familienersatz. Mein großes Vorbild war Margot Fonteyn.

Mit zwölf machte ich meinen ersten Sommerkurs in der Schweiz bei einem Lehrer der Opéra de Paris. Ich belegte auch Kurse in Jazz und Flamenco, weil man mir schon damals sagte, daß man vielseitig sein muß. Aber mein Traum war Klassisch, und ich wollte unbedingt mit den Fortgeschrittenen trainieren. Ich war ja die Beste in meiner Baseler Schule und dachte natürlich, daß ich ganz toll bin. Dieser Lehrer von der Opéra hat dann meine Welt zum Einsturz gebracht, er sagte: Wenn du wirklich Tänzerin werden willst, mußt du sofort die Schule wechseln. Du arbeitest falsch! Das war ganz schrecklich. Diese Schule war ja mein Leben. Ich bin zu meiner Lehrerin gegangen und habe ihr alles gesagt; sie war furchtbar beleidigt. Aber ich ging dann nicht mehr zu ihr. Ich war so frustriert, daß ich zwei Jahre lang kein Klassisch mehr machte.

Auf diesem Sommerkurs hatte ich eine Frau kennengelernt, die mich im Jazz gesehen und daraufhin angesprochen hatte. Mit dreizehn habe ich in ihrer Schule in Basel wieder ein bißchen angefangen zu trainieren, Modern Jazz. Sie wurde meine Tanz- und Ersatzmutter, sie war die einzige, die mich über all die Jahre immer ermutigt hat weiterzumachen.

Erst mit vierzehn bin ich wieder voll eingestiegen mit klassischem Ballett. Ich suchte mir eine neue Schule und ging dann zweimal täglich ins Training. Ich wollte ja immer noch eine Ballerina werden und hatte nur wegen dieses Schocks und des völligen Desinteresses meiner Eltern aufgehört. Da habe ich zum ersten Mal gelernt, wie das eigentlich richtig sein sollte mit der Spitze, und da bin ich dann auch wirklich mit dem Schmerz konfrontiert worden. Es war fast nicht zum Aushalten, ich hatte immer offene Füße. Damals hätte ich wirklich auf eine gute Ausbildungsschule gehen müssen. Aber meine Eltern wollten das nicht bezahlen. Es ging nicht nur ums Geld, sie wollten auch einfach nicht, daß ich Tänzerin werde.

Mein Vater sagte: Wenn du wirklich eine Ballerina werden willst, dann mußt du leben wie eine Nonne, und das willst du ja nicht! Er war sehr eifersüchtig und strikt gegen die Beziehung zu meiner damaligen großen Liebe, einem Fernfahrer. Heute hat mein Vater immer noch die Vorstellung, daß eine Ballerina ein keusches Wesen sein muß. Um diese Beziehung zu beenden, sollte ich dann mit siebzehn als Au pair nach London gehen. Da habe ich das erste Mal versucht, mir das Leben zu nehmen. Ich kam nicht damit klar, daß man mich nicht respektierte, daß ich nicht tanzen, daß ich nicht diesen Freund haben durfte. Ich schluckte zwei Röhrchen Schmerztabletten, erzählte dann aber meinem Bruder davon, weil ich Angst bekam. Ich mußte ganz viel Milch trinken, um alles wieder rauszukotzen. Es war ein Hilferuf, aber meine Eltern waren ja selbst total hilflos.

Kurz danach hatte ich meine erste Abtreibung. Als ich meiner Mutter davon erzählte, sagte sie: Wir dürfen das nicht dem Vater sagen, der schlägt dich tot! Meine Tanzmutter ist dann mit mir zu dem Abtreibungstermin gegangen. Die eigentliche Abtreibung war nicht so schlimm, schlimm war nur, daß mich die Ärzte behandelt haben wie eine Nutte. Aber ich war damals schon ziemlich versteinert, hatte einfach eine Mauer um mich herum aufgebaut. Ich konnte nicht mehr lachen und nicht mehr weinen. Der einzige Ort, wo ich mich wohlfühlte, war der Ballettsaal; aber selbst beim Tanzen, glaube ich, konnte ich mich nicht mehr richtig öffnen.

Meine Eltern hatten eine unheimliche Macht über mich, ich hatte keine Chance – ich mußte ein Jahr nach London. Ich habe mich gefügt und dachte: Das ist eben so! Ich habe nichts anderes gekannt. In der ersten Familie, bei der ich Au pair war, wurde ich von dem Vater belästigt; dann kam ich zu einer sehr reichen schottischen Familie, und da blieb ich auch. Es war ein schreckliches Jahr, und ich hatte viel Heimweh. Nur das Tanzen war toll. Ich fand einen sehr guten Lehrer vom Royal Ballet und trainierte zusammen mit fertig ausgebildeten Tänzern. Ich sah auch viele Vorstellungen: Rudolf Nurejew oder die London Contemporary Dance Company. Das war toll.

Spitze habe ich in London so gut wie nie gemacht. Das war den Lehrern auch egal; Hauptsache, du hast deine Stunde bezahlt. Alle sagten immer nur: Du hast keine guten Füße!, anstatt mir beizubringen, mit diesen Füßen zu arbeiten. Ich hatte damals auch nicht das Auswärts, das ich heute habe – das heißt, ich konnte es noch nicht benutzen, weil man mir all diese schrecklichen Dinge wie «Arsch zusammenkneifen» beigebracht hatte. Mir kamen schon existentielle Zweifel, ob ich es jemals schaffen würde, Ballerina zu werden. Aber ich dachte mir: Ich muß einfach versuchen, in eine Kompanie zu kommen! Man muß ja nie ein ganzes Vortanzen auf Spitze machen, sie wollen immer nur am Schluß ein paar Pirouetten und Fouettés sehen, und das konnte ich allemal.

Als ich aus London zurückkam, habe ich in Basel bei Spoerli vorgetanzt, weil meine Eltern sagten: Wenn du kein Engagement kriegst, mußt du eine Lehre machen! Aber Spoerli sagte mir, daß es nicht reicht. Also machte ich eine zweijährige Verkaufslehre, Edelsteine und Schmuck; das war ganz schrecklich für mich. Ich habe weiter jeden Tag trainiert, aber nur noch Modern, ich dachte: Klassisch schaffe ich jetzt sowieso nicht mehr! – Im Sommer machte ich einen Kurs an der Palucca-Schule in Dresden; es war damals noch gar nicht so einfach, ein Visum zu bekommen. Da hatte ich bei einer russischen Lehrerin vom Kirow Unterricht, und die meinte: Du bist solch ein Talent, komm nach Rußland! Da habe ich noch einmal gedacht: Jetzt könnte es klappen! Sie gab mir ein Schreiben mit, und ich versuchte über die Botschaft, ein Visum zu bekommen; aber ich habe dann nie wieder etwas davon gehört. Zurück in Basel legte ich endgültig die Spitzenschuhe weg, es hatte keinen Sinn mehr. Meine Lehre habe ich mit Auszeichnung abgeschlossen.

Meine Eltern leben in einer anderen Welt, für die gibt es nur eines: von morgens bis abends arbeiten. Alles was zählt, ist Geld verdienen, sich hocharbeiten. Es gibt immer wieder Momente, in denen ich meinen Eltern übelnehme, daß sie mich so gar nicht unterstützt haben. Wenn sie mich gefördert hätten, wäre ich heute die Primaballerina, die ich immer sein wollte. Aber vielleicht mußte mein Weg so sein. Nachdem ich das Jahr in London gelebt und meine Lehre abgeschlossen hatte, betrachteten mich meine Eltern als erwachsen und ließen mich von da an in Ruhe.

Ein befreundeter Tänzer vom Kölner Tanz-Forum hat mich dann eingeladen, mit ihm und seiner Frau nach Paris zu fahren. Ich lernte dort einen neuen Tanzstil kennen, Limón – ich war begeistert. Zum ersten Mal sah ich Leute, die wirklich härtestes Stangen-Training machten und zusätzlich noch diese ganze freie Oberkörperarbeit. Da wußte ich: So will ich tanzen! – und blieb in Paris. Ich habe mich da voll reingeschmissen und diese Technik gelernt. Dann habe ich auch Arbeit gefunden: Eine sehr bekannte Plattenfirma suchte eine weiße Tänzerin und einen schwarzen Tänzer für eine neue Single «Afro Mary» – das war so ein bißchen wie «King Kong und die weiße Frau», also blöd. Aber ich habe unheimlich viel verdient. Ich wurde mit dem Besten vom Besten ausgestattet, ging zu den teuersten Friseuren und wurde in der High Society herumgeführt. Da war ich knapp zwanzig. Wir tanzten in den besten Nachtclubs, machten Fernsehen in Luxemburg und waren bei Radio Monte Carlo zu Gast. Die Firma hat wirklich versucht, diese Platte als Hit zu vermarkten. Komischerweise waren der Sänger und die Band nie zu sehen, es waren immer nur dieser Tänzer und ich. Aber ich glaube, ich war von der Ausstrahlung her nicht gut genug; ich hatte so viel erlebt und einfach zu wenig Kraft, um positiv zu wirken. Dann sagten sie mir auch immer: Wie ziehst du dich denn an, als Star? Du mußt eine Persönlichkeit werden, du bist viel zu brav! Ich bekam sogar das Angebot, Schlagerstar zu werden, Playback natürlich, ich hatte ja keine Stimme. Aber es war nicht meine Welt, ich wollte nur tanzen, wollte trainieren. Nach einem halben Jahr hörte alles von selbst auf, die Platte war kein Erfolg.

Peter Goss, der Limón-Lehrer, hatte eine eigene Kompanie, und es war mein Traum, dort aufgenommen zu werden. Aber ich war technisch nicht gut genug. Ich war zwar sehr beweglich und frei, aber ich hatte keine Mitte. Und das ist bei meiner Geschichte auch nicht verwunderlich. Die psychische Mitte hat sehr viel mit der tänzerischen zu tun. Außerdem hatte ich zu wenig Selbstvertrauen.

Über meine Schweizer Tanzmutter beantragte ich damals ein Stipendium – zweiter Bildungsweg Stadt Basel – für eine Weiterbildung zur Pädagogin in New York. Ich bekam 8000 Franken für ein halbes Jahr. Aber ich blieb insgesamt zwei Jahre in Amerika und habe dort erst wirklich tanzen gelernt; ich mußte noch einmal von vorne anfangen. Ich schrieb mich an der Joffrey-School ein, wechselte aber bald zur Martha Graham-School. Graham trainierte ich nur, weil es zur Modern-Ausbildung gehört, Limón war immer meine eigentliche Liebe. Aber einen guten Limón-Lehrer habe ich leider erst sehr spät gefunden. Ich trainierte in New York Klassisch zusammen mit vielen Modern-Tänzern aus großen Kompanien und sah, daß die darin auch nicht so toll waren. Also dachte ich, daß ich es doch noch schaffen könnte: als Modern-Tänzerin mit guter klassischer Technik.

Ich war ein Einzelkämpfer und bin es eigentlich immer noch. Ich habe in New York alles gemacht, um Geld zu verdienen: Ich habe als Serviererin gearbeitet, schwarz natürlich, und als Aktmodell; das war für mich überhaupt kein Problem. Abgesehen vom Tanz war New York eine schreckliche Zeit, ich hatte eine schlechte Beziehung und wurde zweimal vergewaltigt – einfach wegen meiner Naivität.

Das erste Mal war ich auf dem Weg nach Hause. Kurz zuvor war ein U-Bahn-Streik in New York gewesen, und da hatten viele Privatleute ihre Autos als Taxis benutzt. Es war Mitternacht. Ein Auto hielt an, und der Fahrer fragte mich, ob ich mitfahren will. Ich bin eingestiegen, er ist auf den nächsten Parkplatz gefahren und hat die automatische Türverriegelung runtergelassen. Das zweite Mal war ich in einer Agentur, und ein Mann sagte zu mir: Ich drehe einen Film und suche noch Leute! Komm doch mit, ich habe oben mein Büro! Ich brauchte ja Geld, bin also mit diesem Typ in den Lift gestiegen, und er hat dann auf «Stop» gedrückt. Das war an einem Samstag in einem Geschäftshaus, und es war niemand mehr im Gebäude. Das war so blöd. Na ja, es war mir damals schon alles egal, das hat mich nur noch bestätigt: Das Leben ist Scheiße, das einzig Schöne ist der Tanz!

Nach zwei Jahren in New York machte ich mit meinem Freund eine Reise quer durch Amerika. Danach beschloß ich, endlich professionell zu tanzen; ich war zweiundzwanzig und hatte genug trainiert. Ich wollte zurück nach Europa, denn in Amerika gab es Unmengen arbeitslose Tänzer.

In Basel wurde ich sofort ins Schweizerische Kammerballett aufgenommen, eine Touring-Kompanie, ein Sprungbrett für fertig ausgebildete klassische und moderne Tänzer, die noch keine Arbeit haben. Ich blieb dort ein Jahr. Modern arbeitete ich immer solistisch und Klassisch in der Gruppe; aber aus den klassischen Sachen hat man mich meistens herausgenommen, weil ich auf Spitze nicht gut genug war. Einmal durfte ich in einer Kurzfassung der «Medea» die Hauptrolle tanzen, das war ganz toll für mich. Es war sehr dramatisch, und das war eine meiner großen Stärken.

Dann gründete ich mit Freunden eine eigene Kompanie. Wir hatten großen Erfolg und sind viel herumgereist. Das war eine sehr lehrreiche Zeit, wir haben von den Kostümen bis zum Bühneputzen alles selbst gemacht. Da gab es ein richtiges Gemeinschaftsgefühl. Wir hatten auch Gastchoreographen und haben auf dem Internationalen Choreographen-Wettbewerb in Lyon einen Preis gewonnen. Aber ich konnte nicht davon leben und mußte nebenher unterrichten.

Immer wenn ich Zeit hatte, bin ich zum Vortanzen gefahren. Ich wollte einfach an ein richtiges Theater. Ich war in Hamburg, beim Nederlands Dans Theater, beim Scapino-Ballet und in Stuttgart. Ich hatte immer die Hoffnung, daß mal jemand mein Talent sieht und mir weiterhilft – wie man sich das so vorstellt: entdeckt werden! Ich kam fast immer unter die letzten zehn, aber nie weiter. In Gelsenkirchen waren sie sehr interessiert, nachdem sie mich im Modern gesehen hatten, aber nach dem klassischen Vortanzen waren sie es nicht mehr. In Genf sagten sie, ich soll es immer wieder probieren, aber ich hatte nicht das Geld und auch keine Lust, mich ständig so zu verkaufen. Diese ganzen Ablehnungen waren natürlich schlimm, die haben mir nicht gerade Kraft gegeben. Ich habe mich damit abgefunden, aber nie ganz aufgegeben.

Schließlich tanzte ich in Luzern vor und wurde gleich als Gast engagiert. Ich habe alles gegeben und wirklich gedacht: Jetzt klappts, jetzt komme ich fest in eine Kompanie! Aber irgendwie konnte ich dann doch nicht bleiben. Nach einem halben Jahr sagte der Choreograph, er braucht eine Dunklere mit mehr Temperament, blabla. Da bin ich endgültig zusammengebrochen. Ich konnte es einfach nicht verstehen, daß man mich nicht wollte – denn ich wollte doch so sehr! Ich hatte damals auch wieder ein Kind abgetrieben, das war ganz schrecklich. Ich hätte es gerne gehabt, aber der Vater wollte es nicht. Von meinen Eltern bekam ich natürlich auch kein Verständnis. Ich habe viel geraucht und brauchte jeden Abend einen halben Liter Wein, um überhaupt abschalten zu können. Nach diesem Nein in Luzern wollte ich nur noch in eine Nervenklinik. Ich wollte nicht mehr unter «normalen» Menschen sein, ich wollte gepflegt werden, ich hatte aufgegeben.

Meine damalige Therapeutin hat mir sehr geholfen, und nur ihretwegen bin ich damals nicht in eine Anstalt gegangen. Ich bekam Psychopharmaka und habe einen Sommer lang eigentlich nur geschlafen. Danach blieb ich ein paar Jahre in Basel, weil ich mein Leben endlich in Ordnung bringen wollte. Ich lernte dann auch einen Mann kennen, meine erste gute Beziehung. Ich habe viel unterrichtet in dieser Zeit und hatte damit auch großen Erfolg. Am Baseler Theater unter Spoerli gab ich Kinderballett, später unterrichtete ich das Baseler Jugendtheater, und ich gab auch privat Kurse, die sehr gut ankamen. Ich arbeitete mit den Gegebenheiten des einzelnen, nicht nach irgendeinem Schema, und das hat sehr viele Leute angezogen. Da begann eine wirklich schöne Zeit in meinem Leben. Ich lernte Tai Chi und stand oft morgens um vier auf, um mit Freunden in den Park zu gehen und mit diesen Übungen den Tag zu beginnen. Ich fing an, mir die Dinge in meinem Leben bewußt auszusuchen – bis dahin hatte ich ja immer nur alles an den Kopf geschossen bekommen.

Aber ich war nicht wirklich zufrieden, ich wollte zurück ans Theater, das war einfach mein Traum. Da war immer das Gefühl, etwas nicht erreicht zu haben, was ich wirklich wollte und wofür ich schon so viele Jahre gegeben hatte. Dann meldete ich mich in Berlin am Theater des Westens, sie suchten Tänzerinnen für «Oliver Twist» und «Land des Lächelns». Ich wurde engagiert, aber ich wußte, daß mich der Choreograph nicht fest in die Truppe aufnehmen würde. Ich war ihm nicht weit genug, hatte zu wenig Persönlichkeit. Es hat mir großen Spaß gemacht, am Theater des Westens zu arbeiten. Die ganze Atmosphäre, die Proben, die Solisten, die Garderobe, die Maske, die Schneiderei, einfach mit professionellen Leuten zu arbeiten, dieses ganze Tamtam, das fand ich unheimlich faszinierend.

Danach habe ich in Heidelberg bei Kresnik vorgetanzt. Er war eigentlich sehr interessiert, engagierte dann aber doch lieber ein

Ballettmädchen. Ich fragte ihn daraufhin, wie er sich denn vorstellt, daß moderne Tänzer ihren Weg finden sollen, wenn nicht einmal er solche Leute engagiert. Und da sagte er, daß sein nächstes Stück eben über Magersucht geht!

Bei diesem Vortanzen lernte ich eine Frau aus Stuttgart kennen, die mich für ihre Truppe «Telos» engagierte – wieder eine freie Gruppe. Ich bekam zwar ein festes Gehalt, aber ich war einfach nicht glücklich. Sie arbeitete mit gehörlosen Tänzern – wieder so eine problembeladene, schwere Arbeit, und ich wollte doch einfach mal nur glücklich sein. Ich stand weiter in Kontakt mit dem Choreographen des Theaters des Westens, auch weil ich mir sagte: Tanzen in dieser hochkarätigen Form ist für mich nicht mehr so lange drin, mal sehen, was mit Gesang und Schauspiel ist!

Nach ein paar Monaten bot er mir endlich einen festen Vertrag an, und ich ging zurück nach Berlin. Mein Freund sah mich in «Cabaret» als halbnacktes Revue-Girl auf der Bühne und meinte: Und dafür verläßt du Basel? Meine erste gute Beziehung ging damit in die Brüche. Aber ich fand die Arbeit faszinierend. Es gab nur eine Szene, in der ich sehr gehemmt war, ein Schattenbild, wo wir einen Strip andeuten mußten. Ich hatte zu viele negative Erfahrungen auf diesem Gebiet gemacht und konnte das nur schwer trennen.

Nach knapp zwei Jahren am Theater des Westens bekam ich meine erste große Tanzrolle in «Grand Hotel». Leider konnte ich die Premiere nicht tanzen, weil mein Partner kurz davor eine Gelbsucht bekam; immer wieder diese Rückschläge! Da dachte ich: Meine Güte, warum darf es denn einfach nicht sein? Als wir es dann endlich tanzten, waren wir nicht einmal im Programmheft. Trotzdem hat sich da mein Traum erfüllt. Es war eine sehr professionelle Inszenierung in einem schönen Theater, und ich habe mit einem Partner zusammen solistisch auf der Bühne getanzt.

In «Grand Hotel» hat das Publikum für mich einen ganz neuen Stellenwert bekommen. Im Modern war es nur wichtig gewesen, die Rolle zu erfüllen, das konnte auch sehr introvertiert sein. Oft hat es sowieso nur einem kleinen Teil des Publikums gefallen, und nur deswegen war es ja noch nicht schlecht. Wenn man selbst ein gutes Gefühl hatte, dann hat das gereicht. Es war mir zuwider, wie ein Zirkuspferd vor dem Publikum herumzutanzen. Aber in «Grand Hotel» merkte ich, wie toll das sein kann, wenn es Bravorufe gibt – auch wenn man sich selbst gar nicht so gut gefühlt hat.

Die nächste Solo-Rolle war in der «Kurt-Weill-Revue». Ich dachte: Das wird ein schöner Abschluß für mich als Tänzerin, und danach werde ich schwanger! – Wir gastierten mit dem Stück in Paris, und da habe ich tänzerisch noch einmal ein paar ganz tolle Sachen erlebt. Diese schräge Bühne war für mich ein Erlebnis, weil sie mich gezwungen hat, noch präziser meine Mitte zu finden. Es machte mir unheimliche Freude, wie schnell ich mich da anpassen konnte. Zwei Vorstellungen gab es, wo ich wirklich glücklich war, wo ich dachte, dafür lohnt es sich. Aber ich war nicht souverän genug, ich war nicht stark genug; viele in der Kompanie waren gegen mich, und ich war unsicher. Und im Theater ist es nun mal so, daß viele Leute das ausnutzen. Wegen meiner Geschichte wollte ich immer von meiner Umgebung akzeptiert werden, aber so, wie ich mich verhalten habe, war das wohl auch nicht möglich. Ich habe immer gespürt, daß ich eigentlich nicht dahin gehöre. Ich konnte so nicht arbeiten, und ich hatte einen weiteren Zusammenbruch. Ich bekam wieder Beruhigungsmittel, wurde krankgeschrieben und bin auch nicht mehr aufgetreten.

Heute weiß ich, daß ich zu wenig Bestätigung in meinem Leben erfahren habe, zu wenig selbstsicher war, um längere Zeit am Theater des Westens zu überstehen. Ich war nicht gewohnt, auf Absätzen zu tanzen, hatte überhaupt keine Erfahrung mit Singen, und ich war auch nicht gewohnt, in einer Hierarchie zu arbeiten. Ich hatte immer alles selbst entschieden, und es fiel mir schwer, für jede Kleinigkeit um Erlaubnis zu fragen. Wenn mir etwas am Kostüm nicht gefiel, habe ich es einfach weggelassen, da hieß es: Das kannst du doch nicht einfach machen, da mußt du erst fragen! Außerdem war ich in den freien Gruppen immer diejenige gewesen, die alle Solos getanzt hatte. Und jetzt auf einmal dieser Konkurrenzkampf, diese ganzen starken Frauen, die viele Jahre Theatererfahrung hatten – das hat mich völlig verunsichert. Es war auch menschlich eine sehr schwierige Zeit; wirkliche menschliche Nähe gibt es selten in so einer Kompanie. Aber immerhin habe ich meinen heutigen Mann dort kennengelernt.

Kurz nach meinem Zusammenbruch auf dem Gastspiel in Paris wurde ich schwanger und ging zurück in die Schweiz. Ich habe erst nach der Geburt wieder angefangen zu trainieren. Ich brauchte einfach etwas, das ich gut kenne, das mir Sicherheit gibt. Der Einstieg nach dieser langen Pause war hart. Den Körper wieder auf Vordermann zu bringen, Kondition, Kraft – es hat ein halbes Jahr gedauert. Aber durch die Geburt sind auch gute Sachen passiert, im Beckenbereich zum Beispiel. Ich bekam noch einmal ein ganz neues Gefühl für Mitte. Ich konnte dann viel besser drehen, und meine Balance wurde auch viel besser. Technik ist also nicht verloren gegangen, im Gegenteil. Und ich wollte auch langsam wieder einsteigen, aber dann wurde ich noch einmal schwanger, und es war klar, daß ich auch dieses Kind wollte. Ich dachte mir: Wenn ich wirklich noch einmal einsteigen will, darf ich keine so lange Pause mehr machen! Bis zum sechsten Monat habe ich hier am Stadttheater in Luzern mit der Kompanie trainiert. Der Arzt meinte, daß die Kinder so eingebettet sind, daß selbst Sprünge kein Problem sind. Ich kenne Frauen, die sind im neunten Monat Grand jetés gesprungen. Noch am letzten Tag vor der Geburt habe ich eine Stange gemacht. Und sieben Tage nach der Geburt habe ich wieder langsam angefangen zu trainieren.

Für mich gab es nie etwas anderes als den Tanz, und es wird für mich nie etwas anderes geben. Ich habe mir oft Gedanken gemacht: Was könnte ich noch anfangen? Eine Zeitlang dachte ich daran, etwas mit Kindern oder etwas Therapeutisches zu machen, aber das ist alles nichts im Vergleich zu der Arbeit mit dem Körper. Manchmal tut das heute noch weh, daß ich keine Ballerina geworden bin. Wenn ich so richtig tollen Tanz sehe, Béjart zum Beispiel, dann denke ich: Das würde ich auch können! Aber jetzt, mit fünfunddreißig, ist es natürlich zu spät.

Durch das Tanzenwollen und durch diese ganzen Behinderungen habe ich gelernt, wieviel Kraft in mir steckt und was für eine Energie und was für einen großen Durchhaltewillen ich habe. Obwohl es ganz große Krisen gab, hat mich der Tanz immer mehr zu mir selbst gebracht. Und dadurch, daß ich nicht so erfolgreich war, bin ich vielleicht gezwungen worden, menschlicher zu werden – ich hatte durch meine Erziehung ja ein ganz verkümmertes Menschsein.

Also, in eine reine Ballettkompanie zu kommen, das kann ich vergessen. Aber das möchte ich auch gar nicht mehr. Ich merke einfach, wie wichtig mir Bewegung ist. Nur Mutter sein, das kann ich nicht. Wenn man so lange getanzt hat, kann man nicht einfach aussteigen, es ist ein Teil von dir. Ich habe Lust, etwas Eigenes zu machen, zu experimentieren. Durch diese Geburten habe ich viele Ideen bekommen, wie man Energie in Bewegung umsetzen kann. Das wird dann schon in die moderne Richtung gehen, vielleicht sogar mit Sprache, aber kein Tanztheater.

Hier in Luzern werde ich oft angesprochen, ob ich nicht unterrichten möchte; ich fange das jetzt auch langsam wieder an und möchte bald Workshops geben. Beim Unterrichten versuche ich, die Leute wirklich ernst zu nehmen. Ich will die Schüler nicht runtermachen, sondern ihnen im Gegenteil den Rücken stärken und wirklich nur konstruktive Kritik anbringen. Ich glaube nicht, daß dieser ewige Drill notwendig ist: Es ist noch zu wenig! Warum kannst du das noch nicht? Ihr müßt üben, üben, üben! Das Resultat ist doch nur, daß die Leute auf der Bühne völlig tot sind, keine Ausstrahlung haben. Ich möchte die jungen Tänzer dazu ermutigen, auch einmal im Unterricht zu fehlen, ein bißchen zu leben, sich einfach ernst zu nehmen. Wenn ich heute manche Kompanien anschaue, dann macht mich das furchtbar müde; die schuften sich da einen Konditions-Leistungs-Tanz ab – wo soll das hinführen? Sich selbst genießen und sich selbst schön finden, das gehört unbedingt dazu. Tanz muß für mich etwas sehr Erotisches haben, dann wird er erst spannend, dann bekommt er Dynamik. Aber mir ist noch nicht ganz klar, wie ich das bei den jungen Leuten rüberbringen soll, ohne sie zu schockieren.

Womit ich lange nicht zurecht kam: daß ich etwas so gerne mache, was eigentlich niemandem dient – sinnlose Unterhaltung! Da dachte ich manchmal: Wenn ich als Krankenschwester dieselbe Energie hätte, könnte ich den Menschen doch wirklich etwas geben! Das hat mich oft noch zusätzlich deprimiert. Eine Therapeutin hat einmal zu mir gesagt: Du trittst immer aufs Gaspedal und dann gleichzeitig auf die Bremse!

Helmut Baumann

Ich bin von meinen Eltern musisch erzogen worden. Mit sechs Jahren fing ich an Klavier zu spielen, und ich war im Kinderchor, dem Berliner Staats- und Domchor. Man ging mit dem Kind in die Oper, mit dem Vierzehnjährigen vielleicht ins Schauspielhaus in einen Klassiker, aber Ballett kam bei der musischen Erziehung nicht vor.

In der Schule war ich ganz schlecht. Ich war nur gut in Deutsch und in Musik, da hatte ich immer eine Eins. Mathematik hat mich zwar interessiert, aber ich konnte es nicht, ich war furchtbar hippelig. Was Literatur anbelangt, was den Griff, den Blick und die Liebe dazu angeht, bin ich wirklich gefördert worden von meinem Lehrer. Das hat mich geprägt. Damals durften Akademikerkinder nicht auf die höhere Schule gehen. Aber wenn du wie mein Vater Universitätsprofessor an der Humboldt-Universität warst und eine weltweite Kapazität auf deinem Gebiet, dann hattest du natürlich Rechte. Mein Vater konnte sagen: Arbeiter- und Bauernstaat, schön und gut, aber meine Kinder müssen eine Ausbildung bekommen!

Das Schönste an der ganzen Schule war die Volkstanzgruppe; mit zwölf Jahren habe ich schon Folklore getanzt wie ein Wilder. Meine Eltern fanden das wunderbar. Mein Bruder hat sich für mich geniert; wir waren in der gleichen Schule, zwei Jahre auseinander. Er hatte eigentlich nicht wirklich etwas dagegen, aber seine Kumpels haben ihn fertiggemacht: Dein kleiner Bruder, wie der sich benimmt! – In meiner Klasse war ich anerkannt. Ich war immer derjenige, der das Amüsement veranstaltete, ich hatte die besten Ideen und habe alles organisiert. Wir machten hinreißende Feten in der Schule. Zu Hause hat mir dann mein Bruder Vorwürfe gemacht, wie ich es wagen konnte, mitten in der Fete mit der Volkstanzgruppe die Tanzfläche zu stürmen.

In Sport war ich auch gut; dieser Körperstreß hat mir gefallen. Aber es war mir auch ganz wichtig, den Mädchen zu imponieren; die waren natürlich die Klügeren und auch die Erwachseneren in der Klasse. Pubertät – man sucht seinen Weg und findet ihn auch durch viel Blenden und viel Theater und viel Gemache. Bei den Mitschülern, den Lehrern und dem Bruder war Show angesagt, das war totaler Exhibitionismus. Aber Deutsch – Literaturanalysen waren eine ganz intime, wichtige Angelegenheit – und Klavierspielen, die Tanzgruppe: Das waren absolute Bedürfnisse, meine Leidenschaft.

Mein Vater hat uns als Kinder nie unter Druck gesetzt und uns auch den Lehrern gegenüber verteidigt. Aber als mein Bruder Abitur machen sollte, wurden die Eltern plötzlich sehr ernst. Er war noch fauler als ich, und seine Noten waren eine Katastrophe. Ein Jahr vor seinem Abitur fing mein Bruder an, oben im Haus in seinem Zimmerchen zu arbeiten, während ich nach der Schule den ganzen Tag unten am Klavier saß und klimperte. Ihn hat das wahnsinnig gemacht: Ich kann überhaupt nicht arbeiten, dieses Klavier macht mich rasend! Da wurde einfach gesagt: Hör auf, Klavier zu spielen! Das verletzte mich tief. Ich war nicht bereit, dieses Opfer für meinen Bruder zu bringen; ich machte den Klavierdeckel zu und sagte: So, ich werde in meinem ganzen Leben nie wieder Klavier spielen! Schön blöd.

Der ältere Bruder war immer der wichtigere. Die Karriere des Bruders war immer die wichtigere. Das habe ich meinen Eltern auch gesagt; da gab es Dramen, Protestaktionen erster Güte. Aber das haben sie natürlich überhaupt nicht akzeptiert, denn am nächsten Tag hatte ich mich wieder arrangiert und rannte lachend und singend durch die Gegend. Bei so einer riesigen Familie – ich habe noch vier jüngere Schwestern – ist es logisch, daß beim Ersten genau überlegt, gemacht, getan wurde. Ich habe nie darüber nachgedacht, was ich werden will, und ich habe mich auch vor der Entscheidung gedrückt. Als es im Familienkreis hieß, Architekt wäre doch ganz schön, sagte ich: Ja, o. k., Architekt!

In den Fünfzigern gab es keine Diskos, und man hing auch nicht immer nur im Kino herum, man war mehr miteinander unterwegs. Man reiste nicht, und man hatte noch keinen Fernseher. Mit sechzehn oder siebzehn fing ich an mit Turniertanz, irgendein Mädchen machte das, und da ging ich eben mit. Ich wurde später Berliner Meister in den lateinamerikanischen Tänzen. Die Turniere fanden genauso in Pankow wie in Reinickendorf statt, Berlin war ja damals noch ungeteilt.

Zur Jahreswende 1959/1960 bin ich mit meiner Familie aus der DDR geflohen. Das war einerseits alltäglich, weil das Tausende taten, andererseits war das wahnsinnig spannend und gefährlich. Es war die fette Ulbricht-Ära, und das Leben in der DDR war unglaublich repressiv. In jedem U-Bahn-Zug stand die Polizei und untersuchte dich, und wenn du mehr als ein Täschchen in der Hand hattest, warst du schon draußen. Eine Flucht aus Ostberlin, das hieß, in Hemd und Hose über die Grenze gehen und nicht zurückfahren. Die Mauer kam näher, das wußte man im Osten – der Berliner Ring wurde gebaut, so daß die Verkehrswege von Westberlin gar nicht mehr nötig waren.

Jeder dritte Arzt, Ingenieur, höhere Beamte, Rechtsanwalt, Facharbeiter rannte damals aus der DDR. Wir lebten mit einem Kaffeewärmer auf dem Telefon, weil es angezapft war, und redeten ganz vorsichtig, weil wir nicht wußten, ob noch mehr Wanzen im Haus waren. Vater wollte nicht fliehen, da gab es natürlich innerfamiliäre Dramen. Die Söhne sagten: Ja, Herrgott nochmal, wo soll unsere Zukunft liegen, doch um Gottes willen nicht hier? – Wir haben das damals auch für unsere Schwestern getan, die ja noch Kinder waren. Mein Vater war von meiner Mutter bereits geschieden, hatte wieder geheiratet, und trat dann mit zwei Ehefrauen und den ganzen Kindern die Flucht an. Wir nahmen nicht einmal unsere Zahnbürsten mit. Die wichtigsten Papiere waren vorher vorsichtig weggeschafft worden. Es wurden wertvolle Kleider weggetragen, aber dann wurden die restlichen Kleider so hingehängt, daß die Schränke immer voll aussahen. Es gab ja Hausdurchsuchungen, und wehe, jemand hatte einen leeren Kleiderschrank oder keine Teppiche unter den Möbeln: Dann war schon der Verdacht auf Republikflucht da.

Mit zwanzig bin ich geflohen, und prompt ein Dreivierteljahr später stand sie, die Mauer. Man hat jeden Tag die Hände gefaltet und gesagt: Gott sei Dank bin ich nicht mehr dort, kann mein Leben gestalten und habe nicht mehr diesen Druck und diese unmenschliche Atmosphäre um mich! Und dann hat man das vergessen. Ich bin auch später nie in den Osten gegangen, das war für mich erledigt.

Zuerst waren wir in Marienfelde, Flüchtlingsauffanglager, aber dann zerstreute sich die Familie in alle Winde. Ich blieb als einziger in Berlin übrig. Ich hatte ein Stipendium, studierte Architektur an der TU und wohnte bei Verwandten. Das Architekturstudium war grauenhaft, nur Statik und Logarithmen – und ich hatte gedacht, ich zeichne ein Haus und einen Sessel! Da habe ich plötzlich angefangen, über mich nachzudenken: Wer bin ich eigentlich? Was will ich eigentlich? Das war das größte Glück meines Lebens: mal alleine auf den Punkt zu kommen, ohne Ablenkung, ohne andere Meinung. Von einem Tag auf den anderen wußte ich dann plötzlich: Wenn überhaupt, dann tanzen! Ich hatte ja immer getanzt, Volkstanz, Turniertanz, war auf jeder Fete der letzte. Ich mußte tanzen! Aber wie macht man das? Ich schlug ein Telefonbuch auf, rief alle Ballettschulen an und ging dann zu einer hin, völlig unwissend. Die Lehrerin ließ mich zu Tangomusik improvisieren. Ich fand das wunderbar. Ich war ja total bekloppt – oder selig naiv. Sie sagte: Kommen Sie, es kostet achtzig Mark! Da habe ich mein Stipendium genommen und heimlich dahin getragen. Achtzig Mark waren ein Vermögen. Meine Trainingsklamotten hatte ich zu Hause versteckt, denn es durfte ja niemand wissen, daß ich von morgens bis abends durch den Ballettsaal tobte und überhaupt nicht mehr in die Uni ging.

Die Schule war am Olivaer Platz – eine Wohnung, ein bißchen umgebaut mit Spiegeln und Stange. Die Lehrerin war ganz klein und hatte ein steifes Knie. Sie unterrichtete Folklore, Klassisch und auch Pantomime, versuchte von Anfang an, ihre Leute zur Darstellung zu bringen. In dieser Schule sah ich Elke Rieckhoff, die damals gerade abging an den Friedrichstadtpalast: Ich sah ein langes, wunderschönes Mädchen mit tollen Füßen vor mir. Ich war einer dieser Idioten, die immer durch den Saal liefen, wenn sie Solostunden hatte. Ich habe vor ihr gekniet! Ich war mit Abstand der Älteste an der Schule, aber das machte mir nichts aus. Ich wollte unbedingt Tänzer werden und habe auch daran geglaubt, daß ich es schaffe.

Damals gab es das berühmte Berliner Ballett an der Deutschen Oper mit all den großen Namen. Ich war da oft, aber die Zündung kam nicht vom Zuschauen, sondern nur aus mir. Ich habe nie diese klischeehafte Phase durchlaufen, in der man jemandem nacheifert. Ich war immer sofort ich. Mein Körper war gut, viel zu hart natürlich durch den ganzen Sport, aber noch formbar. Dieses Gefühl: Mich gibts! Ich weiß, wozu ich ja und wozu ich nein sage, ich habe Wünsche und Träume, aber auch den Sinn fürs Machbare!, das war auf einen Schlag da. Und das ist eigentlich das Tolle am Tanzberuf: Dieses Gefühl hat mich nie wieder verlassen. Ich ging in den Ballettsaal und kam nicht mehr heraus.

Nach einem halben Jahr an dieser Ballettschule bin ich natürlich aufgewacht und habe gemerkt, daß das nicht die Schule des Jahrhunderts ist. Ich begann, bei Tatjana Gsovsky die Kinderstunden mitzumachen. Indem ich immer wieder insistierte, brachte ich die Gsovsky dazu, mit mir zu sprechen, was sie sonst nicht tat. Sie sagte mir: Es ist was da, aber du mußt sehr arbeiten, denn eigentlich ist es zu spät. Aber geh mal nach Hamburg, da gibt es einen tollen Lehrer für Männer!

An der Hamburgischen Staatsoper habe ich acht Tage lang mittrainiert, dann sagte der Lehrer: Wir nehmen Dich als Eleve auf. Du mußt hundertfünfzig Mark Schulgeld zahlen! Dafür durfte ich morgens das Training mit der Kompanie mitmachen. Ich stolperte wie ein Idiot dahinten herum, aber ich mußte dasein. Allein schon dieser Anspruch hat etwas gebracht. Nach dem Training mußte ich alle Proben anschauen, und von halb vier bis um halb acht hatte ich Unterricht. Die Ausbildung war natürlich nicht mehr geheimzuhalten, es gab einen großen Eklat in der Familie. Aber mein Vater hat sich fast vor mir verneigt: Du bist ja plötzlich von einem Willen und einer Klarheit! Und: Sei dir darüber klar, daß du furchtbar von der Kante kippen kannst! Natürlich war mir das klar, aber das hat mich überhaupt nicht gestört. Dann sagte mein Vater diesen wunderbaren Satz zu meiner Mutter: Ach, weißt du, Mutter, ebensogut könnten wir ihm eine Braut ausreden! Meine Mutter war überhaupt nicht begeistert, sie hatte Angst. Aber als sie mich das erste Mal auf der Bühne sah und ich ihr mit meinem ersten Geld einen Blumenstrauß schenkte, war sie ganz glücklich.

Nach einem Dreivierteljahr durfte ich Statisterie machen. Also sprang ich jeden Abend kurz vor acht in irgendein Kostüm und rannte als Statist auf die Bühne, so daß ich mir etwas Geld verdienen konnte. Das erste Mal auf der Bühne war ich im Bacchanal vom «Tannhäuser». In dieser Inszenierung fand das Bacchanal im Finstern statt, und es fuhren immer nur Streiflichter über die Massen von Tänzern. Hinter einem Schleier standen auf einer Treppe Faune und winkten die Nymphen mit einem Eichenblatt heran. Ich war einer der Faune. Dann mußte man in einem großen Kreis rennen, und ich lief natürlich in die falsche Richtung, völlig losgelöst von mir selber. Ich war so aufgeregt und wollte alles erfüllen und gestalten, daß ich in der Dunkelheit und den ganzen Schleiern gar nicht mehr wußte, wo der Dirigent und wo das Publikum ist. Bis die Solistin irgendwann an mir vorbeitanzte, mir auf die Schulter klopfte und sagte: Du, da ist vorne!

Nachts arbeitete ich im Hamburger Hafen, ich lud Fischkutter aus. Dort habe ich natürlich nicht erzählt, daß ich Tänzer werden will, da wäre ich ja blöd gewesen. Ich fing um Mitternacht an und war morgens um drei Uhr fertig. Dann zwei oder drei Stunden ins Bett, duschen, duschen, duschen und wieder ins Training. Geschlafen habe ich so gut wie nie.

Zum ersten Mal auf der Bühne getanzt habe ich in der «Verkauften Braut». Da gibt es das berühmte Zirkusbild, und da trat eine dressierte Giraffe auf. Ich war das Hinterteil dieser Giraffe. Mein Partner und ich gingen in die Mitte, während die Truppe stehenblieb, und wir tanzten sechzehn Takte, allein! Von diesem Augenblick an fühlte ich mich als Tänzer.

Eigentlich war die Hamburger Truppe ein totales Provinzballett: eine Operette nach der anderen und ein Ballettabend im Jahr, der nur einmal im Monat aufgeführt wurde. Aber ich war glücklich. Das Theater selber war ein richtiges Ensemble-Opernhaus. Es gab eine enorme Familiarität: Du warst als Tänzer wirklich der Kollege von der ersten Sängerin. Heute ist es ja so anonym, Tänzer haben mit Sängern nichts mehr zu tun. Ich saß mit den großen Sängern der Zeit in der Kantine, und wir redeten und machten Witze. Eine Sängerin, Martha Mödl, die große Heroine, sprach ausführlich mit mir auf einer Probe, da war ich Statist! Vielleicht auch, weil ich etwas mehr zu sagen hatte als der normale dumme Tänzer. Ich bin ihr zwanzig Jahre später wiederbegegnet, und sie sagte zu mir: Bub, wir kennen uns! Da war ich dann ihr Regisseur.

Dieser Lehrer an der Hamburgischen Staatsoper war ein Traum. Er unterrichtete Achse, Timing, Sauberkeit, ganz furztrockene

Dinge – ohne Allüre, ohne Getöse, ohne großes Kunstgetue, ganz handwerklich, und Schritt für Schritt. Ich hatte mein Leben lang nie Probleme mit meinem Körper, auch weil ich diesen Lehrer hatte, der mir beibrachte, richtig auf den Füßen zu stehen, und der mich nicht zwang, «auswärtser» zu sein als ich bin. Der mir Springen beibrachte, ganz solide, nach meinen Möglichkeiten. Damals genügte natürlich auch noch das Dastehen, eine gewisse Anzahl von Pirouetten, die einigermaßen guten Sprünge. Heute wird von Männern ja Irrsiniges verlangt.

Nach etwa zweieinhalb Jahren Ausbildung, noch vor meiner Prüfung, bekam ich einen Vertrag in der Truppe. Dann wurde Liebermann Intendant des Opernhauses, holte Peter van Dyk aus Paris und revolutionierte das Ballett. Ich kam frisch und gut ausgebildet in diese neue Ära, und das war ganz toll. Die überalterte Truppe wurde dann peu à peu verjüngt. Ich hatte einfach das Glück, zur richtigen Zeit am richtigen Ort zu sein. Noch während der ersten Spielzeit, wir probten gerade van Dyks zweites Stück «Romeo und Julia», sagte er: Du, du und du, ihr tanzt die Freunde und seid ab sofort Halbsolisten! Und innerhalb von drei Jahren wurde ich Solist: Balanchine war gekommen, um einen Abend mit uns einzustudieren. Er stellte mich von hinten nach vorne: This boy! Ich durfte in den «Vier Temperamenten» ein Solo tanzen. Und weil Balanchine das sagte, wurde ich Solist. Wir bekamen auch Lehrer von ihm, und die Ballettruppe wurde von Balanchine mit geführt.

Ich war der Anfängersolist, der Nachgerückte. Ich hatte meine Röllchen in der Premiere und durfte in zweiter Besetzung eine große Charakterrolle machen, was in Hamburg etwas Wunderbares war. Ich durfte den Petruschka und den Mohren als Zweiter tanzen. Das war sehr, sehr klug von den Leuten, die haben mich absolut gefördert. Ballett war dann ganz groß, und ich habe viel getanzt. Opern und Operetten machte ich immer noch mit Leidenschaft, ich machte mir ein Fest.

Ich besuchte auch eine Schauspielschule in Hamburg – aus Neugier, aus Interesse, um ein besserer Tänzer zu werden und weil ich wußte, daß dieser Beruf irgendwann vorbei ist. Es war auch einfach geil, da durch die Gegend zu schreien. Nachmittags um eins waren die Proben am Theater zu Ende und von halb drei bis zur Vorstellung war ich in der Schauspielschule, zwei Jahre lang. Gründgens war damals am Schauspielhaus, und natürlich war ich in jeder Vorstellung. Ich genoß mein Bühnendasein im Zuschauerraum; ich war ein Bühnenmensch, der sogar manchmal in der Zeitung erwähnt wurde, und schaute Kollegen zu, die auch Theater spielten.

Ich bin nicht mit vierzehn Tänzer geworden, sondern mit zwanzig. Ich habe mit diesem Beruf ganz viel an Lust und Lüsternheit nachgeholt. Ich konnte dann auch plötzlich richtig schwul sein. Im Osten und in der ganzen Übergangszeit hatte ich mehrere Freundinnen, aber ich war eben eigentlich schwul und wußte das auch, zumindest im Hinterkopf. Erst habe ich es verdrängt, dann habe ich es bekämpft, immer nur daran herumgedoktert und natürlich mit niemandem darüber geredet. Und dann plötzlich war es gar kein Problem mehr. Dieser Beruf hat mich einfach organisiert. Alles war eine Bestätigung von: Die Mitte ist gefunden!

Ich war völlig monomanisch und völlig autistisch. Ich kannte nur das Theater und lebte darin. Ich war so eitel, wie ein Tänzer sein muß. Ein Tänzer muß stolz auf sich sein, er muß sich lieben, er muß seinen Körper, sein Atmen, sein Hören und sein Empfinden voll akzeptieren und verteidigen und pflegen und hüten. Wenn ein Tänzer sich selbst nicht gut genug ist, dann fehlt ihm etwas. Meine Stärken waren Allegro – springen, drehen – und Ausdruck, Dramatik. Meine Schwäche war das kühle, akademische Vokabular, das einem als Tänzer ja immer vor Augen ist: Adagio, edle, schöne Linien – ich hatte nie eine perfekte fünfte Position. Ich stand vor dem Spiegel und schaute mich immerzu an, aber ich mochte mich. Natürlich hat es mich gestört, daß gewisse Rollen für mich ausgeschlossen waren, aber ich habe mich einfach clever und pragmatisch auf die andere Ecke spezialisiert, die mir auch Spaß machte. Ich war kindlich im Erleben und Genießen, aber auch viel zu erwachsen, um nicht zu begreifen, daß ich mehr Erfolg haben kann, wenn ich das Schauspielerische mit dem Tänzerischen mische und wenn das Schrittmaterial so ist, daß ich es nach meinen Möglichkeiten bearbeiten kann. Als Prinz hast du deine Variation zu tanzen, und wenn da etwas nicht stimmt, dann ist es nicht gut. Ich habe mich wirklich damit abgefunden, daß ich kein Prinz bin.

Meine pragmatische Ader hat mich dann auch dazu bewogen, mich neu zu orientieren. Ich hatte eben immer die Ersten vor mir. Und die waren toll. Hätte ich warten sollen, daß einer abtritt oder ein besseres Engagement findet und ich vielleicht in diese Lücke rutsche? Technisch hätte ich die auch nicht erreichen können; die verfügten über so viel Persönlichkeit und Erfahrung, daß ich immer ein Anfänger dagegen war. Also: Provinz und vorwärts! Ich redete mit van Dyk, und der sagte: Ja, gehe! Aber Du mußt das und das weitertanzen und die und die Zweitbesetzung übernehmen, weil wir so schnell niemanden finden! So konnte ich von Münster aus, meinem Folgeengagement, weiter in Hamburg gastieren.

In Münster blieb ich von 1966 bis 1967. Ich hatte mich verliebt und wohnte zum ersten Mal mit jemandem zusammen. Die Kompanie war winzig, insgesamt nur vierzehn Leute. Ich war Erster Solist – wir waren alle Erste Solisten. Wieder naiv und pragmatisch, habe ich da nie gesagt: Jetzt bin ich hier in Münster, wie schrecklich! Wäre ich doch Erster in Hamburg! Nein, ich habe das genossen: Jetzt gibt es keinen Star mehr vor mir, jetzt bin ich der Star! Und man konnte da wunderbar tanzen, Bühne und Orchester waren prima, und die Choreographin, Gise Furtwängler, legte sich unheimlich ins Zeug. Sie arbeitete zwar auf klassischer Basis, aber es war viel mehr Expression angesagt als klare Technik, und das fand ich toll. Hauptsache, es bewegte. Hinschmeißen? – Ja, sofort! Wälzen? – Ja gerne!

In Münster fing ich auch an, Training zu geben, jeder gab Training. Und wir putzten die Ballette selbst; du wurdest darin geschult, ohne daß du es merktest. Das war ganz toll. Jeder mußte auch sofort Operetten choreographieren, es war ja alle vierzehn Tage Premiere. Wir hatten immer die gleichen Kostüme an, oder nur mit einem anderen Hut. Es war eine wirkliche Nudelbühne, und es war immer noch sehr familiär. Ich begann, kleine Rollen in Operetten zu spielen: Die Gräfin erwartet sie! – In Hamburg hatte ich manchmal nachmittags für mich im Ballettsaal choreographiert. Wilde Tänze mit Schreien und Auf-dem-Boden-Rumwühlen. Bestimmte Themen hatte ich nicht, ich versuchte eher, eine Musikdramaturgie in Tanz umzusetzen. Es war nicht «Johanna die Wahnsinnige auf der Flucht durch den Teutoburger Wald», sondern schon etwas klüger.

1967 bin ich nach Köln gekommen. Die Kölner Truppe löste sich damals auf, und die Münsteraner Truppe wurde ans Kölner Opernhaus engagiert, weil sie sehr gut und die Choreographin en vogue war. Nun war ich nicht mehr Erster in Münster, sondern Erster in Köln, und wir waren nicht mehr vierzehn Tänzer, sondern plötzlich achtunddreißig. Außerdem war ich Trainingsmeister und Assistent von Gise Furtwängler. Ich hatte ein Büro, machte die ganzen Probenpläne, und bekam alle Opernchoreographien. Diese Entscheidung, zu choreographieren, zu unterrichten, zu leiten, war ganz bewußt.

Es gab eine klassische Nummer eins, das war Jonathan Watts, der Balanchine-Star aus New York. Er war der Prinz, und ich war die dramatische Nummer eins, die Donnermaus. Wir saßen zusammen in einer Garderobe, und es war wunderbar. Ich hatte immer den meisten Applaus, das ist ja einfach mit dramatischen Figuren. Das sind viel wirksamere Rollen als der edle Typ, der in einem schönen weißen Trikot rauskommt und die Tante in einer Promenade führt. Wir machten zusammen «Daphnis und Chloe». Er spielte natürlich Daphnis, und ich spielte Pan, den Mann mit der Flöte und den zwei Hörnern, sprang immer herum oder saß hinter Büschen und machte geile Bewegungen ins Publikum. Hans Kresnik spielte damals übrigens den Hirten, der Chloe verführt. Ich hatte ganz viel Applaus und Jonathan natürlich auch. Es hat mich nur geärgert, daß Leute wie die Chefin und der Intendant seine Leistung höher schätzten und es bei ihm immer hieß: Das muß man sich mal anschauen! Und natürlich kam er auch immer als letzter in der Applausordnung: erst ich, dann die Ballerina und zum Schluß er. Ich beneidete ihn nicht um die Rolle, sondern um das Getöse, darum, daß ein Prinz dann doch der Erste ist.

Ende der sechziger Jahre war meine große Zeit, und ich gastierte von Köln aus in Düsseldorf, Hamburg, München, tanzte Petruschka überall, wo es lief, in Brüssel, Amsterdam, Mailand. Ich war ein richtiger Reise-Tanzsolist, was damals noch sehr selten war. Ich hatte einen Namen in der Ballettwelt. Ich machte eine sechsmonatige Welttournee, da wurde aus jedem deutschen Opernhaus ein Tänzer rekrutiert, und Tatjana Gsovsky machte die Choreographie. Irre! Ich habe diesen Beruf wirklich bis zum Letzten ausgekostet. Die Sachen, die mir noch gelegen hätten, die ich mir noch gewünscht hätte, und die ich einfach verpaßt habe, waren dann nicht für mich bestimmt, da waren andere Tänzer besser oder richtiger für die Partie.

Ende der Sechziger kam auch Politik ins Theater, in diese heile Welt. Es brodelte dermaßen, daß man bekloppt gewesen wäre, wenn man nicht reagiert hätte. Es wurde überall über Mitbestimmung und neue Strukturen diskutiert. Ich habe mit vielen Menschen geredet, viel mitgekriegt, und das hat mich dann plötzlich weggebracht von diesem heilen Glashaus Tanz. Wir machten damals klassisches und modernes Ballett in Köln, aber es kam keine Sau mehr. Wir tanzten «Giselle» vor dreihundert Leuten. Heute unvorstellbar. Es war ein schwerer Schock, daß plötzlich die ganze Arbeit, die ich immer so lustvoll gemacht hatte, nicht mehr gefragt war. Die logische Folge davon war, daß wir unsere eigenen Stücke choreographierten. Wir gingen nachmittags in den Ballettsaal und probten. Es war natürlich gewerkschaftlich nicht erlaubt, am Nachmittag da herumzuhopsen, aber es war sowieso Chaos am Theater. Die Idee zum Tanz-Forum kam aus diesem Sud.

Ich habe damals nur aus dem theatralischen Gefühl heraus choreographiert; alles auflösen, wieder lebendig werden, nicht in der Form totgehen. Wir zerhackten Stühle. Ich habe die erste Rockband auf die Bühne gezerrt, noch bevor das Mode wurde, ich bin in Happenings aufgetreten, war mit modernen Filmern befreundet, war in der Truppe von Mauricio Kagel, dem Komponisten, und machte Multimedia-Theater. Ich bin mit den Gebrüdern Kontarsky, einem berühmten Klavierduo, mit Bernd Alois Zimmermanns «Roi Ubu» über Land gereist: Ich war der Speaker und kam mitten im Konzert auf die Bühne, zog eine Fahne hoch und sagte: Merrrrde! Ja, und dann schmiß ich mich hin und robbte wieder von der Bühne, während die beiden weiterspielten.

«Giselle» war leer, und unsere eigenen, auf Revolution ausgerichteten Programme, die wir nachts tanzten, waren rappelvoll. 1972 wurde das ganze Ballett aufgelöst, und der Intendant installierte uns, die anarchische Truppe, als offizielle Kompanie am Opernhaus; ich bin der Gründer des Tanz-Forums und der Erfinder des Titels. Natürlich gab es dann ein Direktorium; wir waren vier Chefs: Helmut Baumann als offizieller Ballettdirektor, Jochen Ulrich, Jürg Burth und Gray Veredon. Wir machten jetzt auf Mitbestimmung, und da ging das Drama los. Ich hatte zum ersten Mal Geld zu verwalten und mußte dem Intendanten gegenüber alles vertreten, während drei wilde Genossen sagten: Ich muß! – Ich will! – Ich brauche die meisten Proben! – Außerdem mußte ich eine Gruppe zusammenstellen, und einmal die Woche gab es natürlich Gruppengespräche. Die neue Truppe hatte sofort unglaublich viel Erfolg. Ich habe getanzt, gastiert, choreographiert, hatte die Verantwortung und machte außerdem noch viele Opern- und Schauspielassistenzen. Der Intendant sagte: Baumann, was haben Sie denn? Nun halten Sie das mal im Griff! – Ja, halte das mal im Griff! Das hat mich eine unglaubliche Kraft gekostet. Da habe ich gemerkt: Das ist ja alles ganz toll mit dem Revoluzzen, aber wo bleibe ich? Ich hätte mich ganz zurücknehmen und alles der Gemeinschaft zugute tun müssen. Ich trainierte mühsam meine vierzig Minuten, dann rannte ich schon wieder ins Büro, oder ich versäumte das Training ganz und machte dann meine zwanzig Minuten vor der Vorstellung. Der ganze Drive, der Glückszustand, in dem ich meine Tanzkarriere verbracht hatte, die Lust und die Naivität waren weg.

Damals kam auch die Auseinandersetzung mit dem Modern Dance in härtester Form: nur noch am Boden, vierte Position, Backfall on one! Ich wollte mich dem instinktiv nicht mehr aussetzen. Ich bin nach New York gefahren und habe Lehrer eingekauft, aber ich als Tänzer hatte nicht mehr das nötige Feuer. Mein Kopf war zu sehr mit dem Chefsein vernagelt, und es war auch zu schwierig, mein Körper gab es nicht her. Nachdem ich so viele Jahre herumgehopst war und auch einigermaßen reüssiert hatte, setzte ich mich auf den Boden und stellte fest, daß ich in dieser Technik eine absolute Null bin. Vom Bewegungsgefühl her hätte ich es geschafft, aber es ging natürlich beinhart um Technik und Grundsätze, und wenn das und das nicht stimmte, dann warst du ein minderwertiges Subjekt und konntest nach Hause gehen. Und das mir! Ich war Anfang dreißig, alle anderen waren viel jünger und dachten natürlich: Ich bin vierundzwanzig, der ist dreißig, lieber Gott, wann tritt der endlich ab? – Ich fühlte mich dem nicht mehr gewachsen, diesen Torturen am Fußboden, diesen wahnwitzigen Schmerzen und daß man so versagt – diese Graham-Jünger sagten ja dann auch: Tja, du hast noch nie tanzen können! Du willst doch nicht sagen, daß Balanchine Tanz ist? – Modern Dance heißt immer: Alle anderen können gar nicht tanzen, nur wir können tanzen! Ich hatte die ja alle engagiert, hatte nach Persönlichkeiten gesucht, die eine eigene Meinung hatten, nach Leuten, die diese neuen Techniken gelernt hatten, sich frei bewegen und kreativ mitarbeiten konnten. Die Überzeugung vom Kopf, daß etwas Neues passieren muß, die war da, aber daß ich dabei nicht mehr vorkomme, das war eine andere Frage. Und das ist wohl das Wichtigste für mich, daß ich vorkomme.

1973 ist das Tanz-Forum nach Rom gefahren. Wir spielten die «Sieben Todsünden», die ich inszeniert hatte, und zuvor den «Grünen Tisch» von Kurt Jooss, dieses alte Ballett aus den Dreißigern, das wir als erste in Deutschland wiederaufgeführt hatten. Ich tanzte die Hauptrolle, den Tod. Auf diesem Rom-Gastspiel habe ich offiziell meinen Abschied von der Tanzbühne erklärt. Ich gab auch alles andere auf, die Position, die Verantwortung. Ich war total überfordert. Dieses Modell einer selbstverwalteten, diskutierenden Truppe war das erste in Deutschland. Wenn ich mir das heute vorstelle, denke ich: Du mußt bekloppt gewesen sein! Ich habe nur geackert wie ein Wahnsinniger und mich von morgens bis abends beschimpfen lassen. Ich bin ja nicht Florence Nightingale! Da muß man schon so fanatisch sein wie Kresnik, um das durchzuhalten. Aber der hätte auch nie einer Vierergemeinschaft zugestimmt, nie! Hans ist Hans und bleibt dabei und kommt vor. Mir war das eben damals nicht möglich. Ja, ich war dann natürlich der Verräter, und die drei übriggebliebenen Choreographen machten allein weiter.

Ich fing an zu inszenieren. Musical. Das wollte ich schon immer. Ich hatte ja auch immer diese Figuren getanzt, war der, der sich mit dem Boulevardesken beschäftigte, war am liebsten der Komiker oder Charaktertänzer. Noch während meiner Zeit als Ballettdirektor in Köln war ich in Berlin an der Deutschen Oper für «Die Geschichte vom Soldaten» engagiert. Mein Lieblingsregisseur und Regielehrer, Gustav Rudolf Sellner, holte mich als Choreograph und Assistent. Boy Gobert spielte den Teufel, Eva Evdokimova die Prinzessin und O. E. Hasse den Erzähler. Außer mir gab es noch siebzig Assistenten rechts und links. Gustav Rudolf Sellner kam einmal am Tag für eine Stunde und sagte dann: Jetzt muß ich wieder ins Büro! Und dann inszenierten irgendwelche Assistenten, oder wir erzählten uns Geschichten. Es wurde nie gearbeitet. Ich choreographierte natürlich und machte meine Arbeit. Acht Tage vor der Premiere sagte der Gobert zu mir: Ich möchte mit Ihnen an den Dialogen arbeiten! Ich habe den Schlüssel für den Malersaal, der Chef darf das nicht wissen! Kommen sie? – «Die Geschichte vom Soldaten» ist ein Stück, wo Choreographie und Dialogregie sehr ineinandergreifen. Wir trafen uns abends um neun im Malersaal, holten uns irgendeine Kiste, stellten sie zwischen die ganzen Dekorationsteile, die da herumlagen, und probten. Plötzlich habe ich Regie gemacht! Und Gobert und Hasse machten, was ich sagte! Wir trafen uns dann jeden Abend, acht Tage lang. Sellner kam immer auf die Probe und sagte: Ach, das hat sich ja gesetzt! und ging wieder. Dann kam die Premiere, alles lief wunderbar, Riesenfete, fertig. Ein halbes Jahr später rief mich Gobert an: Mir ist ein Regisseur ausgefallen, hätten Sie Lust, eine Revue bei mir zu inszenieren? Da ging ich ans Thalia Theater und machte meine erste Inszenierung. Nur durch einen Zufall, nur weil ich damals zu Gobert gesagt hatte: Erst die Geste, dann den Satz! Der hatte sich das gemerkt und wohl auch meinen Sinn für Showbusiness gespürt.

Ich bin dann von 1974 bis 1984 nur gereist. Meine ersten Musicals habe ich immer selber choreographiert und inszeniert – völlig blödsinnig! Ich kam zwar als Musical-Regisseur ins Metier, aber ich machte auch mindestens vierzig verschiedene Opern- und Schauspielinszenierungen. Trotzdem bin ich am Ende eindeutig der Musical-Regisseur geworden. Natürlich wird Shakespeare höher eingeschätzt als Musical, und natürlich stört mich das. Heute, wo ich Intendant des Theaters des Westens bin, wird mich keiner mehr fragen: Hast du Lust, einen Goldoni bei mir zu inszenieren? Das ist jetzt vorbei.

Tanz ist Ursprung, das ist banal, aber die Wahrheit; er ist älter als alle anderen Ausdrucksformen. Klassisches Ballett dagegen ist ein Kunstprodukt. Wir haben Bäume zu Barockgärten dressiert und tanzende Menschen zu klassischen Tänzern. Das ist Europa. Für mich ist klassisches Ballett heute uninteressant, die Zukunft liegt im Theatralischen. Aber es wird sich halten können, wie die museale Oper sich hält.

Das technisch hohe Niveau, das heute in großen Ballettruppen verlangt wird, und die Produktion von Tänzern in Schulen führten dazu, daß der Tänzer als dummes Wesen erscheint. Zu meiner Zeit war das nicht so. Wenn du, wie heute üblich, in der Schule wirklich nur auf perfektes Material getrimmt wirst, damit du später auf der Bühne funktionierst, dann kann eigentlich nicht viel mehr in dich hineingepflanzt werden als Tänzerdummheit. Dieses Auswählen von der Physis her, dieses Herstellen von Massenware, von perfekt funktionierenden Mädchen und Jungen, dieses Nivellieren von Persönlichkeit, diese totale Gleichschaltung – da kann ich nur staunend zuschauen. Wirkliche Tänzer sind Menschen, die das Tanzen im Blut haben und nicht anders können. Es wird so oft über Tänzer gesagt, daß sie sich kasteien und masochistisch veranlagt sind, das ist Unsinn! Nennt man einen Wissenschaftler, der fanatisch einer Formel hinterherjagt, Masochist?

Wenn mich heute jemand Tänzer nennt, dann finde ich das toll. Ich bleibe ja ein Tänzer, das ist im Kopf. So wie Danny Kaye, mein Vorbild, immer ein Tänzer war, und der war einer der größten Schauspieler des amerikanischen Films. Manche Kritiker führen mich immer zurück auf das, was ich mal war, und ich kann nur hoffen, daß sie das auch noch tun, wenn ich siebzig bin und immer noch auf der Bühne stehe.

Ich würde jedem raten, Tänzer zu werden. Ich finde es gut, wenn man gegen Wände läuft, und das tut man in diesem Beruf sehr schnell. Der Tänzerberuf verlangt so irrsinnig viel, ist so nackt und gnadenlos, daß er nur gutes Menschentraining sein kann. Es nicht zu schaffen, ist gar nichts Schlechtes. Wenn man diesen Beruf ehrlich versucht hat und nicht packt, hat man ganz bestimmt trotzdem etwas gewonnen. Was ist denn eigentlich Erfolg? Gibt es nicht auch eine Art von Erfolg, die nicht laut ist, die sich nicht in Zahlen äußert und nicht in Reputation, sondern in Zufriedenheit, in Zentriertheit, im Sich-Finden? Und möglicherweise ist die viel besser und kostet viel weniger und ist viel profunder als die mit den lauten Ausflippern. Frustriert ist jeder irgendwann irgendwie. Glück, und wie man sich fühlt, hat am Ende nichts mit Erfolg zu tun.

Auf meinem Weg sind mir viele begegnet, die nach ihrer Tanzkarriere im Leeren standen, wo ich dachte: So möchte ich nicht enden! Aber das hat mich immer nur darin bestärkt, die Augen offen zu halten. Entweder man kommt mit einem Realitätssinn auf die Welt oder eben nicht. Herkunft spielt da überhaupt keine Rolle. Ich kenne viele Leute mit enormem Background, die tolle Tanzkarrieren hatten und denen heute gar nichts mehr gelingt. Und ich habe viele Kollegen, die keine «Herkunft» hatten, und die mindestens genauso klug mit sich umgegangen sind, wie ich es vielleicht getan habe.

Theater ist für mich eine Art zu leben – und keine besonders tolle. Vor zwanzig Jahren hätte ich jeden umgeknallt, der gesagt hätte, ich mache Blödsinn oder etwas, das keine Bedeutung hat, aber heute weiß ich, daß es wirklich nicht so wichtig ist. Krebsforschung, Aidsforschung, unsere Zivilisationszerstörung, das ist wichtig. Gut, ohne Theater wäre das Leben öder, aber es ist auch gut, daß es Parks und Cafés gibt.

Ich habe für mich getanzt, es war eine Lebenshaltung, eine Lebensmöglichkeit, aber es ist völlig logisch, daß das nicht ohne Publikum hätte stattfinden können. Ich finde nichts schlimmer als eine Vorstellung, in der nicht genug Leute sind – Ikebana kann ich auch zu Hause machen. Aber das Publikum ist nur da, um mich und das, was ich mir ausgedacht habe, zu sehen. Es ist nicht dazu da, mich privat, als Individuum zu sehen; der Rest ist Boulevard, dummes Getöse.

Ich bin kein Künstler. Rembrandt ist ein Künstler, Mozart ist einer. Künstler sind Leute, die wirklich etwas kreieren. Ich mische alte Gedanken neu zusammen. Ich bin ein Interpret.

Madeleine Bart-Brookes

Als Sechsjährige habe ich immer mit gefalteten Händen vor dem Radio gekniet und Musik gehört. Ein normales Kind hört Musik und findet sie schön. Aber ich mußte meinen großen Auftritt haben, auf die Knie gehen und beten. Ich war schon von Natur aus Schauspielerin. Ich habe auch immer getanzt, einfach so aus dem Gefühl heraus. Meine Eltern dachten: Das Kind hat etwas ganz Besonderes, warum bringen wir sie nicht zum Ballett? So bekam ich den Unterricht mit sechs Jahren zum Nikolaus geschenkt.

Am Anfang tanzte ich zweimal die Woche, aber schon im zweiten Jahr trainierte ich fast jeden Tag. Später habe ich zusätzlich am Brüsseler Konservatorium eine Schauspielausbildung begonnen, neben der Schule natürlich. Puppen kannte ich gar nicht – da war Ballett, da war Schauspiel, und da war die Schule. Wann hätte ich noch spielen sollen? Mit neun Jahren machte ich schon Fernsehen, «Peter und der Wolf». Mit zwölf spielte ich «Die kleine Meerjungfrau» für Film und Fernsehen. Ich mochte das, ich war ein Theatertier, ein kleines Monster. Am Konservatorium spielte ich natürlich nur Tragödien: Racine, Corneille, die großen Franzosen. Ich hatte schon als Kind eine sehr tiefe Stimme, wie Zarah Leander. Ich besitze noch eine Platte, wo ich als Zwölfjährige Poesie aufsage. Wer das hört, bekommt einen Schock und denkt: Da spricht eine fünfzigjährige Frau! – Mit vierzehn schloß ich die Ausbildung zur Schauspielerin ab und wollte natürlich auch nicht mehr in die Schule gehen.

Ich komme aus einer großbürgerlichen Familie, mein Vater war Industrieller. Meine Tanzschulen in Brüssel waren alle privat. In jedem Urlaub bezahlten mir meine Eltern einen Aufenthalt in Paris, um mit Olga Preobrajenska zu trainieren, die noch unter dem Zaren Primaballerina am Bolschoi gewesen war. Das war in den fünfziger Jahren, und sie war schon achtzig, aber immer noch eine tolle Lehrerin. Ich habe nach der russischen Methode trainiert und bekam dadurch natürlich eine sehr gute Basis. Ich war glücklich während meiner Ausbildung. Ich wußte, es kostet viel Arbeit, aber ich habe es nie bereut, nie gesagt: Oh, warum kann ich nicht spielen? – Spitze habe ich gehaßt, weil ich so schlechte Füße hatte: Ich hatte statt eines Cou de pied ein Loch! Während meiner ganzen Kindheit habe ich hart an meinen Füßen gearbeitet: Ich klemmte sie unter den Heizungskörper, band sie auf der Stange fest und drückte und streckte, damit der Spann herauskommt – alle diese Tänzer-Tricks. Schmerzen! Aber ich machte das gerne. Ich wollte einen Cou de pied haben. Mit vierzehn war mein Fuß gerade! Zwar kein Spann, aber gerade! Statt eines Lochs ist das schon sehr viel.

Nach einem meiner Aufenthalte in Paris hatte ich ein paar Privatstunden mit dem ersten Solotänzer vom Brüsseler Theater. Er sagte: Madeleine, es gibt einen Intendantenwechsel am Theater, sie halten Auditions ab, warum probierst du es nicht? Er studierte eine klassische Variation mit mir ein, ich tanzte vor und war engagiert. Der Ballettdirektor, Paul Goubé, mochte mich sofort. Zu Hause sagte ich zu meinen Eltern: Ich habe jetzt einen Vertrag als Tänzerin! – Was? Wo denn? – Théâtre de la Monnaie! – Nein, das geht nicht! Ich hätte noch zwei Jahre in die Schule gehen müssen. Ich sagte: Es tut mir furchtbar leid, ich verdiene jetzt mein Geld, dann gehe ich eben von zu Hause weg! Meine Eltern hatten keine Wahl. Früher waren Tänzerinnen ja oft berühmte Kurtisanen, und dieser Ruf hat sich bis in unser Jahrhundert gehalten. Die Bourgeoisie dachte immer noch: Oh, eine Tänzerin, das ist nichts Gutes!

Ich wußte damals nicht, ob ich Tänzerin oder Schauspielerin werden sollte. Ich hatte ja beides gelernt, und es war nur ein Zufall, daß mein erster Vertrag ein Tänzervertrag war. Es blieb dann mein ganzes Leben beim Tanz. Ich habe es immer bedauert, daß ich nie die Gelegenheit hatte, am Theater als Schauspielerin große Rollen zu spielen. Tanzen ist zwar wunderbar, aber man muß schon als junger Mensch sehr aufpassen, mit wem man arbeitet – denn nur davon hängt es ab, ob man glücklich wird in seinem Beruf oder nicht.

Im September trat ich mein erstes Engagement an der Brüsseler Oper an, dem Théâtre de la Monnaie. Ich war fünfzehneinhalb. Bei Paul Goubé tanzten wir natürlich klassisches Ballett. Für die Weihnachtsinszenierung, «Le Sacre du printemps», kam Maurice Béjart als Gast. Er mochte mich sehr und gab mir sofort ein Halbsolo zu tanzen. Bis dahin hatte ich nur wenige moderne Ballette gesehen. Ich war noch sehr jung und interessierte mich nur für klassisches Ballett. Und dann kam Béjart: Wir mußten mit der Hüfte nach oben am Boden liegen, erotische Bewegungen machen, und ich verstand überhaupt nichts, weil ich noch so naiv war. Ich wußte ja noch gar nicht, was ein Mann ist. Ich hatte nur eine Schwester, und in Tragödien oder romantischen Stücken, wie ich sie mit vierzehn am Konservatorium gespielt hatte, macht man ja auch nicht die Beine hoch oder breit. Die anderen Mädchen klärten mich dann auf. Ich ging nach Hause und erzählte alles meinen Eltern. Mein Vater bekam ganz große Ohren und sagte: Wer ist dieser Béjart? Béjart hatte damals eine kleine eigene Truppe und war schon sehr bekannt, aber ich hatte nie von ihm gehört. Mein Vater kam zur Premiere und war empört, daß seine Tochter solche Bewegungen auf der Bühne machen mußte. « Le Sacre du printemps » war ein Skandal und ein Triumph zugleich.

Meine Eltern wollten mich sofort aus dieser Geschichte herausnehmen, aber ich sagte: Ich bleibe! Warum denn nicht, wenn das sein Stil ist! Ich blieb insgesamt sechs Jahre.

Das Theaterleben hat mich damals so gereizt, weil ich weg von zu Hause sein konnte. Tänzer leben ja sehr frei. Im alten Théâtre de la Monnaie waren die Jungen und Mädchen zusammen auf einer Etage. Da sah ich meinen ersten Jungen – ich werde das nie vergessen: Er kam aus der Dusche mit seinem Handtuch, es fiel auf den Boden, und ich sah ihn nackt! Man kann sich das heutzutage gar nicht mehr vorstellen: Ein Mädchen wußte nicht, wie ein Mann gebaut ist, weil es zu Hause ein Tabu war und man in der Schule nicht von Sex sprach. Ich dachte: Was ist das? Ich bin doch nicht so gebaut! Was macht man damit? Ich mußte es selbst herausfinden, weil ich mit niemandem über so etwas reden wollte. Da war ich sechzehn. Auf der Bühne machte ich zwar diese Bewegungen, aber ich hatte eben nie einen Mann gesehen. Das war eine Überraschung, und es hat mich wochenlang sehr beschäftigt.

Paul Goubé blieb nur ein Jahr, und man bot Béjart an, das Brüsseler Ballett zu übernehmen. Er sagte zu. 1960 wurde Béjart Ballettdirektor von Brüssel, und das Ballett des XX. Jahrhunderts war damit gegründet. Ich war natürlich Gruppentänzerin, denn ich war noch sehr jung, aber ich tanzte auch Halbsoli und Solopartien. Einmal choreographierte er kleine Geschichten von Shakespeare auf eine Musik von Duke Ellington. Es gab eine Nummer von «Lady Macbeth», und er nahm mich als zweite Besetzung, mit siebzehn! Ich war allein mit sieben Jungen: Es fing auf einem Flügel an, ich trug ganz hohe Absätze und gab wirklich Power, mein ganzes Temperament. Béjart war begeistert und sagte: Très bien, Madeleine, vraiment, très bien! Er hat mir vor allen Leuten gratuliert. Mit siebzehn denkst du natürlich: Jetzt bin ich dran! Wo ist die nächste Rolle? Dann siehst du am Plan die Besetzung für das nächste Ballett: Gruppe. Das nächste Ballett: wieder Gruppe. Warum hat er mir dann gesagt, daß es gut war? Vielleicht war es zu früh, oder ich war nicht sein Typ. Ich bekam immer wieder kleine Bonbons und war sehr oft frustriert. Béjart ist ein Choreograph für Männer. Schade, daß ich kein Mann war, dann hätte ich Karriere gemacht.

Damals war ich auch noch ziemlich rund. Die Tänzerinnen hatten allgemein mehr Formen als heute, aber ich war wirklich rund. Ich aß sehr gerne und bin dann durch drastische Diäten gegangen. Ich habe alles versucht, es nützte nichts. Als ich achtzehn war, gingen wir drei Monate auf Tournee nach Südamerika, und ich kam mit einem Magenvirus zurück. Ich hatte hohes Fieber und mußte lange zu Hause bleiben. Danach war ich sehr dünn und bin auch dünn geblieben. Gott sei Dank hatte ich diese Krankheit. Es war zwar hart, aber es wirkte.

Ich war keine schlechte Tänzerin, sonst hätte man mich nicht engagiert. Aber meine Füße waren immer mein Problem, und ich schämte mich dafür. Ich träumte davon, eine Frau mit schönen Füßen zu sein. Aber ich wußte, das würde ich nie erreichen. Im zweiten Jahr bei Béjart kam Ludmilla Tscherina als Gast zu uns. Ich hatte immer schon ihre Füße bewundert, bis ich hörte, daß sie einen falschen Cou de pied trug. Ich fragte natürlich, wie man den macht. Es ist ein Trick: Man nimmt Schaumgummi, schneidet ihn zu und befestigt ihn mit Pflaster an der Stelle, wo eigentlich der Spann sein sollte. Die Bänder der Spitzenschuhe decken den Schaumgummi zusätzlich ab und halten ihn schön fest. Ich habe das dann meine ganze Karriere über gemacht, sogar beim Training. Der Schaumgummi hat überhaupt nicht gestört, es war wunderbar. Ich schaute mich im Spiegel an und war happy. Der Spiegel ist sehr wichtig. Bevor ich den falschen Cou de pied hatte, deprimierte mich der Blick in den Spiegel wahnsinnig. Wir hatten einen wunderbaren Solotänzer in der Truppe, der auch einen falschen Cou de pied benutzte. Eines Tages war er der Joker in «Jeu de cartes». Er drehte toll und machte wunderschöne Sprünge, aber am Ende des Balletts hing sein Cou de pied an der Ferse – er hatte ihn wahrscheinlich falsch geklebt. Hinten der Cou de pied und vorne sein Loch. Furchtbar. Wir haben sehr gelacht. Wir trainierten nur Klassisch bei Béjart, hatten die tollsten Lehrer vom Bolschoi. Wir trainierten nie Modern, nie! Modern ist für mich etwas, das man nicht lernen muß. Wer eine Bewegung nicht spürt, egal ob Klassisch, Modern oder Step, der kann sie nicht machen. Manche Tänzer sagen: Ich bin Klassisch! Andere sagen: Ich bin Modern! Was soll das? Wenn du nicht alles kannst, dann bist du ein schlechter Tänzer. Ich habe nur Klassisch gelernt, aber ich weiß, wie eine Contraction geht. Und man hat mir das nicht stundenlang erklärt. Du spürst es, was ist so schwer daran? Wer nicht den Spiegel nimmt, schaut und abfotografiert, was der andere macht, der ist für mich kein Tänzer.

Ich bin immer sehr früh, um neun Uhr, ins Theater gegangen, um meinen falschen Cou de pied für das Training um zehn vorzubereiten. Sehr oft nahm ich ein Mädchen-Training um zehn und ein Männer-Training um elf Uhr dreißig. Dann Proben bis zwei oder drei Uhr, kurz etwas essen; und um sechs wieder da bis um zehn. Bei Béjart waren wir selten auf Spitze, und das war gut für mich. Wir tanzten meistens in Schläppchen oder barfuß. Das Niveau war damals viel niedriger als heute. Wenn ich die Tänzer sehe, die damals in der Truppe waren, die würde ich heute nicht engagieren. Sie waren Persönlichkeiten, ja, aber von der Technik her, nein! Wenn du heute Béjarts Kompanie siehst, da verlangt er ein unglaubliches Niveau von seinen Tänzern – wobei mir jetzt manchmal die Persönlichkeiten fehlen.

Was ich sehr genossen habe, waren die Tourneen. Ich habe so viel gesehen. Manchmal bin ich auch nicht ins Training gegangen, sondern lieber in ein Museum. Wir waren in ganz Europa, im Libanon, in Südamerika, alles bezahlt natürlich und das als Teenager! Ich hatte das große Glück, in einer der besten Kompanien der Welt zu sein. Auch als Gruppentänzerin habe ich diesen Erfolg immer sehr genossen, da war ich ganz stolz.

Auf einem unserer Gastspiele, beim Festival von Athen, lernte ich einen sehr guten Show-Tänzer kennen. Er war ein Star in Athen – überall Fotografen um ihn herum, und ich, mit einundzwanzig, war natürlich begeistert. Bei Béjart war ich eine von sechzig, aber wenn ich mit ihm zusammen war, bekam ich Blumen, und alle fragten: Mit wem ist er heute abend zusammen? Also all das, was ich heute hasse! Aber damals war das sehr aufregend. Ich habe mich sofort verliebt. Er fragte: Willst du meine Partnerin werden? Ich hatte ein paar seiner Shows gesehen und war begeistert. Schon als Kind hatte ich amerikanische Film-Musicals geliebt. Ich wollte so tanzen wie Cyd Charisse oder Gene Kelly. Ich schrieb einen Brief an Gene Kelly, als ich zwölf war, bekam aber nie eine Antwort. Ich trainierte klassisches Ballett, das war meine Basis, aber mein Traum war das Showbusiness.

Zurück in Brüssel sagte ich zu Béjart: Ich verlasse die Kompanie! Béjart sagte: Das kannst du nicht einfach so, gerade jetzt wollte ich dir einen Halbsolo-Vertrag geben! Geh zum Intendanten, du wirst sehen, daß es nicht geht! Du hast deinen Vertrag für die nächste Spielzeit schon unterschrieben! Es war Juni. Ich ging zum Intendanten, und er sagte: Haben Sie einen Vertrag für Griechenland? Damals war Griechenland noch sehr exotisch. Er redete wie ein Vater mit mir: Sie kommen da hin und wissen gar nicht, was los ist! Wer ist dieser Mann? Ich sagte: Er ist ein Star und außerdem sehr korrekt, er wird mir schon einen Vertrag geben! – Frau Bart, bevor Sie keinen Vertrag in den Händen haben und ihn mir vorzeigen, lasse ich Sie nicht gehen! Also, ganz toll von ihm. Damals dachte ich natürlich: Du Arschloch!, weil ich verliebt war. Dann sprach ich mit meinen Eltern. Mein Vater sagte: Wo wirst du wohnen? Was wirst du machen? Vielleicht kommst du in die Hände von Zuhältern! Ich rief meinen Freund an: Die lassen mich nicht weg, wenn du mir keinen Vertrag schickst! Ein paar Tage später hatte ich den Vertrag, zeigte ihn meinen Eltern und ging damit zum Intendanten: Es scheint o. k.! Aber überlegen Sie es sich doch noch einmal, bevor Sie da zusagen! Ich sagte: Nein, es ist alles gesagt, ich gehe! – Es war eine Katastrophe für meine Eltern; bis dahin hatte ich ja noch ein Zimmer mit meiner Schwester geteilt.

Bei meiner Ankunft in Griechenland stand er da mit Rosen, und um ihn herum waren Fotografen. Ich, mit schwarzer Brille, kam die Treppe herunter – es war wie Hollywood! Doof, wenn ich heute daran zurückdenke, aber damals war es unglaublich aufregend. Natürlich war er verheiratet und hatte einen kleinen Sohn. Er mietete eine sehr schöne Dachwohnung für mich, bezahlte alles und verwöhnte mich. Wir machten zwei Shows und einen Film zusammen. Dort habe ich auch meinen Namen wieder geändert. Bart war ja mein Künstlername, so hat meine Mutter immer meinen Vater genannt, der Albert hieß. Aber ich wollte auch nicht mehr Madeleine Bart sein, sondern nannte mich jetzt Madeleine Gales. Unsere beiden Namen standen in roter Leuchtschrift am Theater. Ich war ein Star.

Ich habe mich in Athen zu Hause gefühlt, hatte überhaupt kein Heimweh. Außerdem: die große Liebe – sechs Monate lang! Dann merkte ich, daß er schon eine andere hatte. Plötzlich war ich sehr allein. Ich habe weiter mit ihm gearbeitet, und das war schrecklich, weil ich ihn immer noch liebte. Ich bekam einen Nervenzusammenbruch; drei Wochen lag ich blind im Krankenhaus. Ich mußte zurück nach Hause, aber wie? Ich bat ihn, einen alten Freund von mir anzurufen, der mich sicher abholen würde. Wegen meiner Augen konnte ich ja nicht allein fliegen. Ich war einundzwanzig. Meine Eltern rief ich nicht an, es war mir peinlich: Erst groß reden, ich gehe nach Griechenland, und dann sechs Monate später als Leiche zurückkommen. Der Freund kam zwei Tage später und brachte mich zurück nach Brüssel. Ich lebte bei ihm und seinem Freund, der vor kurzem an Aids gestorben ist. Sie riefen meine Eltern an und erzählten, was passiert war. Mein Vater war schockiert, als er von meinem Zustand hörte. Ich bin dann nach Hause zurückgegangen, weil es nicht anders ging.

Nach so einem Nervenzusammenbruch ist alles ganz furchtbar. Ich bin sechs Monate lang im Haus geblieben, weil ich Angst hatte, auf die Straße zu gehen. In dieser Zeit lernte ich bei meiner Mutter kochen, ich putzte die Wohnung – alles mit Ruhe. Ich schwor mir, nie wieder auf eine Bühne zu gehen. Mein ganzes Trainingszeug schmiß ich in den Müll. Nach diesen sechs Monaten machte ich eine

Ausbildung als Stewardeß, und danach bin ich auch wirklich drei Monate lang geflogen. Während dieser Zeit bin ich ein paarmal zurück ans Théâtre de la Monnaie gegangen, um Vorstellungen zu sehen – Opern, kein Ballett! Erst ein Jahr nach meiner Rückkehr aus Griechenland ging ich zur Premiere von Béjarts «Romeo und Julia», und er fragte mich: Hast du keine Lust, zurückzukommen? Ich sagte: Nein danke! Das war für mich gestorben.

Auf einer Party traf ich den Zweiten Kappellmeister der Oper wieder, den ich von meiner Béjart-Zeit kannte. Er wurde mein neuer Freund. Als ich meinen Eltern davon erzählte, waren sie begeistert. So einen Mann findet man sonst gar nicht in Theaterkreisen. Sein Vater besaß eine der größten Druckereien in Belgien; er war reich, gut erzogen, protestantisch, also perfekt. Nach zwei Monaten hat er mir einen Heiratsantrag gemacht. Ich lachte ihm ins Gesicht: Gut, wir sind zusammen, aber heiraten? Ich denke nicht daran! Er bekam natürlich einen Schock, und wir trennten uns für ein paar Monate. Ich war nicht verliebt. Nach so einer Geschichte wie in Athen kann man sich nicht so schnell wieder verlieben. Aber ich mochte ihn, und meine Eltern drängten mich so sehr, daß ich ihn schließlich doch heiratete. Er wollte nicht, daß ich weiter als Stewardeß arbeite, und ich hörte auch sofort auf. Es war kein Beruf für mich, ich nannte das: Garçon de café de luxe! Nach einem Jahr bekam ich meinen ersten Sohn, und nach zwei Jahren fing auch dieser Mann an, mich zu betrügen. Aber Gott sei Dank war ich nicht sehr verliebt und verkraftete das gut. Drei Jahre später bekam ich trotzdem einen zweiten Sohn. Ich wohnte in einer Riesenvilla mit zwei Hektar Park, hatte meine Kinder, meine Hunde und machte nichts.

Als er seine Position als Dirigent verlor, wurde es schwierig, weil wir nicht mehr so viel Geld hatten. Ich sagte: Das macht nichts! Ich suche mir eine Ballettschule und unterrichte ein paar Stunden in der Woche! Ich hatte fünf Jahre lang nicht getanzt, und es hatte mir auch nicht gefehlt. Ich fand ein Studio, in dem ich unterrichten konnte, während meine Söhne in den Kindergarten gingen. Ich gab ganz einfaches Training für Kinder, und es lief sehr gut. Es machte mir großen Spaß, den Kindern meinen Beruf beizubringen und trotzdem weit weg vom Theater zu sein. Langsam fing ich auch an, wieder selbst zu trainieren – barfuß.

Währenddessen versuchte mein Mann, eine neue Position zu bekommen. Er war immer unterwegs, und ich blieb bei den Kindern in Brüssel. Wir führten damals schon keine gute Ehe mehr. Eines Tages dirigierte er in Trier vor. Seine deutsche Freundin war bei ihm, eine berühmte Sängerin aus Berlin. Im Zuschauerraum saßen der Intendant und Germinal Casado, der zu meiner Zeit «Le Sacre du printemps» bei Béjart kreiert hatte. Seitdem er nicht mehr tanzte, hat er oft in Trier als Schauspieler gastiert. Er kannte meinen Mann und sagte zu dem Intendanten: Ich kenne seine Frau, ich habe jahrelang mit ihr bei Béjart gearbeitet. Du suchst doch einen Ballettdirektor. Bitte sie doch, daß sie sich hier vorstellt! Ich hatte Germinal seit Béjart nicht mehr gesehen, und das war Jahre her. Er hatte sich an mich erinnert! Ich war neunundzwanzig, als ich in Trier Ballettdirektorin wurde, und mein Mann bekam die Stelle als Generalmusikdirektor.

Ich hatte noch nie choreographiert, obwohl ich als Kind immer davon geträumt hatte. Meine ersten Choreographien waren nicht besonders gut, aber ich lernte schnell. Ich hatte einen wunderbaren Intendanten, der mir sehr viel beibrachte. Ich machte alles: Ballettabende, Musical, Schauspiel – es war eine tolle Schule für mich. Deutsch lernte ich übers Gehör. Während meiner vier Jahre in Trier gastierte Casado oft bei mir als Choreograph und auch als Tänzer. Und dann habe ich auch selbst wieder getanzt, und Casado hat für mich choreographiert. Ich war ja noch jung mit meinen dreißig Jahren, und es war sehr schön, auf die Bühne zurückzukehren. Ich hatte mehr Lebenserfahrung, aber ich glaube, daß mein Ausdruck der gleiche geblieben ist. Ich tanzte natürlich nur noch das, was ich wollte: mehr Ausdruckstanz als klassisches Ballett, nur barfuß und immer als Solistin. In Trier lernte ich auch meinen jetzigen Mann kennen, der dort erster Bariton war. Es war Liebe auf den ersten Blick. Mein damaliger Mann und ich hatten uns schon völlig auseinandergelebt; von unseren Söhnen war einer bei mir in Trier, der andere bei meinen Eltern in Brüssel, da er nur französisch sprach und zur Schule mußte. Er blieb bei meiner Mutter, bis er achtzehn wurde. Für mich war das kein Problem, es ging, ich hatte ja meinen kleinsten Sohn bei mir. Später ist er auch zurück nach Brüssel gegangen. Meine Kinder waren Urlaubskinder, kamen nur in den Ferien. Später warfen sie mir vor, daß sie mich nicht genug für sich gehabt hätten. Ich habe deswegen kein schlechtes Gewissen, und sie haben es jetzt verstanden. Sie sind zwei tolle Kerls geworden, und ich bin mittlerweile Großmutter.

Casado bekam eines Tages die Position des Ballettdirektors in Karlsruhe. Er fragte mich, ob ich nicht Lust hätte, als Ballettmeisterin mit ihm zusammenzuarbeiten. Ich überlegte und sagte zu. Trier war ja ein kleines Theater und Karlsruhe ein großes Staatstheater mit einer Truppe von dreißig Leuten, das ist schon etwas anderes. In den ersten beiden Jahren machte ich keine Choreographien mehr, aber später haben wir alles geteilt: In Karlsruhe gab es immer einen Ballettabend im Großen Haus, für den wir beide jeweils eine Choreographie machten; im Kleinen Haus choreographierte jeder von uns einen Ballettabend. Alle Musicals, Operetten und Opern übernahm ich. Außerdem leitete ich die Ballettschule. Ich fühlte mich nicht als Zweite, sondern als Gleichgestellte und für diese Truppe mitverantwortlich. Es war eine wichtige Zeit, aber nach acht Jahren war es genug, und ich verließ Karlsruhe. Casado akzeptiert das bis heute nicht.

Ich machte ein Jahr Pause. Ich wollte Zeit mit meinem Mann verbringen, und das tat mir sehr gut. Er war damals in Berlin engagiert; ich wollte nicht den ganzen Tag zu Hause sitzen und begann deshalb, Training an der Deutschen Oper Berlin und am Theater des Westens zu geben. Aber ich choreographierte nicht. Dann bin ich für zwei Jahre ans Gärtnerplatz-Theater in München gegangen. Auch dort habe ich nur Training gegeben. Als Tänzerin hatte ich immer sehr schöne Sprünge und drehte gut, überhaupt mochte ich alle Männersachen gerne. Adagio und diese Dinge, nein! Deswegen gebe ich auch heute immer noch viel lieber Training für Männer als für Frauen. Zwei Jahre in München haben mir gereicht. Als ich dort wegging, waren alle traurig. Ich habe dann fünf Jahre lang freischaffend und wirklich sehr, sehr gut gearbeitet. Ich arbeitete nie über eine Agentur, sondern nur über die Bekanntschaften, die ich in Karlsruhe geknüpft hatte. Schließlich kam dann das Angebot aus Krefeld/Mönchengladbach, Ballettdirektorin zu werden. Eine eigene Truppe! Das hatte ich mir immer schon gewünscht. Zweite zu sein war sehr schön, ich war beliebt. Aber ich war nicht mein eigener Herr. Ich mußte Choreographien von anderen putzen, und das wollte ich nicht mehr.

Jetzt, wo ich selbst Leute engagiere, merke ich, daß ich bei meinen Tänzern Persönlichkeit suche. Natürlich bin ich auch von einer guten klassischen Technik und einem guten Körper abhängig, ich mache ja kein Tanztheater. Tanztheater kann man auch mit Leuten machen, die keinen guten Körper, dafür aber sehr viel Persönlichkeit haben. Ich suche Tänzer mit einer schauspielerischen Begabung, die mir übrigens bei sehr vielen fehlt. Aber ich kann auch Menschen ändern: Ich habe hier einen Tänzer, der war für mich ein typischer Ostblocktänzer – sehr gut, sehr hübsch und kalt wie Stein. Heute ist er fantastisch: Er ist total verrückt geworden, läßt los, wurde ein Schauspieler, und das macht mir solchen Spaß! Wenn man Zweite ist, kann man so etwas nicht machen, da muß man oft den Mund halten. Aber jetzt habe ich diese Macht.

Als ich noch selbst tanzte, kannte ich keine leeren Zuschauerräume. Wenn ich jetzt in eine Vorstellung gehe und es halbvoll ist, dann fühle ich mich schlecht. In Krefeld ist es immer halbvoll, und ich leide wie ein Tier. Hier in Mönchengladbach läuft es sehr gut. Aber Krefeld – das Theater sollte man schließen. Ein Theater kostet sehr viel Steuergelder. Wozu, wenn niemand reingeht? Um «Kunst» zu machen? Ich sage, was ich denke, und manche Leute mögen mich nicht deswegen. Ich mache Theater für das Publikum, andere machen Theater für sich – ich nenne das onanieren. Das hasse ich. Ich bin nicht für mich traurig, wenn der Zuschauerraum leer ist, sondern für meine Tänzer, weil ich weiß, was sie auf der Bühne geben, egal ob es voll ist oder leer. Ich liebe meine Tänzer.

Ich bin total gegen die Gewerkschaft, weil unser Beruf dadurch kaputtgeht. Ich weiß, daß es unter den Ballettdirektoren Tyrannen gibt, die ihre Tänzer zu Nummern degradieren. Aber ich denke, wenn man ein normaler Mensch mit Gefühl ist, arbeitet man zusammen; man braucht dann keine Gewerkschaft. Ich werde keinen Tänzer nur wegen der Dienststunden im Ballettsaal behalten. Aber dann muß man auch mit mir arbeiten und nicht bei jeder verkürzten Ruhezeit aufschreien. Aber leider gibt es in diesem Beruf auch Beamte. Die haben Tanzen gelernt wie irgendeinen anderen Beruf. Die Künstler sind nie zufrieden mit sich selbst, aber die Beamten wissen immer alles besser und halten sich für sehr gut. Die liegen total daneben. Es fehlt eben das künstlerische Gefühl, dieses bißchen Verrücktheit; wenn man das hat, ist es schon sehr viel.

Tanz war immer da, in jeder Zivilisation, es ist eine Art, sich auszudrücken, etwas, das zum Menschen gehört. Deswegen liegt man auch falsch, wenn man den Tanz als Beruf ansieht. Es ist kein Beruf, dich zu bewegen, es ist ein Teil von dir. Ballett ist etwas anderes; Ballett mag ich nicht. Tanz hat alles: Erotik, Gedanken, eben alles was zum Menschen gehört. Aber Ballett hat das nicht. Oft ist klassisches Ballett wie Zirkus, das hat mit Tanz nichts mehr zu tun. Da denke ich sehr oft: Ach du lieber Gott, warum bin ich nicht zu Hause geblieben?

Ich liebe einfaches, gutes Theater. Wenn ich «Kunst» auf der Bühne sehe, sterbe ich. Ich bin keine «Künstlerin», hoffentlich nicht, sonst wechsle ich meinen Beruf. Wenn ich es schaffe, zu unterhalten, dann bin ich sehr stolz auf mich. Zu sehen, daß die Zuschauer Spaß haben an einer Vorstellung und lange applaudieren, das ist das Schönste, was es gibt. Wird ein Stück, das ich gut finde, vom Publikum nicht gut aufgenommen, dann sage ich: Du hast Mist gebaut! Das kommt nicht an! Das Publikum ist mir sehr wichtig. Kritiken dagegen bedeuten nichts. Das habe ich mit meinem Mann bei den Bregenzer Festspielen gelernt. Da bekommt man stapelweise Presse, und wir haben alles gelesen: In der einen Kritik warst du der größte Star der Welt, in der nächsten stand, daß man das Stück nicht verstanden hat, weil du auf der Bühne warst. Es war wirklich Toilettenpapier. Normalerweise liest man die Kritiken in drei oder vier Zeitungen, aber wenn man dreißig oder vierzig bekommt, sieht man, daß man sie nur in den Müll schmeißen kann.

Ich weiß nicht, ob man Kindern raten soll, Tänzer zu werden. Warum soll ein Kind seine Kindheit für einen Beruf geben, der im Jahr 2000 vielleicht nur noch in ganz großen Kompanien oder überhaupt nicht mehr existiert? Überall machen Ballettkompanien zu – wo sind die Stellen für alle diese Kinder, die so geschuftet haben? Und diese Karriere ist so kurz. Für Männer gibt es danach weniger Möglichkeiten als für Frauen; eine Tänzerin kann sich gut präsentieren, hat eine ganz andere Ausstrahlung als die Frau von der Straße. Männer haben es da viel schwerer. Die Stellen für Choreographen oder Pädagogen sind rar; um eine eigene Schule zu eröffnen, braucht man viel Geld, und studieren, nachdem man sein ganzes Leben lang nur mit dem Körper gearbeitet hat, ist in dem

Alter auch nicht einfach. Außerdem sind ja viele Tänzer leider sehr beschränkt, obwohl für mich ein guter Tänzer auch intelligent sein muß.

Tänzer sind Masochisten; sie wissen, daß sie sich kaputt machen. Gut, wenn man anfängt, weiß man das nicht. Wenn man jung ist und ältere Tänzer sieht, die kaum noch laufen können, denkt man: Gott, was hat der gemacht, um so zu werden? Man hat einen Körper, der gut reagiert, und weiß nicht, was man kaputt macht – da fehlt es auch an Intelligenz! Ich habe einen kaputten Rücken. Drei Bandscheiben sind total zerquetscht, und es gibt Tage, an denen ich nicht stehen kann. Ich will mich nicht operieren lassen, mache Übungen, um es allein zu schaffen, und es geht. Ich kenne viele mit künstlichen Hüften, zum Beispiel Casado und Béjart. Es ist fast pervers. Tanz ist gegen den Körper. Knieoperationen – das höre ich die ganze Zeit. Na ja. Bei mir ist es nur der Rücken. Man hat mir gesagt, daß ich sehr aufpassen muß, weil ich mich sonst später nicht mehr bewegen kann. Aber bevor das passiert, werde ich nicht mehr tanzen und in einem warmen Klima sein. Im Winter reagiert mein Körper sehr schlecht, im Sommer fühle ich mich viel besser. Jetzt bin ich fast fünfzig. Natürlich liebe ich Theater, aber es ist nicht alles in meinem Leben. Ich bin manchmal viel lieber mit meinem Mann in meinem Haus in Australien: inmitten der Natur, mit meinen Tieren und sehr weit weg vom Theater. Als ich ganz jung war, war das anders. Heute frage ich mich, wie lange ich noch Kompromisse machen soll. Ich liebe meinen Beruf, aber das Leben ist voller wunderschöner Dinge. Und in Australien ist es wunderschön.

Archie Kent

Ich komme aus einer strenggläubigen Mormonenfamilie, wir waren acht Kinder. Mein Vater war Musiker und hat viel für die Kirche gearbeitet. Immer wenn er versetzt wurde, ist die Familie mit umgezogen: Geboren bin ich in Kalifornien, mit zwei Jahren kam ich nach Neuseeland, mit fünf nach Hawaii und mit sieben wieder nach Kalifornien. Dann trennten sich meine Eltern, und wir fünf jüngsten Kinder gingen mit meiner Mutter zu ihren Eltern nach Utah. Aber auch dort blieb ich nur ein paar Jahre. Mit dreizehn kam ich mit meiner Mutter nicht mehr klar und zog zurück zu meinem Vater nach Südkalifornien.

Obwohl mein Vater Musiklehrer war, hat keiner von uns Kindern ernsthaft ein Instrument gelernt. Aber natürlich konnte jeder ein paar Töne auf irgendeinem Instrument spielen, und wir machten oft Hausmusik, das war toll. Wir haben auch viel gesungen – zu Hause und in der Kirche. Mormonen gehen sonntags dreimal in die Kirche. Manchmal habe ich das gehaßt, aber es war Familienpflicht. Einmal bin ich während des Gottesdienstes aus dem Fenster geschlüpft und abgehauen, da hat mir mein Großvater zur Strafe eine Glatze geschoren – und das in der Zeit, als ich gerade die Beatles nachahmte und lange Haare hatte! Mit meinem Bruder habe ich Rockstar gespielt: Wir ließen lautstark Rockmusik laufen und stellten uns mit falschen Gitarren vor einen Haufen Kissen, unsere Groupies.

Mit dreizehn fing ich an, Drogen zu nehmen, zuerst Marihuana, später Haschisch, dann LSD. Das Zeug gab es überall in Kalifornien – meine Brüder haben es sogar verkauft. Ich war einfach neugierig. Eines Tages bin ich nach einem LSD-Trip im Krankenhaus aufgewacht; sie brachten mich danach in ein Irrenhaus, und ich blieb dort eine volle Woche. Da war ich vierzehn.

Mit sechzehn kam für mich ein Wendepunkt. Damals habe ich erkannt, daß die Hippies genauso streng nach Normen und Gesetzen leben wie alle anderen auch. Es war mein letztes Jahr in der Highschool, und ich begann Klavier zu spielen und entdeckte die Fotografie. Meine Drogenzeit war damit definitiv beendet. Ich ging dann auf das College, wo mein Vater unterrichtete, und nahm bei ihm ein Jahr lang Musikunterricht. Zum ersten Mal besuchte ich auch eine Theatervorstellung, «Schwanensee» vom American Ballett Theatre. Es hat mir gefallen, aber ich dachte dabei nicht: Das will ich auch machen!

Nach einem Jahr zog ich wieder nach Utah zu meiner Mutter. Ich wollte dort auf die große Mormonenuniversität gehen – 30 000 Studenten – und Musiktheorie und Komposition studieren. Die Kirche hatte mich offensichtlich sehr geprägt, und ich wollte herausfinden, was sie mir wirklich bedeutet. Da war ich übrigens noch Jungfrau – für einen achtzehnjährigen Jungen aus Südkalifornien etwas sehr Seltenes! Im Elternhaus war mir eingeprägt worden, daß eine sexuelle Beziehung vor der Ehe in den Augen Gottes so schlimm ist wie Mord. Als Mormone hat man immer starke Schuldgefühle.

An der Universität habe ich angefangen zu tanzen; ich wollte einfach fit sein, und es war mir egal, was die anderen dachten. Im ersten Semester sollte ich Modern Dance belegen, weil der Ballettunterricht überfüllt war. Aber ich ging da nur zweimal hin – für langwierige Überlegungen, wie ich «den Raum mit meinem Körper zerschneide», war ich noch nicht bereit; erst später wurde Modern Dance wichtig für mich. Ich studierte weiter Musik und nahm erst im Sommer an einem zweimonatigen Ballettkurs teil. Auf einmal war die Tanzabteilung unheimlich interessiert an mir. Sie hatten nur zwei Männer in ihrem Ballettunterricht und wollten mich für ihre Performance Group haben. Ich fühlte mich trotzdem geschmeichelt: gutes körperliches Training, Bühne, «Rockstar»! Es war schon toll. Außerdem hatte mir ein Musikprofessor gesagt, daß ich das Klavierspielen lieber lassen sollte, aus mir würde nie ein Profi werden; das hat mich stark beeindruckt. Im Ballett dagegen wurde ich ermutigt – wenn ich schon einen anderen Bereich auswählen sollte, dann Tanz, die Verkörperung von Musik. Außerdem machte es mir großen Spaß. Nach vier Monaten Training sagte eine

Lehrerin fast beiläufig zu mir: Ich denke, du kannst es schaffen, Tänzer zu werden! Da war ich neunzehn, und ihre Bemerkung hat mich regelrecht erschüttert. Zum ersten Mal konnte ich mir Tanz als Beruf vorstellen, und das war eine aufregende Vorstellung.

Mit zwanzig bin ich an die Universität von Utah in Salt Lake City gewechselt, um Tanz und Musik zu studieren – letztendlich habe ich nur noch einmal einen Musikkurs belegt. Die Ballettausbildung dort war die beste der amerikanischen Unis. Außerdem gab es in Salt Lake City eine gute Kompanie, das Ballet West. Ich habe dann drei Jahre lang nur noch getanzt – täglich acht Stunden. Ich habe mir damals die Besten zum Vorbild genommen, und das tue ich auch heute noch: als Tänzer Baryschnikow, als Komponist Beethoven und als Fotograf Cartier-Bresson.

Das Tanzen war zwar wie eine Sucht für mich, aber gleichzeitig habe ich auch versucht, die Lücken in meiner Bildung zu schließen. Ich war mit meiner Ausbildung im öffentlichen Schulsystem Kaliforniens der frühen siebziger Jahre unzufrieden. Nicht umsonst bin ich auf eine Universität gegangen und nicht in New York auf eine Ballettschule.

Im letzten Jahr an der Uni hatte ich Probleme. Die Choreographiestunden der Tanzabteilungsleiterin mochte ich nicht. Sie unterrichtete nach einem Buch: «Grundlagen der Choreographie». Ich war ziemlich frech; immer wenn sie erklärte, wie etwas zu sein hat, fragte ich: Warum? Aber das eigentliche Problem lag woanders: Seit Anfang des Jahres hatte ich Unterricht bei einer völlig unerfahrenen Pädagogin frisch vom New York City Ballet. Ich wußte, daß ich für eine Profi-Ausbildung spät dran war; ich hatte keine Zeit zu verschwenden. Zum Glück gab es wichtige Leute, die mich unterstützten, und ich durfte letztendlich meinen Stundenplan selbst zusammenstellen. Vom Choreographieunterricht wurde ich allerdings ausgeschlossen, aber das habe ich auch nicht sehr bedauert.

Eigentlich wäre ich gerne ans Ballet West gegangen. Ich habe dort auch einmal vorgetanzt, aber der Direktor sagte mir, daß ich noch ein Jahr Technik brauche. Ich war dreiundzwanzig Jahre alt, und da konnte ich nicht mehr ein Jahr lang nur Technik üben. Ich wollte alles hinschmeißen und nach Europa gehen, um Sprachen zu lernen. Vielleicht habe ich damals gemerkt, daß ich doch kein

Baryschnikow bin. Aber es war für mich auch ein Problem, Tänzer zu sein, anstatt meinen Kopf zu benutzen. Meine Universitätszeit habe ich mit einem Bachelor of Fine Arts «cum laude» abgeschlossen. Ich hatte immer ein akademisches Stipendium, später auch eines für Ballett. In der Tanzabteilung war ich einer der wenigen, der höhere Mathematik belegte. Zu Hause habe ich das Lateinbuch selbst durchgearbeitet, weil die Lateinstunden nicht mit dem Ballettstundenplan vereinbar waren. Ich wollte oft nur in meinem Zimmer sitzen und die Bücher lesen, die ich während meiner Highschoolzeit hätte lesen müssen. Dort hatte ich nicht ein einziges Stück von Shakespeare gelesen; das war eben so in der Hippiezeit.

Ich bin dann doch nicht nach Europa gegangen, weil ich ein Angebot aus Seattle für das Pacific Northwest Ballet bekam. Die Leiterin war eine ehemalige Balanchine-Solistin, die durch die ganze Welt reiste und überall seine Choreographien einstudierte. Sie hat das auch für das Ballet West gemacht, und ich stellte mich bei ihr vor. Die Schulleitung hatte sie vor mir gewarnt, aber sie bot mir an, mich sechs Wochen auf Probe zu engagieren. Diese Probezeit ist typisch für amerikanische Truppen.

Es war eine sehr gute Truppe, aber nach den sechs Wochen ging ich zu ihr und sagte: Ich höre auf zu tanzen, ich fliege nach Europa! Und sie sagte: Was haben wir dir getan? Gerade wollten wir dir einen Elevenvertrag anbieten! Ich kam mit meinem Tänzer-Sein noch nicht klar. Aber sie hat mich richtig überredet: Du solltest erstmal mindestens zwei Jahre in diesem Beruf arbeiten, um herauszufinden, ob du Tänzer sein möchtest! – Als ich frisch von der Uni nach Seattle ging, hatte ich gedacht, ich könnte mit den anderen Konzerte besuchen und mich über Bartok und Schönberg unterhalten. Aber die Tänzer in der Truppe hörten nur Blondie!

Als Eleve machte ich die gleiche Arbeit wie ein Gruppentänzer; in modernen Balletten bekam ich manchmal Solorollen. Aber wir tanzten hauptsächlich Balanchine-Choreographien, also Neoklassisch. Nach einem Jahr gaben sie mir einen richtigen Gruppenvertrag. Wir probten in einer ehemaligen Grundschule, in der es keine Duschen und nur ein kleines Zimmer als Garderobe gab. Die Vorstellungen fanden zwar im Opernhaus statt, aber wir waren nicht mit der Oper verbunden, sondern eine eigenständige Truppe. In

«Schwanensee» tanzte ich den Zauberer, in «Cinderella» eine der beiden Stiefschwestern – ich hatte schon als Kind immer in Frauenkleidern die Mutter gespielt.

Wir hatten in Seattle meistens nur drei oder vier Vorstellungen von jeder Produktion und gingen dann damit auf Tournee. Wir waren zum Beispiel eine Woche in Alaska, Anchorage, Fairbanks; da waren wir die Könige. Einmal tourten wir auch mit Baryschnikow in Vancouver und Portland. Außerdem machten wir lecture demos in Seattle, Auftritte in Schulen. Das war toll – vor allem, weil wir ja sonst nicht viele Vorstellungen hatten. Viele gute Truppen in den Staaten machen das, um sich ein Publikum aufzubauen. In den Sommerferien wurden wir nicht bezahlt, das ist typisch für Amerika. Wir meldeten uns arbeitslos, und das war wirklich nervig. Jede Woche mußte man auf dem Amt erscheinen; da kam man sich richtig wie ein Gefangener vor.

Am Ende des zweiten Jahres bekam ich Ärger mit dem Direktor. Er war ein intelligenter, witziger Mann, aber ich hielt seine Choreographien für Mist – und das waren sie auch, aber ich mußte sie natürlich trotzdem tanzen. Einmal hat er sich aus irgendeinem Grund über mich geärgert und schaute mich ganz böse an. Immer wenn mir so etwas passiert, denke ich: Ich bin genausogut wie der, er ist nur zufällig in einer anderen Position! Auf jeden Fall wendete ich meinen Blick nicht ab, ein Zeichen des Widerstands! Unser Direktor hatte keine Lust auf Ärger, und mein Vertrag wurde nicht verlängert. Das war natürlich ein Schlag.

Auf der anderen Seite war ich endlich frei, nach Europa zu gehen und mich dort zu etablieren. Ich verkaufte mein Klavier, schickte Bewerbungen an verschiedene europäische Ballettkompanien und kaufte mir ein Ticket nach Amsterdam. Ich wollte hier leben – diese Lust auf Abenteuer, Kultur und Geschichte. Von Amsterdam aus begann ich meine Audition-Reise. Auf meiner ersten Station, Antwerpen, trainierte ich eine Woche lang mit der Kompanie und wurde auch tatsächlich engagiert. Nach weiteren zwei Wochen sind sie allerdings von dem Vertrag zurückgetreten. Es war mir klar, daß ich technisch im Grenzbereich lag; die hatten dort sehr gute Leute, Wettbewerbsgewinner. Aber trotzdem: Sie hatten mich ja immerhin eine Woche lang getestet, und da konnten sie nicht sehen, wie ich tanze?

Immerhin war ich in Europa, und das war für mich ganz toll. In Antwerpen gab es einen türkischen Tänzer, der sagte einmal: Heute abend rauche ich Gras, und danach gehe ich ins Konzert, sie spielen Chopin! Von Amerika kannte ich nur: Drogen nehmen und in ein Rockkonzert gehen! Das war für mich das Zeichen, daß ich in Europa bin. Ich fuhr weiter nach Köln, um am Tanz-Forum vorzutanzen. Es war September, und der Herbst ist für einen Tänzer keine gute Zeit, die Auditions finden ja fast alle im Frühjahr statt. Jochen Ulrich bot mir zwar einen Vertrag für Januar an, aber ich brauchte sofort einen Job.

Dann hörte ich vom Ballet Royal de Wallonie in Charleroi, der drittgrößten Truppe in Belgien. Der Chef, ein ehemaliger Solist bei Béjart, engagierte mich. Er war ein feuriger, größenwahnsinniger Kubaner. Oft entwarf er sogar das Bühnenbild und die Kostüme selbst. Er versuchte immer, etwas Eigenes zu schaffen, abendfüllende Ballette, große Themen wie «La Dame aux camélias» und «Romeo et Juliette». Er war talentiert, aber kein Béjart.

Wir waren fünfundfünfzig Tänzer in der Truppe. Ich hatte einen Gruppenvertrag, aber wir wurden nach Belieben des Chefs eingesetzt; die Verträge hinken ja sowieso meistens hinter der Wirklichkeit her. Die Arbeitsweise war unprofessionell. Der Choreograph zeigte etwas, und jeder machte irgend etwas nach. Dann wurde er zornig und sagte zu seinem Assistenten: Mach du das! Ich komme in einer Stunde wieder, bis dahin müssen alle gleich aussehen! Was der Assistent mit uns einstudierte, war dann aber weit entfernt vom Original. Als der Choreograph wiederkam, machte ich genau das, was er vorher gezeigt hatte. Wieder schrie er: Warum seid ihr nicht zusammen? Und ich sagte: Weil ich genau das mache, was du gezeigt hast! – Die Tänzer waren auch musikalisch oft daneben. Einmal gastierten wir mit «Giselle» in Köln. Während der Wahnsinnsszene drehten sich einige Tänzer um und versuchten, die anderen zum Lachen zu bringen. Es war einfach Provinz!

In Charleroi habe ich erst richtig französisch gelernt. Ich hatte mein altes Lehrbuch dabei, und ich las immer die Tageszeitung. Einer der Ausdrücke, die ich am häufigsten im Theater hörte, war: J'en ai marre! Ich habe die Schnauze voll! Die Leute haben zwar ständig gemeckert, ließen sich aber trotzdem alles gefallen. Der Direktor schrie uns an und machte uns total fertig. Ich habe nur zugehört und ihn dabei mit normalem Gesichtsausdruck angeschaut. Nach drei Monaten in Charleroi wußte ich: Entweder höre ich ganz auf zu tanzen, oder ich gehe von hier weg! Ich wollte nicht herumsitzen, meckern und erdulden.

Der Direktor von Charleroi wollte auch einmal, daß ich ihn in seiner Wohnung in Brüssel besuche. Er sagte mir: Du weißt ja gar nicht, was ich alles für dich tun kann! – Ich wollte zwar eine gute Karriere haben, aber nicht auf diese Art.

Im März bekam jeder ein Papier, auf dem man erklären sollte, ob man die Absicht hat, in der Kompanie zu bleiben. Ich habe einfach «die Absicht zu bleiben» gestrichen; im Gegensatz zu anderen haben sie mich nie gefragt warum. Heute muß ich darüber lachen, aber damals war ich ein bißchen beleidigt. Ich bin dann sogar noch vor Ende der Spielzeit abgehauen: Ich hatte schon einmal Schwierigkeiten mit meinem Fuß gehabt, und die kamen plötzlich wieder – na ja, ich hatte mir auch vorgenommen, daß sie wiederkommen! Das war das einzige Mal, daß ich bei einem Arzt getrickst habe. Dadurch ersparte ich es mir, einen Monat herumzuhängen wegen einer Vorstellung «in Paris», wie sie immer sagten. Es war natürlich nur in einem Pariser Vorort, und außerdem «Giselle»!

Ich stellte mich dann noch einmal bei Jochen Ulrich in Köln vor, und er sagte: Ja, wir engagieren dich im September! Aber irgendwie konnte ich keinen Vertrag bekommen, weil die Sekretärin gerade nicht da war. Den Sommer habe ich in Amerika verbracht. Ich entschloß mich, doch nicht nach Köln zu gehen, selbst wenn ein Vertrag kommen sollte – aber es kam auch keiner.

Ich flog zurück nach Belgien und tanzte bei Béjart vor. Er sagte: Ich möchte dich gerne nehmen, habe nur im Moment keinen Platz frei. Aber man weiß nie, was während der Spielzeit passiert – versprechen kann ich dir allerdings nichts! Ich blieb zwei Wochen und trainierte mit der Kompanie. Dann hörte ich, daß es ein Vortanzen in Genf gibt; ich fuhr hin und wurde engagiert. Genf war toll, das war gute, professionelle Arbeit. Der Choreograph war Oscar Araiz. Als Béjart später nach Genf kam, um «Salome» an der Oper zu inszenieren, sagte er zur mir: Laß uns miteinander essen gehen und über Brüssel reden! Hast du überhaupt noch Interesse? Da habe ich gleich nein gesagt, und wir sind natürlich nicht essen gegangen. Das «Ballett des XX. Jahrhunderts» wäre vom Ruf her zwar besser gewesen als Genf, aber wenn es hart auf hart kommt, möchte ich doch einfach glücklich sein; und das war ich in Genf.

Ich hatte wieder einen Gruppenvertrag, tanzte aber auch Solorollen. Die Truppe bestand aus sechsundzwanzig Leuten, und es gab eine wirkliche Solidarität unter den Tänzern. Wir waren alle schon ein bißchen reifer und respektierten Oscar. Es war wirklich schön. Gleich während meiner ersten Woche in Genf sagte mir eine der Solistinnen: Hier gibt es keinen Konkurrenzkampf. Oscar setzt uns alle irgendwann ein! – Einmal kam er während einer Probe im Ballettsaal zu mir und sagte ganz leise: Es ist schön, dich hier zu haben! Ich sehe, daß du musikalisch bist und überlegst, was du tust! Das war toll. Dieses Gefühl geschätzt zu werden ist so wichtig. Er war sehr menschlich und ein sehr guter Choreograph; deswegen waren wir da.

In Genf habe ich gesehen, daß es gar nicht so schlecht ist, Tänzer zu sein. Wir machten viele Tourneen, und ich bin immer mit den anderen durch die Städte gezogen; wir haben uns Museen angeschaut, waren kulturell interessiert – so hatte ich mir das vorgestellt. Ich akzeptierte endlich mein Tänzer-Sein.

In «Romeo und Julia» durfte ich den Graf Paris tanzen. Eines Tages war ich im Ballettsaal und probte für mich eine ganz bestimmte Sequenz. Oscar kam dazu und versuchte, mir dabei zu helfen. Ich sagte zu ihm: An dieser Stelle werde ich immer nervös!, und er meinte: Gewöhne dich langsam daran, solistisch zu arbeiten! – Ich denke, ich hätte weiterkommen können. Aber ich glaube auch, mein Entschluß Tänzer zu sein, war einfach nicht entschieden genug.

Direkt nach «Romeo und Julia» hatte ich eine Knieverletzung. Ein Jahr lang war ich immer wieder krank. Oder ich kam nicht zum Training, um meine Knie für die Vorstellung zu schonen. Ich tat das aus dem besten Willen, aber es war unklug. Es ist für alle Beteiligten besser, wenn man sich krankschreiben läßt und sich richtig auskuriert. Aber ich habe in Genf auch niemanden gefunden, der mir mit den Knien helfen konnte. Also bin ich irgendwann in eine Klinik nach Amsterdam gegangen. Sie stellten fest, daß ich Schleimbeutelentzündungen hatte, die mittlerweile chronisch geworden waren und sich auch auf meine Hüften und den Rücken auswirkten. Ich mußte zwei Monate in Amsterdam bleiben.

Als ich zurückkam, hatte ich ein Gespräch mit Oscar. Es war während meiner dritten Spielzeit in Genf. Er sagte: Ich kann mich nicht mehr auf dich verlassen! Das hat mich natürlich verletzt, ich wäre gerne noch geblieben. Und ich weiß, daß es an mir lag. Ich war kein großer Techniker, aber Oscar schätzte, was ich zu bieten hatte. Ich denke heute nicht mehr darüber nach, aber das Gefühl, daß ich mein Potential als Tänzer nie richtig ausgeschöpft habe, ist schon schmerzhaft.

Ich spürte, daß ich nicht mehr viel länger auf diesem Level würde tanzen können, und ich hatte mir schon in Seattle einmal überlegt, daß ich dann Musical machen will. Eine Tänzerin in Genf erzählte mir von Jürg Burth; sie hatte lange Zeit in Zürich gearbeitet und dort in vielen seiner Choreographien getanzt. Sie sprach gut von ihm. Ich wußte, daß er in Berlin am Theater des Westens ist und nahm Kontakt mit ihm auf. Er suchte jemanden für «La Cage aux folles», und ich stellte mich vor. Nach der Audition war Jürg sehr ehrlich zu mir und sagte, daß ich zwar gut bin, aber für «La Cage» nicht verrückt genug. Ich blieb dann den Herbst über in Genf und hatte eine wunderschöne Zeit. Ich unterrichtete klassisches Ballett, nahm Gesangsstunden und vertiefte mich immer weiter in die Fotografie. Im November kam ein Anruf aus Berlin, daß sie mich für die «Czardasfürstin» engagieren wollten. Kurz vor der Premiere bot mir Jürg dann einen festen Ensemblevertrag an, und ich freute mich sehr darüber. Ich wollte Rollen spielen und konzentrierte mich auf meine Gesangsstunden und mein Deutsch. Aber ich war nicht konsequent genug, ich hätte mir einen richtigen Plan machen sollen. Heute weiß ich: Wenn man solistisch im Musical arbeiten will, muß man vor allem Schauspieler sein. Aber ich war eben immer noch Tänzer.

Als «La Cage aux folles» wiederaufgenommen wurde, bat ich Jürg darum, Hanna spielen zu dürfen; ich fand diese Rolle toll. Hanna war so eine Art Leder-Rockstar, eine peitschenschwingende Lederlady mit blonder Pferdeschwanzperücke und hohen Stiefeln. Ich durfte Zweitbesetzung sein und spielte einmal die Woche; da ist es natürlich schwierig, sich richtig einzuspielen. Meine Premiere als Hanna ist mir mißlungen. Ich war plötzlich sehr nervös: Diese drei Meter lange Peitsche knallte nicht jedes Mal, wenn ich das wollte, und im Opening vergaß ich meine Schritte. Ich habe mich mit dem

Gedanken getröstet: Archie, es war zwar ein Saal mit tausendvierhundert Leuten, aber jede Person hat deine Fehler ja nur einmal gesehen!

Als «La Cage» zum zweiten Mal wiederaufgenommen wurde, durfte ich Hanna als Erstbesetzung spielen. Ich hatte dann auch einen Fan, eine Frau, die fast jeden Abend in der ersten Reihe saß. Sie hat viel Geld in diesem Theater gelassen, so ein Platz kostet ja um die siebzig Mark. Einmal kam sie zu mir nach Hause, und ich habe ein bißchen mit ihr geredet. Ich bin nie wirklich dahinter gekommen, ob sie von mir etwas wollte, oder von Hanna.

Ich glaube, am Theater des Westens waren sie anfangs an mir interessiert. Das ist wieder so ein Punkt, wo ich denke: Warum habe ich die Chance nicht wahrgenommen? Es hat nicht alles mit Talent oder Potential zu tun, sondern ganz viel mit Persönlichkeit. Ich habe eine bestimmte Faulheit in mir, eine gewisse Inkonsequenz und dann eben auch dieses Kompliziertsein – darauf zu bestehen, die Dinge so zu machen, wie ich es für richtig halte. Wie ist Suzanne Farrell ein Star geworden? Sie hatte Talent und hat alles mit sich machen lassen! Aber das entspricht nicht meinem Typ, obwohl ich natürlich auch einen Mittelweg hätte finden können. Ich bewundere Diplomaten sehr.

Ich bewundere Leute, die souverän und höflich sein können, aber trotzdem auf ihren Rechten bestehen. Gestern habe ich zum Beispiel Isabella Rossellini bei der Premiere ihres neuen Films fotografiert. Eine tolle Frau. Sie hat verschiedene Interviews gegeben, sich von dreißig Fotografen vergewaltigen lassen – blitz, blitz, blitz – und immer höflich dabei gelächelt. Nach anderthalb Stunden ist sie aufgestanden und gegangen, direkt ins Auto und weg – Profi!

Als ich noch nicht en suite gespielt habe, hätte ich nie gedacht, daß ich das kann. Am Theater des Westens spielt man nur en suite, und es ist eine sehr gute Erfahrung für einen Darsteller. Man lernt viel über seine Kunst; man lernt, wie wichtig es ist, seine Kräfte einzuteilen, und es stärkt dein Durchhaltevermögen. Außerdem gibt es dir ein ungeheures Selbstvertrauen auf der Bühne. Ich könnte heute abend, anderthalb Jahre nach meinem letzten Auftritt, ohne Probleme auf die Bühne gehen – das ist ein Aspekt von Professionalität, den ich gelernt habe.

Tänzer wollen nur arbeiten, die wollen keinen Krach machen. Musiker dagegen haben komischerweise nie Angst davor, Krach zu machen. Wieviele Tänzer wissen wirklich über ihre Rechte Bescheid? Und die Theater weisen auch niemanden von sich aus darauf hin, was ihm zusteht. Richtig wäre es, wenn die Theater die Rechte der Tänzer einfach beachten würden; es steht nirgendwo im Vertrag, daß man darum erst bitten muß. Es ist ja schon suspekt, wenn ein Tänzer seinen Vertrag überhaupt liest. Man muß auch immer um sein Geld kämpfen; manche Theaterchefs tun so, als ob sie die Gagen aus ihrem eigenen Geldbeutel zahlen müßten.

Als meine Frau schwanger wurde, wußte ich, daß die Zeit gekommen war, in meinen Zweitberuf einzusteigen: Ich hatte ja schon mit sechzehn angefangen zu fotografieren, und ich bin die ganzen Jahre über dabeigeblieben. Meinen ersten professionellen Auftrag bekam ich damals in Seattle, ich machte eine Broschüre für die dortige Ballettschule – vierhundert Dollar, das war nicht schlecht bezahlt! In Genf habe ich dann oft die Kompanie fotografiert und in Berlin auch schon für kleinere Zeitschriften gearbeitet.

Als Leslie Caron für «Grand Hotel» ans Theater des Westens kam, wollte ich sie natürlich sofort fotografieren; ich war in sie als «Gigi» verliebt. Sie sagte ja, und als Helmut Baumann die Fotos sah, bot er mir an, das Programmheft für diese Produktion zu machen. Ich erinnere mich an den Premierenabend: Ich kam ins Theater und alle hatten gerade das Programmheft gesehen – es war, als ob die Gänge von meinem Namen widerhallten! Die wenigsten wußten, daß ich fotografiere, und jeder, der mir entgegenkam, war begeistert. Dieses Heft zeige ich heute noch, wenn ich mich irgendwo vorstelle.

Ich habe in dieser Übergangszeit so ungesund gelebt! Aus Angst um die Familie arbeitete ich sehr viel; ich wollte keinen finanziellen Leerlauf zwischen meinem Theaterengagement und der Fotografie haben. Manchmal stand ich nach der Vorstellung noch bis morgens um sieben im Labor – und das, obwohl ich ein paar Stunden später schon wieder Probe hatte. Als mein Vertrag am Theater des Westens beendet war, habe ich weiter wie ein Wahnsinniger gearbeitet.

Als Tänzer habe ich Disziplin gelernt; ich weiß, wie mühsam und langsam der Weg sein kann, um etwas zu erreichen. Und wie wichtig tägliche, konsequente Arbeit ist. Das Tanzen hat mir auch

Macht über meinen Körper gegeben: Ich weiß, wie ich meinen Körper mein ganzes Leben lang fit halten kann, wie ich mich durch gesunde Atmung entspanne, wie man in einer stressigen Situation cool bleibt. Du drehst deine Pirouetten und bringst sie zum Stand – egal was passiert, am Ende mußt du Ausstrahlen. Dieses Training hilft mir heute in Kampfsituationen, in denen ich mich ja als Fotograf häufig befinde. Neulich machte ich Werbefotos für eine Fernseh-Filmgesellschaft. Während einer Drehpause sollte ich Fotos von der Hauptdarstellerin machen. Um mich herum stand das gesamte Filmteam, alle schrieen und schauten auf ihre Uhren, aber ich habe trotzdem die Fotos hinbekommen.

Vielleicht ist Tänzer für andere ein Traumberuf. Nicht für mich – ich war Tänzer. Wenn man soviel ackern muß, um nur einen Bruchteil seines Ideals zu erreichen, dann lohnt es sich nicht. Aber ich mußte tanzen, und ich bereue das nicht.

Irgendwo in mir habe ich diese elitäre Vorstellung: Ich bin besser! Gleichzeitig habe ich ständig das Gefühl, nicht gut genug zu sein, also genau das Gegenteil. Und dieses Gefühl prägt eigentlich mein tägliches Leben. Diese Spannung kann sich nur im Widerspruch ausdrücken. Vielleicht war ich deswegen oft so kompliziert.

Heute, mit ein bißchen Abstand, sehe ich wieder, wie toll Theater ist. Wenn man mittendrin steckt, der Schweiß von der letzten Probe noch nicht trocken ist und man noch versucht, die Beleidigungen, die man während der Probe gehört hat, zu verdrängen, hat man natürlich keine Zeit für solche Empfindungen. Ich möchte noch mit sechzig tanzen, für mich, nicht auf der Bühne. Neulich habe ich wieder angefangen, mich morgens zu dehnen, ein paar Tanzübungen zu machen – die körperliche Arbeit fehlt mir.

Es ist typisch für Tänzer, daß sie nicht nett zu sich selbst sind. Dieses ewige Sich-Niedermachen, weil man weiß, daß man sein Ideal nie erreichen wird! Man gibt in diesem Beruf so viel, und man hört viel zuwenig Lob. Und dann diese Ballettmeister, die meinen, sie leiten ein Ausbildungslager der Armee! Applaus reicht nicht, das ist doch nur etwas Technisches, das zur Vorstellung gehört. Aber Komplimente sollte man genießen und sagen: War ich wirklich so gut? Erzähl mir mehr!

Sylvie Bertin

Mit sieben Jahren habe ich mit Ballett angefangen, weil meine Mutter wollte, daß ich ein bißchen graziler werde. Ich stand schon als kleines Kind auf der Bühne, habe gesteppt oder Beinchen geworfen für die Prinzengarde. Ich war in einer kleinen Münchner Privatballettschule, und wir machten Auftritte im Bayerischen Hof, im Deutschen Theater und in der Olympiahalle. Anfangs ging ich da nur einmal die Woche hin, und gelernt habe ich eigentlich nichts. Ich denke, Bühnenpräsenz hatte ich schon von Natur aus. Bei Auftritten war ich total zickig und wollte immer nur meine Ruhe haben; das ist heute noch genauso. Aber damals habe ich nie daran gedacht, Tänzerin zu werden.

Mit zehn Jahren kam ich auf die Opernballettschule im Nationaltheater. Das war ein krasser Unterschied, vorher schlechtes Ballett und jetzt gute russische Schule. Nach einem Jahr bin ich von der Opernschule geflogen, sie meinten, ich wäre doch nicht geeignet. Es gab zweimal im Jahr Prüfungen, und ich hatte eine unheimliche Prüfungsangst, vielleicht habe ich deswegen versagt. Außerdem war ich ein sehr unruhiges Kind, und sie haben mir geraten, ich soll doch lieber auf dem Viktualienmarkt Gemüse verkaufen als Tänzerin werden. Ich war sehr schwatzhaft.

Meine Mutter erzählte mir dann, daß es eine Ballettrealschule gibt, und da sagte ich: Ja, o. k.! Ballett hat mir einfach Spaß gemacht. Wir hatten statt Turnen viermal die Woche ein klassisches Training, das eine Tänzerin von der Münchner Staatsoper geleitet hat, und dann noch Ballettgeschichte. Von den fünfzehn Schülern in meiner Klasse war ich die einzige, die das Training bis zur zehnten Klasse durchzog. Damals hat Konstanze Vernon von der Bosl-Stiftung die Leitung übernommen und zu mir gesagt, daß es schade wäre, wenn ich nicht weitermachen würde. Da hat mich der Ehrgeiz gepackt, und ich entschied mich, Tänzerin zu werden. Noch während des zehnten Schuljahrs bin ich dann als Gast an die Bosl-Stiftung gegangen und habe dort die Kinderklassen mitgemacht, um Technik nachzuholen.

Meine Mutter meinte, die Tanzerei wäre zu viel für mich und wollte es mir partout ausreden. Sie hätte mich lieber als Bankmensch gesehen. Aber ich hatte nach zehn Jahren Schule wirklich die Nase voll. Die meisten Lehrer haben mich gehaßt, weil ich die Gabe hatte, ständig zu quasseln und trotzdem noch mit einem Ohr dem Unterricht zuzuhören. Das war für mich schon fast ein Sport. Nach der Schule kam ich dann ohne Aufnahmeprüfung als Vollstudent an die Bosl-Stiftung. Meine Mutter wollte nach wie vor nicht, daß ich tanze. Ich habe am Wochenende Kuchen und später Gemüse verkauft, um mir das Geld für meine Spitzenschuhe zu verdienen. Das hat mir Spaß gemacht: Darf's noch ein bisserl mehr sein? Und damit ich Sommerkurse bezahlen konnte, habe ich im Deutschen Theater Programmhefte verkauft.

Ich wußte, daß ich hart arbeiten muß. Meine ganze linke Seite war eine Katastrophe: Ich hatte links keinen Spann, und mein Développé war auch nur neunzig Grad. Aber Vernon erzählte mir, daß Gigi Hyatt früher auch keine besonders schönen Füße gehabt hat. Na ja, ich habe mich dann halb versklavt, und heute sind beide Seiten gleich.

Im ersten Jahr als Vollstudent hatte ich von der Anstrengung unheimliche Probleme mit den Beinen: Knochenhautentzündung, Kapselriß. Der Arzt sagte: Vierzehn Tage Ruhe!, aber wenn es nach zwei, drei Tagen o. k. war, habe ich mich wieder an die Stange gestellt. Da gab es viele Tränen, weil es dann natürlich immer schlimmer wurde. Ich wurde nie mit Samthandschuhen angefaßt, ich war das schwarze Schaf: Sylvie, falsch! – Das erste Jahr hatte ich es wirklich sehr schwer. Ich war so verzweifelt, daß ich aufhören wollte. Ich bin von Natur aus ein lustiger Mensch, und Ballett ist eben tierisch ernst. Sie haben mir gesagt, ich soll doch lieber zum Zirkus gehen, aber bloß kein Ballett machen. Man sollte nur eine kleine Maschine sein. Sie wollten einen erstmal richtig niedermachen und dann später wieder aufbauen, wie am Theater auch. Aber ich habe mich nicht brechen lassen.

Ich weiß noch, daß ich immer dachte: Ich bin ganz schlecht! Das wurde mir aber auch suggeriert. Am Ende des ersten Jahres sagte eine Ballettlehrerin zu mir: Du bist schon zu alt, du mußt jetzt vortanzen gehen, du fliegst ja eh nach diesem Semester! Dabei war ich eine von den Jüngeren. Aber sie setzten einen ständig unter Druck: Wenn du das und das nicht machst, fliegst du! Vor allem vor Prüfungen haben sie eine richtige Hysterie ausgelöst, und du hast natürlich gearbeitet wie ein Tier. Als es hieß, ich soll vortanzen gehen, sagte ich: Was? Ich bin doch so schlecht! – Geh einfach, du darfst bloß Vernon nichts davon erzählen! – Da fuhr ich nach Mailand und tanzte an der Scala vor. Es waren zweihundertfünfzig Mädchen da, und ich kam unter die letzten fünf. Gott sei Dank nahmen sie mich dann nicht, dafür wäre ich weder von der Technik noch von der Persönlichkeit her reif gewesen. Aber das gab mir ein unheimliches Selbstbewußtsein. Ich war ein neuer Mensch.

Meine Klasse war die letzte, in der noch ein paar Persönlichkeiten waren. Die nach uns kamen waren zwar technisch besser, aber wirklich nur noch kleine Computer. Ich gab jeder in meiner Klasse einen Spitznamen; eine hieß «Gott, bin ich schön!». Die stand immer vor dem Spiegel und begutachtete sich von der Seite. Dieser selbstverzückte Blick! Für mich war der Spiegel immer nur ein Korrekturmittel. Mich nannten sie «Wirbelwind», ich tanzte drauflos, hatte keine Angst vor den Spitzenschuhen und sprang wie ein Teufel. Ich habe sehr robuste Füße, und ich habe meine Spitzenschuhe geliebt; ich konnte barfuß, ohne die Füße abzudecken oder zu verbinden, in die Schuhe gehen. Die waren für mich bequem wie Hausschuhe. Wenn man nicht so viel Spann hat, ist das eigentlich besser; man hat dann mehr Kraft.

Ich hatte nie Figurprobleme, aber irgendwann wurde ich von den anderen Mädchen angesteckt. Durch das Tänzerinnen-Ideal wird man ja fast in die Magersucht getrieben – eine Tänzerin darf eben keine Formen haben. Tänzerinnen sind Wesen mit hohen Beinen und Spann, auswärts und ausgemergelt, das sind keine Menschen. Vor mir an der Stange stand ein Mädchen, bei der sah man die Beckenknochen. Die war noch ehrgeiziger als ich, hat nur geschuftet. Man hat sofort gemerkt, wenn bei ihr etwas nicht auf Anhieb klappte. Dann sagte ich spaßeshalber: So, der halbe Teelöffel

Magerquark ist für heute gestrichen! Die hatte auch ständig Probleme mit ihren Knochen. Aber mir ging es kaum besser. Unter der Woche habe ich gar nichts mehr gegessen und dann am Wochenende Unmengen, weil meine Mutter das wollte. Da habe ich erst vier Kilo abgenommen und am Wochenende wieder vier Kilo zugenommen. Oder ich habe gläserweise Nutella verdrückt und danach literweise Milch und Wasser getrunken. Und dann kamen auch diese Abführmittel in Mode. Mit meiner Freundin machte ich Bäckereitouren, da haben wir an einem Tag für dreißig Mark Bäckerteilchen verdrückt. Und danach Abführmittel. Die schmeckten gar nicht schlecht; das waren so kleine Würfel, und man durfte eigentlich nur ein Viertel davon essen. Wir haben jeder zwei Stück gegessen. Alle haben das gemacht; das lief natürlich hinter den Kulissen der Schule ab.

Meine Lebendigkeit kam auch beim Tanzen rüber, ich hatte immer viel Ausdruck, aber das hat mir nur geschadet. Wenn man Spaß an der Sache hat, denken die Ballettomanen nur, es fehlt an Ernsthaftigkeit. Also schluckte ich vor Prüfungen regelmäßig Beruhigungsmittel. Dann sagten alle: Was war denn heute mit dir los, du warst ja wie ausgewechselt?

Wir hatten sehr viele Vorstellungen an der Bosl-Stiftung, auch mit richtig anspruchsvollen Stücken. Das war toll, weil du dann später nicht als Neuling ans Theater gekommen bist, sondern wirklich schon Ahnung von der Einstudierungsarbeit und von der Bühne hattest. Einmal kam ein Choreograph aus Dresden zu uns, Dietmar Seyffert. Ich war so beeindruckt von ihm, daß ich beinahe versucht hätte, in Dresden ins Engagement zu kommen. Ich konnte ganz toll mit ihm arbeiten, und ich bekam auch unheimlich viel bei ihm zu tun. Als er eines Tages zu spät zu einer Probe kam und Vernon gerade mal wieder sagte: Sylvie, falsch!, meinte er: Sylvie kann gar nicht falsch sein! Das war fast schon so eine Art Liebe. Daraufhin ist dann Vernon auch netter zu mir geworden, und im letzten Jahr war unser Verhältnis beinahe freundschaftlich.

Trotz allem war die Zeit an der Bosl-Stiftung meine schönste Tanzzeit. Es wurde ein Idealismus aufgebaut, der später gar nicht mehr gefragt war. Ich hatte keine bestimmte Traumkompanie, ich wollte eigentlich nur an ein 1A-Haus. Diese Einstufung der Theater hängt ja immer von der Größe des Orchesters ab. Es gibt vier

Kategorien: 1A, 1B, 2A und 2B. Und ich wollte eben an ein 1A-Haus mit möglichst vielen Tänzern.

Eigentlich hätte ich acht Semester studieren sollen. Ich war schon immatrikuliert für das siebte Semester, als es plötzlich hieß: Setz dich in den Zug und fahr nach Essen! Die suchen große Mädchen, und du bist genau der Typ! Die Ballettdirektorin war dann auch interessiert an mir, obwohl ich eher noch zu klein war. Sie bot mir einen Vertrag an. Ich fragte, ob ich den Vertrag mit nach Hause nehmen darf, aber sie zeigte auf irgendwelche Post auf ihrem Schreibtisch und meinte: Sie müssen jetzt unterschreiben, die wollen alle noch zum Vortanzen kommen! Ich war ja noch so naiv. Ich hätte doch wirklich noch an einem Theater vortanzen können, das meinen Träumen entsprochen hätte. Aber ich unterschrieb dann eben. Zurück in München haben mir alle gratuliert, und ich habe den ganzen Tag geheult wie ein Schloßhund: Ich will da nicht hin! Essen war ein 1B-Haus.

Damals hat mir auch keiner gesagt, daß man innerhalb einer Woche einen Vertrag rückgängig machen kann. So bin ich dann eben mit achtzehn Jahren nach Essen gegangen. Das Schönheitsideal dort war: riesengroß, magersüchtig, vollbusig und blond. Ich war nichts davon und fing auch bald an, dicker zu werden. Das war eine Trotzreaktion. Die ersten zwei Monate hieß es nämlich immer: Na, Sylvie, hast du schon abgenommen, ist der Popo schon weniger geworden? Damals begann meine Bulimie-Zeit. Aber das bekam ich ganz schnell in den Griff, weil ich eine Bekannte hatte, auch eine Tänzerin, die damals mit aufgeplatztem Magen im Krankenhaus lag; sie hatte sich nur von Honig ernährt. Da habe ich mir gesagt: Also, entweder du gehst jetzt zum Psychiater oder du hörst auf mit der Spuckerei! Von da an habe ich meine ganze Gage verfressen; ich wollte denen zeigen, wie ein dicker Tänzer aussieht.

Die Ballettdirektorin hat mich nur engagiert, weil ich einer anderen Tänzerin unheimlich ähnlich sah, die vorher bei ihr getanzt hat. Aber ich hatte ja eine ganz andere Persönlichkeit! Außerdem war ich sehr ehrgeizig und hatte deshalb viele Schwierigkeiten. Im Training machte ich immer in allen Gruppen mit, hinten, damit ich niemanden behindere. Da hieß es, ich könnte doch nachmittags kommen und für mich allein trainieren. Dabei sollte man das doch eigentlich fördern, wenn eine junge Tänzerin ehrgeizig ist. Dann wollte ich bei einem Ballett-Wettbewerb in München mitmachen. Ich hatte schon alle Nummern einstudiert, aber sie wollten mich nicht gehen lassen: Du hast Vorstellung, du mußt dasein! Dabei war ich überhaupt nicht eingeteilt. Im Training sollte ich immer nur im Trikot arbeiten. Bei Proben habe ich das eingesehen, aber im Training? Außerdem war der Ballettsaal kalt. Die wollten mich nur bloßstellen, weil ich nicht so dürr war wie die anderen. Das hat mich sehr geärgert, weil ich nicht als selbständiger Mensch behandelt wurde. Aber ich habe mich nicht einschüchtern lassen.

Die Chefin machte eigene Choreographien, halb klassisch, halb neoklassisch – ich fand das entsetzlich. Und sie hatte in meinen Augen einen Sexkomplex. Alle Hebungen sahen aus wie gynäkologische Stellungen. Dann kam Hans van Manen und machte einen Abend mit uns – der ist ja auch so, da braucht man sich nur sein Buch anzuschauen. Da ließen sich einige von den Tänzern nackt porträtieren, die Fotos hingen dann im Foyer herum. Ob sie das freiwillig gemacht haben, weiß ich nicht; aber bestimmt unentgeltlich.

Einmal tanzten wir den «Nußknacker» in einer Choreographie unserer Ballettchefin. Da hatte ich meinen ersten Sturz auf der Bühne. Ich bin in ein Bühnenloch geraten und lag mitten im Blumenwalzer wie eine Sphinx auf dem Boden. Weil wir unmögliche Kleider aus dickem, bodenlangem Samt trugen, wußte ich auch gar nicht, wie ich möglichst elegant wieder hochkommen soll. Ich war in der Gruppe, und alle tanzten über mich hinweg. Ich habe mir danach nicht den Kopf zermartert, sondern darüber gelacht. Dementsprechend wurde ich dann auch angeschrien: Wenn das noch einmal passiert, gibt es einen Verweis!

Und noch etwas hat mich in Essen gestört: Für mich war Sexualität immer etwas Vertrauliches, und ich war ja auch ein absoluter Spätzünder auf dem Gebiet. Am Essener Theater wurdest du bei jeder Gelegenheit angemacht. Mein Vermieter hatte mich schon gewarnt. Er sagte auch, daß ich die Wohnung nie bekommen hätte, wenn meine Mutter nicht dabeigewesen wäre. Das muß also schon die Runde gemacht haben, daß da jeder mit jedem. Und ich habe mich auch bei einigen Tänzern gefragt, wie und warum die Solisten geworden sind. Ich fand das grauenvoll.

Während meiner Zeit an der Bosl-Stiftung hatte ich mir immer eine heile Welt vorgestellt, in der du abgeschottet bist von außen.

Diese Sterilität fand ich verlockend. Du arbeitest hart, bist absoluter Perfektionist, und dann am Theater: alles oberflächlich und nur noch bürokratisch. Einer der ersten Schocks für mich war, daß das Orchester Punkt ein Uhr den Fiedelbogen hinlegte. Und um zwei Uhr war die Probe für uns Tänzer beendet, egal ob wir erreicht hatten, was wir wollten, oder nicht. Aber irgendwann bin ich aufgewacht und habe die Realität gesehen, die Versklavung und Ausbeutung der Tänzer, und daß Tänzer nur wie Objekte behandelt werden. Da begann ich dann, mich für die Gewerkschaft zu interessieren.

Bekannte von mir tanzten in Düsseldorf, und die haben wirklich tolle Sachen gemacht. Also wollte ich unbedingt dahin. Aber ich war zu groß, da waren nur ganz kleine Tänzerinnen engagiert. Damals war ich ein Meter einundsiebzig, jetzt bin ich sogar ein Meter dreiundsiebzig. In Düsseldorf hat mich vor allem beeindruckt, daß sie jedem jungen Tänzer eine Chance gegeben haben. In Essen mußtest du warten, bis du alt bist, genauso wie in Stuttgart. Einige von der Bosl-Stiftung waren in Stuttgart engagiert, deshalb wußte ich, wie der Hase da läuft: Die Alten, Marcia Haydée und Birgit Keil, tanzen immer noch, und der Rest wartet und langweilt sich. Ein Mädchen hat wirklich drei Jahre lang gewartet, bis sie endlich in der Gruppe mittanzen durfte; sie war zwar unter Vertrag, aber nie auf der Bühne. Nachdem die mich in Düsseldorf nicht genommen haben, versuchte ich nicht mehr, an ein anderes großes Haus zu kommen.

Eine künstlerische Erfüllung war die Arbeit in Essen sicher nicht, sondern eigentlich nur Alltag, wie Zum-Bäcker-Gehen oder Wohnungputzen. Applaus hat mir auch nichts bedeutet. Wenn du in der Gruppe bist, ist er ja gar nicht für dich. Kurz bevor ich gegangen bin, durfte ich in meiner ersten Operette, «Der Bettelstudent», ein Solo tanzen. Aber nur, weil die Gastchoreographin mich mochte, das war meiner Chefin ganz unrecht. Diese Operette machte mir großen Spaß, weil da eben nicht nur stupide, engstirnige Tänzer auf der Bühne waren, sondern auch Sänger und Chorleute, das war viel lustiger.

Ein Freund, den ich von der Bosl-Stiftung her kannte, und der mittlerweile am Theater des Westens in Berlin engagiert war, hat gesehen, wie unglücklich ich war und holte mich dann da heraus.

Ich wäre sonst auch kaputtgegangen. Am Theater des Westens suchten sie Leute für «La Cage aux folles», und ich nahm drei Tage lang bei diesem Freund Gesangsunterricht, um ein Liedchen einzustudieren. Am dritten Tag war ich dann total heiser, da hat er mir zwei Wodka eingeflößt, und ich bin vorsingen gegangen. Baumann meinte nur ganz trocken: Es ist ja schön, daß sie wenigstens die Noten unterscheiden können! Das muß grauenvoll geklungen haben. Eine Woche später riefen sie mich trotzdem in Essen an und engagierten mich für «Land des Lächelns». Da bin ich zur Ballettdirektorin gegangen, und weil wir uns eh nicht riechen konnten, hat sie mich aus dem Vertrag gelassen. Ich war knapp zwei Jahre in Essen engagiert gewesen.

In «Land des Lächelns» hatte ich gut zu tun. Es gab einen Liebes-Pas de deux, und dafür wurde ich besetzt, das fand ich schon ganz toll. Da mußte ich zum ersten Mal oben ohne tanzen, aber komischerweise war das gar kein Problem für mich. Der Choreograph hat das verlangt, und wir haben es gemacht. Extra bezahlt wurde das nicht, weil keiner fähig war, mit der Leitung zu reden. Und ich habe auch nichts gesagt, ich wollte das ja unbedingt tanzen und hatte Angst, es zu verlieren. Die Kolleginnen, alles freischaffende Tänzerinnen, waren wirkliche Biester. Vor allem eine, die früher an der Deutschen Oper engagiert war, hat versucht, meinen Partner gegen mich aufzustacheln, weil ich etwas molliger war. Da hatte ich vierundsechzig Kilo, das war mein Höchstgewicht. Sie wollte unbedingt auch diesen Liebes-Pas de deux tanzen, und das hat sie dann auch; ihretwegen war ich letztendlich nur die C-Besetzung.

Der Vertrag am Theater des Westens war ein Stück-Vertrag, also nur für ein paar Monate. Kurz bevor das Stück abgespielt war, habe ich mir noch eine Vorstellung im Berliner New Eden angeschaut, weil eine Bekannte von mir dort tanzte. Ich fand die Show lustig, es war anders. Die haben mich gleich gefragt, ob ich nicht Lust hätte, bei ihnen anzufangen. Aber ich ging erstmal zurück nach München. Dort machte ich in einem Tanztheaterstück mit. Der Choreograph ließ uns den ganzen Tag herumspringen und improvisieren, während er nur dasaß, einzelne Teile herauspickte und dann aneinanderreihte. Ich fand das schrecklich und machte auch nur fünf Vorstellungen mit denen. Geld gab es in Hülle und Fülle, das war subventioniert von der Stadt, und die Kostüme waren vom Feinsten. Aber ich habe mir geschworen, so etwas nie wieder zu machen.

Der Typ vom New Eden rief mich ständig an. Er hatte mir einen Vertrag geschickt, und ich dachte: Also gut, aber nur für zwei Monate! Es war ein Revue-Theater, es ging abends um zehn Uhr los und dann vier Shows bis um halb drei. Vom ersten Auf-der-Bühne-Ausziehen gibt es eigentlich nichts zu erzählen – es wurde besser honoriert. Ich hatte mir die Revue ja vorher angeschaut und fand das eigentlich sehr ästhetisch und überhaupt nicht anstößig. Ich habe mich auch nie als Lustobjekt gesehen. Das Wort «strippen» finde ich zu negativ; ich nenne es: sich tänzerisch entkleiden. Als ich am Eden war, habe ich viele meiner Tänzer-Freunde verloren, die an Theatern engagiert waren. Sie sind einfach engstirnig: Oh, du hast doch so eine gute Technik, warum machst du jetzt so etwas und schmeißt dein Talent weg? Und von manchen habe ich mich auch getrennt, weil ich das nicht mehr hören wollte.

Eigentlich bin ich ein absoluter Frühaufsteher. Ich war immer früh um fünf wach, habe meinen Hausputz gemacht, damit ich frisch für das Training war. Alles, was ich vormittags nicht erledigt hatte, blieb liegen. Die ersten zwei Monate am Eden war es ein bißchen merkwürdig, nur nachts zu arbeiten. Man hat noch nicht den richtigen Rhythmus und möchte trotzdem vormittags aufstehen und Sachen erledigen. Ich habe das auch gemacht, es war ja noch nicht alles endgültig, ich wollte wieder zurück ans Theater. Da bin ich vormittags zum Training und habe mich danach noch einmal ein paar Stunden hingelegt.

Aus den zwei Monaten wurden vier Jahre. Ich hatte mich verliebt und wollte in Berlin bleiben. Nach drei Monaten fing ich an, meine ersten Choreographien zu machen, dann ist das Captain-Girl ausgefallen, und ich habe ihren Platz übernommen. Es hat mir einfach viel mehr Spaß gemacht als am großen Theater. Es wurde wesentlich besser bezahlt, und es gab auch nicht mehr diesen Konkurrenzkampf. Entscheidend war für mich aber auch, daß ich nicht mehr zu diesem großen unsympathischen Loch zurück wollte, dem Zuschauerraum. Bei großen Bühnen muß man sich das Publikum ja denken. Deshalb mag ich kleine Bühnen lieber, ich mag es, wenn mein Blick in die Augen der Zuschauer geht, das gibt mir Sicherheit. In großen Häusern darf man ja nie ins Parkett schauen, damit die Leute im Rang nicht nur deinen Scheitel sehen. Da bist du mit den Augen immer in der Galerie.

Trotzdem war die erste Zeit am Eden nicht leicht für mich. Wenn ich im Theater tolle Sachen gesehen habe, war ich mehrere Tage lang deprimiert, da sind Tränen geflossen, und ich habe innerlich mit mir gekämpft. Dann habe ich mir vorgestellt: Du könntest auch so etwas machen! Heute genieße ich es, wenn ich gute Produktionen sehe, aber ich bin sehr wählerisch. Am Eden habe ich mit Schauspiel-, Gesangs- und Akrobatikunterricht angefangen. Ich wollte nicht mehr so einseitig sein.

Bei der ZBF war ich damals noch als Tänzerin registriert, und sie haben mich dann einmal auf die Ballettbörse nach Frankfurt eingeladen. Da hatte ich bestimmt schon ein Dreivierteljahr nicht mehr trainiert und fuhr trotzdem spaßeshalber nach Frankfurt. Wenn man jeden Tag vier Stunden auf der Bühne steht, hat man natürlich eine andere Präsenz als diese verbissenen Gesichter, die alle Jubeljahre einmal auftreten. Die Leute von der ZBF meinten nach dem Vortanzen, ich soll mich doch in Essen vorstellen, die hätten einen Halbsolisten-Vertrag zu vergeben. Ich war sowieso nicht mehr daran interessiert, zurück zum Ballett zu gehen, aber nach Essen hätten mich keine zehn Pferde mehr bringen können. Ich habe dankend abgelehnt. Und dann haben sie mir noch einen Solistenvertrag im Freizeitpark Brühl angeboten, aber da habe ich gesagt: Da, wo ich jetzt bin, verdiene ich mehr!

Als das New Eden zumachte, gründete ich eine eigene Produktionsfirma und tingelte mit der Show vom Eden auf Betriebsfeiern und in Diskotheken – jeden Tag woanders, da sind wir teilweise siebenhundert Kilometer gefahren, um vier Auftritte zu machen. Das ist zwar unheimlich nervtötend, fördert aber auch den Erfindungsreichtum. Du findest ja nie das vor, was du brauchst: Entweder ist die Bühne zu glatt, oder die Musik ist eine Katastrophe, oder es gibt keine Möglichkeiten zum Umziehen; man muß immer improvisieren. An Silvester hatten wir eine Veranstaltung in einem Kulturhaus in der Wildnis bei Leipzig. Statt einer Bühne gab es nur ein Podest, wir mußten bei jeder Nummer da hinaufgehen – na, und ich bin natürlich gestolpert. Das war bei der ersten Nummer, und die Show dauerte fünfundvierzig Minuten. Da dachte ich schon: Jetzt ist es aus mit den Revuebeinchen! Mein Bein war total deformiert, es war drei Zentimeter dicker als das andere, außerdem völlig zerschunden, davon habe ich heute noch Narben.

In dieser Zeit war ich immer auf der Suche nach einer geeigneten Räumlichkeit, um ein eigenes kleines Theater aufzumachen. Dann ging ein passender Betrieb in Berlin pleite, und ich habe zugeschlagen. Plötzlich war ich Chefin der «Kleinen Nachtrevue», hatte sieben Mitarbeiter und war Deutschlands jüngste Nachtklubbesitzerin. Eine meiner ersten Gast-Attraktionen war ein Paar aus London, das ich bei einem Monatsengagement in Stuttgart kennengelernt hatte, eine Peitschen-Hebeakrobatik. Künstler, die nur in Berlin arbeiten, halten sich für sensationell, aber wenn man dann mal in die weite Welt hinauskommt, sieht man, daß es eben noch viel Besseres gibt.

Ich finde, man sollte alle Theater schließen, die sich nicht selbst tragen. Bei uns arbeiten keine überschüssigen Leute hinter den Kulissen: Wir schminken uns selbst, wir reparieren unsere Kostüme selbst, wir ziehen sogar unsere eigenen Bühnenvorhänge. Meine Show ist für Leute, die ein bißchen Erotik haben wollen – Unterhaltung, aber nicht zahm, sondern pikant. Ich verstehe das nicht, wenn Feministinnen das für frauenfeindlich halten. Frauen sind als Zuschauer sehr willkommen, sie sind sogar das wesentlich bessere Publikum, sie können sich mehr begeistern. Was ist dabei, wenn ich Spaß daran habe, mich auszuziehen? Ich werde ja nicht dazu gezwungen. Ich will die Leute erfreuen – und was in den Köpfen der Männer abgeht, ist vielleicht sogar ein leichter Genuß für mich. Ob man nun angezogen oder nackt auf der Bühne steht macht keinen Unterschied, es ist nur eine andere Art von Kostüm. Ich sehe meinen Laden als kleine heile Welt, die Leute sind immer gut drauf und nett anzuschauen. Ich will die perfekte Illusion.

Vor ein paar Monaten war André Heller in meiner Show und bot mir danach an, für drei Monate zusammen mit Max Raabe die Moderation im Berliner Wintergarten zu übernehmen. Ich habe drei Tage und drei Nächte lang nur Text gelernt, das war wie ein Sprung ins Eismeer. Am Tag vor meiner ersten Ansage habe ich geheult wie ein Schloßhund, weil ich so eine Angst hatte. Heller hat mir immer eingeredet: Du wirst es nicht perfekt machen, aber du wirst es mit deinem Charme überspielen! Ich stand mit schlotternden Knien hinter dem Vorhang und dachte während der Ouverture immer nur: Charme, Selbstbewußtsein, Charme, Selbstbewußtsein! Es lief dann wunderbar, und am Schluß machte es mir sogar großen Spaß. Da hatte ich acht Vorstellungen pro Woche im Wintergarten und bei mir auch noch einmal sechs. Aber so war das mit allen Sachen, die ich gemacht habe, ich wurde hineingeschmissen, und dann hieß es: So, jetzt mach!

Wenn die Leute «Nachtklub» hören und erfahren, daß ich selbst einen habe und dort arbeite, sagen sie: Oh! Für die ist das gleichbedeutend mit Puff. Deshalb nenne ich es «Nachttheater». Im Nachtgeschäft gibt es drei Kategorien der leichten Unterhaltung: Shows in Theaterlänge mit Revuecharakter, Shows mit animierenden Stripperinnen und Shows mit strippenden Animierdamen. Jeder sucht sich halt das Passende aus, und wer meint, die Nase rümpfen zu müssen, scheint wohl nur die dritte Kategorie kennengelernt zu haben. In meinem Theater gibt es nur Attraktionen. Natürlich bekomme ich manchmal auch «unsittliche Anträge», aber ich werde damit gut fertig.

Ich mache Choreographien, probe und trainiere mit meinen Leuten. Bei mir hat jeder die Möglichkeit, sein eigenes Profil zu entfalten. Ich bin im Grunde nicht anders als die, die mich damals gedrillt haben, aber ich versuche wenigstens, aus jedem seine Persönlichkeit herauszuholen. Leute, die bei mir nur wegen des Geldes arbeiten, mache ich fertig, weil man das auf der Bühne merkt.

Vor vierzehn Tagen hatte ich Probleme mit meinem Rücken: Beim Verknoten auf der Bühne spürte ich plötzlich ein Pieksen, und dann wußte ich wirklich nicht mehr, wie ich mich wieder entfalten soll. Ich hatte beide Beine hinter den Ohren. Ich machte diese Nummer trotzdem noch jeden Abend, das tat zwar ein bißchen weh, aber auf der Bühne spürt man solche Wehwehchen sowieso nicht. Im Eden gab es einen Zauberkünstler, der hat gesehen, daß ich sehr gelenkig bin und meinte, ich soll doch Klischnigg-Akrobatik lernen. Es gibt Kautschuk-Akrobatik, da verbiegt man sich nach hinten, und Klischnigg-Akrobatik, da verbiegt man sich nach vorne. Ich habe mit einer Lehrerin gearbeitet, und nach einem halben Jahr hatte ich die Nummer intus. Ich denke, ich habe diese Beweglichkeit von Natur aus, aber dadurch, daß beim Ballett alles auswärts ist, bei der Akrobatik dagegen einwärts, mußte ich erstmal meine ganze Muskulatur verändern. Ich habe heute ganz andere Beine, viel längere Muskeln.

Ich gebe auch Ballettunterricht für kleine Kinder. Man muß vielseitig sein, ich denke dabei auch an später. Die kleinen Monster machen mir unheimliche Freude. Ich habe auch Vierjährige, und manche Eltern fragen mich: Na, dürfen wir denn endlich Spitzenschuhe kaufen? Aber ich arbeite sehr sauber und sage denen: Da habt ihr noch sehr viel Zeit! Einige Eltern waren auch schon in meiner Show. Das erste Mal hatte ich Angst, als sie kamen: Vielleicht nehmen sie ihre Kinder aus meinem Unterricht! – man weiß ja nicht, wie konservativ die Leute sind. Aber es war kein Problem, die fanden es alle ganz toll und sind zum Teil Stammgäste geworden.

Ich habe gerne getanzt, es ist nur schade, daß mein Idealismus so schnell abgetötet wurde. Aber andererseits ist das auch gut so, denn sonst wäre ich ja nicht das, was ich heute bin. Eigentlich ist Tanzen ein Alptraum. Es ist traumhaft schön, wenn man zuschaut, aber die Arbeit und die Umstände sind ein Alptraum. Der Drill gehört dazu; ich habe eine ungeheure Disziplin, und das kommt vom Tanzen. Tänzer sind ja absolute Masochisten – diese Freude am ständigen Über-die-Schmerzgrenze-Gehen! Ich würde trotz allem noch einmal tanzen. Auch wenn es nur ein kurzer Genuß ist, es gibt nichts Schöneres, als wenigstens für kurze Zeit das gemacht zu haben, wozu man sich berufen gefühlt hat.

Der Preis ist hoch!, sagt man. Ich habe das früher nicht verstanden. Dann habe ich gesehen, wie «alte» Tänzer – mit fünfunddreißig – abgeschoben wurden. Nach fünfzehn Jahren am selben Theater sind sie ja unkündbar, und da schauen die meisten Häuser, daß sie die Leute vorher kündigen. Aber wirklich bewußt geworden ist mir die Bedeutung dieses Satzes erst, als ich gesehen habe, wie manche im Alkohol endeten.

In meiner neuen Produktion bin ich die älteste Tänzerin. Ich habe mir immer geschworen, mich nur so lange auf der Bühne zu produzieren, wie ich das Publikum begeistern kann. Ich ziehe mich nur so lange aus, wie es attraktiv ist. Ich bin Ästhet. Wenn die Zeit kommt, dann lasse ich mich liften und bin nur noch Chefin. Aber ich bin ja erst sechsundzwanzig.

Kurzbiographien

Foto: Udo Dewies

Madeleine Bart-Brookes

Geboren 23.11.1943 in Brüssel
Ausbildung zur klassischen Tänzerin an Brüsseler Privatschulen
Feste Engagements in Brüssel – Ballett des XX. Jahrhunderts – (Gruppe), Trier (Ballettdirektorin) und Karlsruhe (Ballettmeisterin)
Heute Ballettdirektorin Vereinigte Bühnen Krefeld/Mönchengladbach

Foto: Uli Pschewoschny

Helmut Baumann

Geboren 31.1.1939 in Berlin
Ausbildung zum klassischen Tänzer an der Hamburger Staatsoper
Feste Engagements an der Hamburger Staatsoper (Solist), in Münster (Erster Solist) und in Köln (Erster Solist, Trainingsmeister und Choreograph)
Gründer und Direktor des Tanz-Forums Köln
Heute Regisseur und Schauspieler, zur Zeit Intendant des Theaters des Westens

Foto: Imke Farr

Sylvie Bertin

Geboren 2.3.1967 in München
Ausbildung zur klassischen Tänzerin an der Heinz-Bosl-Stiftung in München
Feste Engagements in Essen und am Berliner New Eden
Heute Entertainerin und Besitzerin der Kleinen Nachtrevue in Berlin

Foto: Oliver Konrad Gerbig

Barbara Biedermann

Geboren 28.4.1958 in Samedan/Graubünden
Ausbildung zur klassischen und modernen Tänzerin an Privatschulen in Basel, London, Paris und New York
Feste Engagements im Schweizerischen Kammerballett (Gruppe mit Solo) und am Berliner Theater des Westens (Gruppe mit Solo)
Heute Ballettpädagogin

Foto: Sabine Kückelmann

Ursula Funck

Geboren 28.2.1961 in Stuttgart
Ausbildung zur klassischen Tänzerin an der Akademie des Tanzes in Mannheim
Engagements als freischaffende Tänzerin in Mannheim und Kaiserslautern
Heute Managerin bei MTV Europe

Foto: Walter Haag

Rudolf Himmel

Geboren 9.12.1950 in Weimar
Ausbildung zum klassischen Tänzer an der Fachschule für Tanz in Leipzig
Feste Engagements in Leipzig (Gruppe mit Solo), Mannheim (Gruppe), Darmstadt (Ballettmeister) und Krefeld/Mönchengladbach (Ballettmeister)
Heute freischaffender Ballettmeister und Umschulung zum Fahrlehrer

Foto: Julien Kent

Archie Kent

Geboren 17.2.1956 in Whittier, Kalifornien
Ausbildung zum klassischen Tänzer an der University of Utah in Salt Lake City
Feste Engagements im Pacific Northwest Ballet in Seattle (Gruppe), Charleroi (Gruppe), Genf (Gruppe) und am Berliner Theater des Westens (Gruppe mit Solo)
Heute freischaffender Fotograf

Foto: Archie Kent

Stefan Lux

Geboren 2.8.1944 in Falkensee bei Berlin
Ausbildung zum klassischen Tänzer an der Staatlichen Ballettschule Berlin
Festes Engagement an der Berliner Staatsoper (Solist)
Pädagoge und «Haus-Choreograph» an der Staatlichen Ballettschule Berlin
Heute Ballettpädagoge an der Hochschule der Künste Berlin und Choreograph für die Staatliche Ballettschule Berlin

Foto: Udo Hesse

Désirée Nick

Geboren 3.9.1960 in Berlin
Ausbildung zur klassischen Tänzerin an der Berliner Tanzakademie
Feste Engagements an der Deutschen Oper Berlin (Gruppe), der Münchner Staatsoper (Gruppe mit Solo) und am Lido de Paris (Gruppe)
Heute freischaffende Schauspielerin, Diseuse und Entertainerin

Foto: Archie Kent

Elke Rieckhoff

Geboren 11.9.1941 in Berlin
Ausbildung zur klassischen Tänzerin an einer Berliner Privatschule
Feste Engagements am Berliner Friedrichstadtpalast (Erste Solistin) und am Lido de Paris (Solistin)
Engagements als freischaffende Tänzerin im Fernsehballett (Solistin und in der Gruppe)
Heute freischaffende Schauspielerin und Sängerin

Foto: Jens Gläser

John A. Scott

Geboren 16.2.1947 in Englewood, New Jersey
Ausbildung zum klassischen und modernen Tänzer in New York
Feste Engagements in Kassel (Solo mit Gruppe), Bremen (Gruppe mit Solo), Wiesbaden (Solo mit Gruppe) und am Berliner Theater des Westens (Gruppe mit Solo)
Heute freischaffender Choreograph und Angestellter in der Passagierabfertigung am Berliner Flughafen Tegel

Foto: Waltraut Frisch

Martin Kenneth Williams

Geboren 2.5.1959 in Philadelphia, Pennsylvania
Ausbildung zum klassischen Tänzer an der School of American Ballet, New York
Feste Engagements in Flint, Michigan (Gruppe mit Solo), Hildesheim (Gruppe mit Solo), Gelsenkirchen (Gruppe mit Solo) und am Berliner Theater des Westens (Gruppe mit Solo)
Heute Steuerfachgehilfe

Foto: Archie Kent

Sylvia Wintergrün

Geboren 16.10.1957 in Duisburg
Ausbildung zur klassischen Tänzerin an der Tanzakademie Köln
Feste Engagements in Kaiserslautern (Gruppe), Münster (Solo), Hagen (Gruppe mit Solo) und am Berliner Theater des Westens (Gruppe mit Solo)
Heute im festen Engagement als Schauspielerin und Sängerin am Berliner Theater des Westens